Functional C#

Functional C#

C#으로 배우는 함수형 프로그래밍

위스누 앤거로 지음 안철진 옮김

| 지은이 소개 |

위스누 앤거로^{Wisnu Anggor}(wisnu@anggoro.net)

C# MCP이자 뛰어난 C/C++ 개발자며, 『Boost.Asio C++ Network Programming – Second Edition』(Packt, 2015)의 저자다. 20여년 전, 중학생이었을 때 MS-DOS 환경에서 BASIC 언어를 이용한 프로그래밍을 시작했다. 이후 데스크톱이나 웹 응용 프로그램뿐만 아니라 C#과 C/C++를 이용한 SIM 카드 운영체제 포팅, 개인화, PC/SC 통신 등과 관련한 스마트카드 프로그래밍 분야에서 남다른 경력을 쌓아 왔다. 현재 인도네시아의 스마트카드 관련 기술과 혁신을 주도하는 회사인 CIPTA에서 수석 스마트카드 소프트웨어 엔지니어로 일하고 있다.

| 감사의 글 |

이 책을 집필하고 완수할 수 있는 힘을 주신 전능하신 신께 무엇보다 먼저 감사의 기도를 드린다. 늘 계획한 작업 일정을 지킬 수 있게 각 장의 마감일을 챙겨준 아내 비빈의 뒷받침과 응원이 없었다면 이 책은 세상에 나오지 못했을 것이다. 그리고 사랑하는 두 아들, 내 삶을 행복으로 가득 채워주는 올라브와 5장 초안을 끝낸 직후에 태어난 올리버는 내 모든 즐거움의 원천이 되어 주었다. 올리버의 우렁찬 첫 울음 소리에 힘입어 이 책을 끝마칠 수 있었던 듯하다. 또한 부모님을 비롯해 나를 믿어주고 용기를 준 모든 가족들에게 감사의 마음을 전한다.

아래에서는 이 책을 쓰는데 도움을 주신 분들에게 감사를 표하고자 한다.

팩트출판사에서 이 책을 담당했던 팀, 특히 원고 검토를 담당했던 편집자이자 집필을 제안했던 데님 핀토와 최고의 내용으로 책을 채워가기 위해 끊임없이 노력했던 내용 구성 편집자 프리앙카 메타, 다양한 의견과 제안으로 책 내용을 한층 더 개선하는 데 큰 도움을 준 모든 검토자께 감사드린다.

나의 스승이자 최고의 멘토이며 동시에 CIPTA의 선배이기도 한 베네딕투스 드위 데시얀토는 늘 배움을 멈추지 않고 꿈을 향해 나아가도록 용기를 북돋워 주고 있는데, 부디 이 책이 나의 꿈을 이루는 길이 될 수 있길 바란다.

CIPTA의 CEO인 스티븐 찬드라가 제공해 준 아마존 킨들로 많은 책을 접할 수 있었고, 독서를 통해 얻은 지식은 이 책을 쓰는 데 큰 도움이 됐다.

CIPTA의 인적 자원 관리 책임자인 부디 세티아완은 이전 책에 쏟은 나의 노력을 인정해 주고 C-MAG(CIPTA 매거진) 출판 팀에 합류하게 해 주었는데, 덕분에 내 글쓰기 능력이 한층 나아졌다고 생각한다.

그 외에도 CIPTA에서 함께 근무하는 많은 친구와 동료들이 도와주었는데, 특히 무하마드 압두흐만 산자야와 시노 부디 우토모가 스마트카드 응용 프로그램 개발에서 보여준 C# 프로그래밍에 대한 통찰은 이 책의 예제를 만드는데 많은 도움이 되었다. 그리고 하스켈에서 구현하는 함수형 프로그래밍에 대한 깊이 있는 이해를 전해준 안드레 탐푸볼로에게도 고마움을 전한다.

한편, 『The Book of F#』(No Starch Press, 2014)의 저자인 데이브 판처가 운영하는 https://Davefancher.com/는 이 책을 쓰게 된 영감을 준 놀라운 사이트다. 여기서 함수형 프로그래밍의 모든 것을 배웠다고 해도 과언이 아니다.

| 기술 감수자 소개 |

하리다스 나이르^{Haridas Nair}

아키텍처 프랙티스^{Architecture Practice}에서 소프트웨어 아키텍트로서 기술 및 솔루션 아키텍처 분야에 몸담고 있으며, 기능/비기능 전반에 대해 정의하고 문서화를 통해 이를 명확하게 기술하는 업무를 담당하고 있다.

미국, 영국, 인도 등지의 다양한 프로젝트 팀을 관리하는 한편, 기술 영업 지원, 제안서 작성, 기업 규모 프로젝트의 상위/상세 설계에서부터 실제 구현에 이르는 다양한 일들을 하면서 바쁜 일상을 보내고 있다.

팩트출판사를 소개해준 프라시드 파이에게 감사 드리며, 기회를 준 팩트출판사에게도 고마움을 전하고 싶다.

| 옮긴이 소개 |

안철진

도담시스템스를 거쳐 kt ds에서 근무 중이다. 어제보다 나은 개발자이고 싶고, 생존보다는 보람을 찾아 공부하고 일하는 IT인이 되고자 오늘도 바쁜 하루를 살아가는 평범한 소시민이다. GoDev 일원으로도 활동 중이다.

| 옮긴이의 말 |

C# 개발자 가운데 함수형 프로그래밍이라는 표현이 익숙한 이도 있겠지만 아직은 생소한 사람들이 더 많을 거라 생각한다. 역자도 처음 접하는 프로그래밍 방식이었기에 새로운 개념을 소개하는 부분에서는 생각보다 많은 시간을 할애해야 했다. 이 과정에서 그동안 많이 접해 온 그리고 현재도 대다수 개발자들이 현업에서 쓰고 있는 프로그래밍 방식과 함수형 프로그래밍을 비교해보는 즐거운 경험도 누릴 수 있었다.

함수형 프로그래밍을 적재적소에 이용하면 기존 코딩 방식에 비해 효율적이고 안전한 코드를 작성할 수 있겠지만, 사실 사용해야 할 의무는 없다. 디자인 패턴과 리팩토링을 몰라도 신나게 개발했던 그 옛날을 떠올려 보면 쉽게 공감이 갈 것이다. 다만 함수형 프로그래밍은 개발자라면 누구나 마음속에 품고 있을 슈퍼 개발자가 되는 즐거운 상상을 실제로 이루기 위해 가져볼 만한 특별한 아이템으로써 충분한 매력을 가졌다고 생각한다.

모든 책이 그러하듯 이 책도 함수형 프로그래밍의 완벽한 가이드일 수는 없다. 다만, 함수형 프로그래밍이 무엇인지 이해하고, 실제로 개발에 어떻게 적용할 수 있을지에 대한 개념을 잡기에는 충분하리라 생각한다. 이 책에서 다루지 않거나 부족한 부분은 책에서 배운 지식을 기반으로 인터넷의 다양한 매체를 이용해 쉽게 채울 수 있을 것이다.

저자가 전하고자 하는 바를 그대로 옮기기 위해 최선을 다했지만, 부족한 부분이 있다면 역자의 노력과 능력이 부족한 탓이니 너그러운 시각으로 보아주기 바란다. 잘못된 부분은 동료 독자들을 위해 가감 없이 지적해주길 바란다.

마지막으로 이 책이 나오기까지 긴 시간 함께 애쓰고 항상 믿음으로 아낌없이 지원해 주신 에이콘 관계자 분들께 진심으로 감사 드리며, 하루 하루 길지 않은 가족과의 시간을 희생한 아내와 규빈이 소민이에게 미안함과 함께 고마움을 전한다.

| 차례 |

7장   재귀 호출   277

| 들어가며 |

객체지향 프로그래밍 기법을 이용한 개발에 익숙한 개발자 중 일부는 함수형 프로그래밍에 전혀 관심이 없을 수도 있다. 하지만 함수형 프로그래밍의 강점이 있다는 점은 분명하다. 그중 하나는 함수형 프로그래밍에서 함수가 수학 함수와 동일하다는 사실에 기반해서 코드에 대한 새로운 시각을 가질 수 있다는 것이다. 함수형 프로그래밍의 함수는 불필요한 부작용이 없으며, 따라서 함수를 호출하더라도 클래스 내의 다른 함수에 어떠한 영향도 미치지 않는다. 이 외에도 함수형 프로그래밍이 갖는 많은 장점과 특징을 책을 통해 자세히 살펴볼 수 있다.

▌ 각 장에서 다루는 내용

1장 C#으로 함수형 스타일 맛보기 함수형 프로그래밍의 개념, 명령형 프로그래밍과 비교를 통해 함수형 프로그래밍 접근법을 소개한다. 간단한 명령형 코드를 함수형으로 리팩토링해본다.

2장 대리자 살펴보기 대리자 정의, 문법, 사용법을 알아본다. 다양한 대리자 변형과 내장 대리자에 대해서도 살펴본다.

3장 람다식을 이용한 무명 메서드 표현 대리자 개념과 대리자를 이용해서 무명 메서드를 만들고 사용하는 방법을 알아본다. 무명 메서드에 대해 충분히 이해한 다음에는 이것을 람다식으로 변환하고 함수형 프로그래밍에 적용해 본다.

4장 확장 메서드로 객체 기능 확장하기 함수형 프로그래밍에서 확장 메서드가 갖는 장점을 자세하게 살펴본다. 확장 메서드의 사용 방법, 인텔리센스에서 이 새로운 메서드를 가져오는 방법, 또 다른 어셈블리에서 확장 메서드를 호출하는 방법 등도 알아본다.

5장 LINQ를 이용해 컬렉션 조회하기 C#의 LINQ 연산자를 소개하고 LINQ 문법의 두 가지, 일반 프로그래밍 방식과 쿼리식 문법을 비교한다. 덧붙여 LINQ 프로세스에서 지연 실행이 무엇인지 살펴본다.

6장 비동기 프로그래밍으로 함수형 프로그래밍의 반응성 개선하기 함수형 접근 방식에서 비동기 프로그래밍을 설명한다. 비동기 프로그래밍 모델(APM)과 태스크 기반 비동기 패턴(TAP)에 대해 알아본다.

7장 재귀 호출 순환문과 비교해 재귀 호출이 갖는 장점을 기술하고, 직접 및 간접 재귀 호출에 대해 설명한다.

8장 지연과 캐시 기법을 이용한 코드 최적화 함수형 프로그래밍의 최적화라는 관점에서 지연과 캐시 기법에 대해 이야기한다.

9장 패턴 이용하기 전통적인 스위치 케이스switch-case 작업에 비해 패턴을 이용할 때 얻을 수 있는 장점에 대해 살펴본다. 패턴 매칭과 모나드에 대해 논하면서 C# 7에서 새로이 도입한 패턴 매칭 기능을 사용한다.

10장 C#으로 함수형 프로그래밍하기 주어진 명령형 코드를 기반으로 함수형 코드를 개발하는 방법을 보여준다. 이전 장에서 배운 지식을 근간으로 함수형 접근법에 따라 어플리케이션을 만들어본다.

11장 코딩 모범 사례와 함수형 코드 테스팅 함수형 접근 방법의 우수 사례를 설명하면서 숨김 없는 시그니처를 만들고 부작용에 대응하는 방법을 알아본다. 또한 코드를 도메인 논리와 변경 가능한 셸 내로 격리하고 단위 테스트를 수행한다.

▌ 준비물

이 책에 나오는 모든 소스 코드를 컴파일 해 보려면 마이크로소프트 윈도우10(혹은 이상)과 비주얼 스튜디오 커뮤니티 2015 업데이트 3이 설치된 PC가 필요하며, 9장의 코드를 실행하려면 비주얼 스튜디오 커뮤니티 2017 RC 버전이 필요하다. 사용하는 .NET 프레임워크가 4.6.2 버전이 아니라면 해당 버전에 맞게 소스 코드를 수정해야 할 수도 있다. 모든 코드는 .NET Core 1.0과 호환되므로 다른 플랫폼에서 컴파일하려면 .NET Core 1.0을 이용하도록 한다.

▌ 대상 독자

이 책은 C#의 기본적인 사항들에 대해 어느 정도 이해하고 있는 개발자들에게 적합하며, 함수형 프로그래밍에 대한 사전 지식은 필요하지 않다.

▌ 표현 형식

이 책에서는 정보를 유형에 따라 효과적으로 표현하기 위한 다양한 텍스트 형식을 이용하고 있다. 몇 가지 예를 들면 다음과 같다.

코드 용어, 데이터베이스 테이블 이름, 폴더 이름, 파일 이름, 파일 확장자, 경로, 더미 URL, 사용자 입력, 트위터 핸들 등은 다음과 같이 표현한다.

"include 지시자를 이용하면 다른 컨텍스트를 포함할 수 있다"

코드 블록은 다음과 같이 표현한다.

```
namespace ActionFuncDelegates
{
    public partial class Program
    {
        static void Main(string[] args)
        {
            //ActionDelegateInvoke();
            FuncDelegateInvoke();
        }
    }
}
```

특정 코드 블록을 강조하고자 할 때는 해당 라인 혹은 항목을 굵게 표시한다.

```
Console.WriteLine("Prime Number from 0 - 49 are:");
foreach (int i in extractedData)
    Console.Write("{0} \t", i);
Console.WriteLine();
```

모든 명령줄 입력과 출력은 다음과 같이 표현한다.

```
C:\>dir | more
```

새로운 용어와 **중요한 단어**는 굵은 서체를 이용하고, 메뉴나 대화상자처럼 화면에 보이는 단어는 다음과 같이 표현한다.

"{(a*b)}를 포함하는 Body 속성과 Lambda를 포함하고 있는 NodeType, 세 가지 템플릿과 함께 제공되는 Func 대리자를 포함하고 있는 Type을 확인할 수 있다."

▌ 고객 지원

예제코드 내려 받기

이 책에서 사용된 예제 코드는 http://www.packtpub.com/support를 방문해 이메일을 등록하면 파일을 직접 받을 수 있으며, 이 링크를 통해 원서의 Errata도 확인할 수 있다. 또한 에이콘출판사의 도서정보 페이지인 http://www.acornpub.co.kr/book/functional-csharp에서도 예제 코드를 다운로드할 수 있다.

내려 받은 파일들은 아래와 같은 프로그램의 최신 버전을 이용해서 압축 해제할 수 있다.

- WinRAR / 7-Zip for Windows
- Zipeg / iZip / UnRarX for Mac
- 7-Zip / PeaZip for Linux

GitHub에서도 소스 코드를 제공하며, 위치는 https://github.com/PacktPublishing/Functional-CSharp 이다. https://github.com/PacktPublishing에서는 더 많은 책을 위한 소스 코드와 동영상을 제공하고 있으니, 필요에 따라 확인해 보기 바란다.

오류 수정

내용의 정확성을 위해 끊임없이 노력하지만 모든 오류를 피하기는 쉽지 않다. 문장이나 코드에서 문제를 발견했다면 우리에게 알려주기 바란다. 다른 독자들의 혼란을 방지하고 차후 나올 개정판을 개선하는 데 도움이 되기 때문이다. 오류를 발견했다면 http://www.packtpub.com/submit-errata에서 책 제목을 선택하고 Errata Submission Form 링크를 클릭해 자세한 내용을 입력할 수 있다. 보내준 오류 내용이 확인되면 웹사이트에 그 내용이 올라가거나 해당 서적의 정오표 부분에 그 내용이 추가될 것이다.

기존 오류 수정 내용은 http://www.packtpub.com/books/content/support 검색창에 책 제목을 입력해보라. Errata 절 하단에 필요한 정보가 나타날 것이다.

한국어판 정오표는 에이콘출판사 도서정보 페이지 http://www.acornpub.co.kr/book/functional-csharp에서 찾아볼 수 있다.

저작권 침해

인터넷에서의 저작권 침해는 모든 매체에서 벌어지고 있는 심각한 문제다. 팩트출판사에선 저작권과 라이선스 보호를 매우 심각하게 인식하고 있다. 어떤 형태로든 팩트출판사 서적의 불법 복제물을 인터넷에서 발견했다면 적절한 조치를 취할 수 있도록 해당 주소나 사이트명을 알려주길 바란다.

의심되는 불법 복제물 링크를 copyright@packtpub.com으로 보내주길 바란다. 저자를 보호하고 가치 있는 내용을 계속 만들 수 있도록 도와주는 독자 여러분의 마음에 깊은 감사의 뜻을 전한다.

문의

이 책과 관련해서 어떠한 종류의 질문이라도 있다면 questions@packtpub.com으로 문의하길 바란다. 최선을 다해 질문에 답하겠다. 한국어판에 관한 질문은 이 책의 옮긴이나 에이콘출판사 편집 팀(editor@acornpub.co.kr)으로 문의해주길 바란다.

C#으로
함수형 스타일 맛보기

함수형 프로그래밍이란 프로그래밍 구조와 요소들을 구성하는 스타일의 하나로, 연산 작업을 수학 함수의 계산처럼 취급한다. 함수형 프로그래밍을 위해 특별히 설계된 하스켈 Haskell, 스칼라Scala와 같은 언어들도 있지만 C#을 이용한 함수형 프로그래밍도 가능하다.

1장에서는 테스트를 해보면서 함수형 프로그래밍이 무엇인지 탐색해보겠다. C#을 이용해서 함수형 코드를 작성해보고, 함수형 프로그램을 개발하는 데 주로 사용하는 C#의 특징들도 살펴볼 것이다. 마지막에는 C#에서 함수형 접근법에 대한 어느 정도의 감을 잡을 수 있을 것이다. 다음은 1장의 핵심 주제들이다.

- 함수형 프로그래밍 소개
- 함수형 vs 명령형 접근 방식
- 함수형 프로그래밍의 개념

- 함수형 프로그래밍 이해를 위한 수학적 접근
- 명령형 코드를 함수형 코드로 리팩토링하기
- 함수형 프로그래밍의 장점과 단점

▌ 함수형 프로그래밍 소개

함수형 프로그래밍에서는 수학에서처럼 어떠한 부작용도 없는 함수를 작성한다. 수학 함수와 비슷하게 코드에서 사용하는 변수는 함수 매개 변수의 값을 대변한다. 프로그래머는 식, 정의, 매개 변수들을 포함하는 함수를 정의하며, 매개 변수는 문제를 해결하기 위한 변수로 표현될 수 있다.

프로그래머가 함수를 빌드하면 함수가 컴퓨터에 전달되고, 이후로는 컴퓨터가 처리를 계속한다. 보통 컴퓨터의 역할은 함수에 포함된 식을 계산하고 결과를 반환하는 것이다. 함수의 식을 분석하고 결과를 출력 형식에 따라 사용자에게 반환한다는 점에서 컴퓨터를 단순한 계산기라고 생각해볼 수 있다. 계산기는 함수를 계산하는데, 함수의 본문은 매개 변수와 식의 형태로 전달되는 변수들로 구성된다. 이때 사용하는 식은 단순한 것에서부터 대수 연산자를 이용한 복합적인 식에 이르기까지 다양하다. 할당 연산자가 없는 식은 절대 값을 변경하지 않기 때문에 하위 식은 딱 한 번만 계산하면 된다.

함수 내에 3+5라는 식이 있다고 생각해보자. 컴퓨터는 분명 이 식의 계산이 끝나는 즉시 결과로 8을 반환할 것이다. 하지만 이것은 컴퓨터가 하나의 식을 어떻게 계산하는지 보여주는 간단한 예제일 뿐이다. 프로그래머는 복잡한 정의와 식을 함수 내에 생성함으로써 컴퓨터의 능력을 훨씬 더 많이 이끌어낼 수 있다. 컴퓨터는 간단한 식뿐만 아니라 훨씬 더 복잡한 계산과 식을 계산하거나 평가할 수 있다.

정의, 스크립트, 세션 이해하기

앞서 함수로부터 식을 분석해 내는 계산기 예를 들었는데, 이번에는 컴퓨터처럼 콘솔 패널을 가진 계산기를 생각해보자. 이 계산기와 전통적인 계산기의 차이점은 계산 프로세스를 실행하기 위해 Enter(엔터) 키를 누르느냐 = 키를 누르느냐다. 다음 식을 입력하고 엔터 키를 눌렀다고 생각해보자.

```
3 x 9
```

엔터 키를 누르자마자 예상대로 콘솔에 27이 표시될 것이다. 계산기(컴퓨터)는 입력한 식을 훌륭하게 계산해냈다. 이제, 다음과 같은 정의를 분석하는 단계로 넘어가자. 함수형 계산기에 다음을 입력했다고 가정한다.

```
square a = a * a
max a b = a, if a >= b
        = b, if b > a
```

이들은 square와 max를 정의하고 있으며, 여러 개의 정의로 구성된 목록을 스크립트라고 부른다. square 함수는 실행할 때 뒤에 변수 a로 표현되는 수를 전달하면 이 수의 제곱을 구할 수 있다. max의 경우, 변수 a와 b로 대변되는 두 개의 수를 전달 받고, 계산기는 두 변수의 값 중 큰 값을 찾기 위해 식을 계산할 것이다.

이와 같은 정의는 다음과 같이 함수로 사용할 수 있으며, 이를 세션이라고 한다.

```
square (1 + 2)
```

이 함수의 계산 결과로 9를 출력할 것이며, 다음 함수 역시 계산할 수 있다.

```
max 1 2
```

계산기는 앞선 정의에 따라 계산 결과인 2를 반환하며, 다음과 같은 식도 처리할 수 있다.

```
square (max 2 5)
```

실행하면, 이 식의 계산 결과 25가 계산기 콘솔에 출력될 것이다.

앞서 정의한 것을 이용해 새로운 정의를 만들 수도 있다. 예를 들어, 정수의 네제곱 값을 구하고자 할 때, 앞에서 정의한 **square**를 이용할 수 있다.

```
quad q = square q * square q
quad 10
```

이 식의 첫 번째 줄은 quad 함수의 정의다. 두 번째 줄에서는 **quad**를 호출하고 있는데 결과는 **10000**이다.

스크립트에서는 다음처럼 변수의 값을 정의할 수 있다.

```
radius = 20
```

이제, 계산기를 이용해서 다음 정의를 계산해 낼 수 있을 것이라는 것을 예측할 수 있다.

```
area = (22 / 7) * square (radius)
```

대체와 단순화를 이용한 해석

수학에서 사용하는 **단순화** 개념을 이용하면 식을 단순화할 수 있다. 방법은 대체 변수나 식을 이용해서 식을 더 이상 불가능할 때까지 반복적으로 대체해 나가는 것이다. 앞에서 살펴본 square (1 + 2)를 단순화하는 과정은 다음과 같다.

```
square (1 + 2) -> square 3  (addition)
              -> 3 x 3     (square)
              -> 9         (multiply)
```

우선 눈에 띄는 --> 기호는 단순화를 의미한다. 위에서 아래의 순서대로 자세히 살펴보면, 단순화 과정 즉, 계산 과정을 알 수 있다. 첫 번째 줄에서 컴퓨터(계산기)는 1 + 2 식을 실행하고 이것을 3으로 대체함으로써 기존 식을 단순화한다. 다음으로는 두 번째 줄에서 보는 것처럼 square 3을 3 x 3이라는 식으로 단순화한다. 마지막으로 3 x 3은 9로 대체하면 그 결과가 이 식의 최종 결과 값이다.

사실 하나의 식을 단순화하는 방법에는 여러 가지가 있을 수 있다. 앞 예제는 단순화 과정의 한 가지 가능한 예이며, 다음처럼 또 다른 가능성을 생각해볼 수도 있다.

```
square (1 + 2) -> (1 + 2) x (1 + 2)  (square)
              -> 3 x (1 + 2)         (addition)
              -> 3 x 3               (addition)
              -> 9                   (multiply)
```

이번에는 가장 먼저 square에 대한 규칙을 적용하고, 이후에 1 + 2를 이어지는 두 줄에 걸쳐 대체한 후, 마지막에 곱셈을 처리하고 있다.

방금 살펴본 두 개의 예를 통해 간단한 대체와 단순화와 같은 수학의 기본 규칙을 이용해서 식을 계산할 수 있다는 것과 식은 값을 대변하는 것이지, 값 자체가 아니라는 것도 알 수 있다. 하지만 더 이상 단순화할 수 없는 식은 그대로 남을 것이다.

함수형 프로그래밍의 함수 이해하기

함수형 프로그래밍에서는 명령어의 실행보다 함수와 함수의 활용을 중점적으로 강조하는 기법을 이용한다. 함수형 프로그래밍에서 값의 대부분은 함수 값이다. 다음 수학 표기법을 살펴보자.

```
f :: A -> B
```

여기서 함수 f는 A와 B라는 개별 요소의 관계라고 할 수 있다. A는 시작 형식, B는 목적 형식이라고 하자. 즉, A -> B라는 표기는 A가 입력 값을 가지는 인수이며, B는 반환값 즉 함수 연산의 결과라는 것을 의미한다.

x가 A를 나타내고 B는 x + 2라면, 다음과 같이 표기할 수 있다.

```
f(x) = x + 2
```

수학에서 f(x)는 함수를 나타낸다. 함수형 프로그래밍에서 함수는 하나의 인수로 전달되고 식의 계산이 끝나면 결과를 반환한다.

하나의 기능은 다양한 방법으로 정의할 수 있다. 다음 두 개의 정의는 비슷한 모습을 하고 있으며 인수로 전달받은 입력 값의 3배수를 구한다.

```
triple y = y + y + y
triple' y = 3 * y
```

보다시피 triple과 triple'의 식은 서로 다르다. 하지만 이들은 같은 기능을 하므로 triple= triple'라고 말할 수 있다. 이처럼 하나의 함수를 다양하게 정의할 수 있지만, 앞서 살펴본 단순화의 측면에서 계산 과정상 가장 효과적인 것은 단 하나만 존재한다. 다만, triple과 triple' 가운데 어떤 것이 더 효율적인지는 계산 메커니즘에 의존하는 사항이므로 결정할 수 없다.

정의하기

이제 1장을 시작하면서 언급한 정의에 대해 계속해서 알아보겠다. 앞에서 살펴본 사례에서 값을 추출하기 위해 다음과 같이 정의했다.

```
max a b = a, if a >= b
        = b, if b > a
```

이 정의에는 부울 값 식으로 구별되는 두 개의 식이 있다. 이와 같은 구별자를 가드라고 하며, True(참) 혹은 False(거짓) 값을 판단하기 위해 사용한다. 첫 번째 줄은 이 함수가 반환하는 값들 중 하나로 a >= b가 True면 a를 반환한다는 것을 의미한다. 반면에 b > a 식이 True면 b 값을 반환한다. a >= b와 b > a 두 가지 경우를 이용해서 a와 b가운데 max 값을 판단하며, 순서는 무관하다. 한편, otherwise 키워드를 이용해서 max 함수를 정의할 수도 있다. 이 키워드는 다른 식의 결과가 모두 True가 아닌 경우에 실행될 것이라는 것을 의미한다. 이제 otherwise를 이용해서 max 함수를 리팩토링해보겠다.

```
max a b = a, if a >= b
        = b, otherwise
```

이 함수 정의를 보면, 첫 번째 식이 False면 다른 연산 없이 b를 반환한다는 것을 알 수 있다. 즉, otherwise 케이스는 앞서 실행된 모든 가드가 False인 경우 항상 True를 반환한다.

수학 표기법에서 자주 사용하는 또 하나의 키워드로 where가 있다. 이 키워드는 함수의 식에 한정해 지역적인 정의를 설정하는 데 사용한다. 다음 예를 살펴보자.

```
f x y = (z + 2) * (z + 3)
        where z = x + y
```

이 예제에서 함수 f는 변수 z를 가지는데, z는 x와 y에 의해 값이 정해진다. 여기서 이 함수에 대한 지역적 z 정의가 이뤄진다. 이 지역 정의는 앞서 살펴본 사례에도 적용할 수 있는데, 다음은 두 가지를 함께 사용한 예다.

```
f x y = x + z, if x > 100
      = x - z, otherwise
        where z = triple(y + 3)
```

여기서 사용된 지역 z 정의는 x + z와 x - z 식에 한정적으로 사용된다. 한편, 이미 언급한 것처럼 두 개의 할당 기호(=)가 있지만 단 하나의 식만 값을 반환한다.

커링

커링이란 순서에 따라 인수의 구조를 변경하는 간단한 구조화 기법이다. 커링은 n개의 인수를 가지는 함수를 n개의 단일 인수 함수로 변환하는 것으로, 단일 인수만 가질 수 있는 람다 함수의 한계를 극복하기 위해 탄생했다. 다시 한 번 max 함수를 되새겨 보자.

```
max a b = a, if a >= b
        = b, if b > a
```

지금까지 max a b 함수 이름에는 보다시피 괄호가 없으며, a와 b를 구분하는 쉼표도 사용하지 않고 있는데, 다음과 같이 괄호와 쉼표를 추가할 수 있다.

```
max' (a,b) = a, if a >= b
           = b, if b > a
```

언뜻 보기에는 두 함수의 식이 같기 때문에 같은 함수라고 생각할 수 있다. 하지만 이들은 형식에서 차이를 보인다. max' 함수는 max와 달리 두 개의 인수가 아닌 한 쌍의 숫자로 구성된 단일 인수를 가진다. max' 함수의 형식은 다음과 같이 표현할 수 있다.

```
max' :: (num, num) -> num
```

한편, max는 두 개의 인수를 갖는데, 이 형식은 다음과 같이 표현할 수 있다.

```
max :: num -> (num -> num)
```

max 함수는 숫자 하나를 받아서 함수를 반환한다. 앞에서 살펴본 최댓값 함수의 경우에는 max 함수에 변수 a를 전달하고, max는 값을 하나 반환한다. 그런 다음 이 값을 변수 b와 비교해 최댓값을 구하게 된다.

■ 함수형 vs 명령형 접근 방식

함수형과 명령형 프로그래밍의 가장 큰 차이점은 명령형 프로그래밍에서 발생할 수 있는 부작용이 함수형 프로그래밍에는 없다는 것이다. 명령형 프로그래밍에서는 식의 연산 결과를 변수에 할당한다. 따라서 한 무리의 식을 모아 함수를 만들었을 때, 결과 값은 확인하는 시점의 변수 상태에 의존한다. 이것이 바로 앞서 언급한 부작용이다. 계속해서 상태가 변하기 때문에 연산의 순서가 중요해진다. 함수형 프로그래밍에서는 이와 같은 파괴적인 재할당이 금지되며 할당이 발생할 때마다 새로운 변수가 생성된다.

■ C# 컴파일러 준비

1장의 나머지 부분을 진행하기 위해 약간의 C# 코드를 작성할 것이다. 우선 동일한 개발 환경을 구축하기 위한 환경 설정부터 시작해보자. 이 책의 모든 소스 코드는 Visual Studio 2015 Community Edition과 .NET 프레임워크 4.6.2를 이용해서 작성할 것이다.

또 내용에 집중할 수 있도록 간편한 개발을 위해 콘솔 응용 프로그램 형태의 프로젝트를 선택할 것이다.

다음은 Visual Studio에서 콘솔 응용 프로그램을 만들기 위해 프로젝트 형식을 선택한 모습이다.

앞으로 살펴볼 소스 코드에서 FuncObject.csproj처럼 csproj 유형의 파일이 포함된 경우, 제공되는 예제 코드에서 해당 솔루션 파일을 찾을 수 있다. 다음은 Visual Studio의 프로젝트 구조의 예다.

프로젝트는 여러 개의 `.cs` 파일을 포함할 수 있다. 이 경우, 프로젝트에 포함된 파일 가운데 특정 `.cs` 파일이 예제 코드를 담고 있을 것이다. `FunctionalCode.csproj`라는 프로젝트 파일을 예로 들어보자. 이 프로젝트와 관련한 소스 코드에 관해 이야기 하는 경우, 관련 소스는 이 프로젝트의 `.cs` 파일에 포함돼 있다. 다음은 하나 이상의 `.cs` 파일을 포함하는 프로젝트 파일의 구조다.

보다시피 `FunctionalCode.csproj`는 `Program.cs` 파일 외에도 `Disposable.cs`, `FunctionalExtension.cs`, `StringBuilderExtension.cs`, `Utility.cs`를 포함한다.

한편, 같은 같은 파일 내에 있는 경우에도 대부분의 클래스에는 `partial` 키워드를 사용하고 있다. 이는 예제 코드에서 책에 소개된 코드를 보다 쉽게 찾을 수 있게 하기 위함이다. 클래스 이름을 이용하면 파일 내에서 소스 코드를 보다 쉽게 검색할 수 있을 것이다.

 9장, '패턴 이용하기'에서는 C# 7에서 도입된 기능을 사용하므로 Visual Studio 2017 RC를 설치해야 한다.[1]

---

1   현재는 Visual Studio Community 2017 버전을 이용할 수 있다. —옮긴이

▌ 함수형 프로그래밍의 개념

함수형 프로그래밍과 명령형 프로그래밍은 개념적인 차이로 구분된다. 함수형 프로그래밍의 핵심 개념은 퍼스트 클래스 함수, 고차 함수, 순수성, 재귀를 통한 순환, 부분 함수 등의 프로그래밍 구조에 녹아 있다고 해도 과언이 아니다. 지금부터 하나씩 살펴보겠다.

퍼스트 클래스 함수와 고차 함수

명령형 프로그래밍에서는 전달하는 데이터를 보다 중요하게 여기며 이들은 여러 함수에 걸쳐 전달된다(부작용이 따름). 명령형 프로그래밍에서 함수는 각자의 의미를 가지는 특수한 구조이며, 변수나 상수와는 전혀 다른 위상을 가진다. 매개 변수로 전달하거나 결과 값으로 반환할 수 없기 때문에 이 프로그래밍 세상에서 함수는 2등 시민 계층으로 취급된다. 한편, 함수형 프로그래밍 세상에서는 함수를 매개 변수로 전달하거나 결과로 반환할 수 있다. 즉, 변수나 변수 값과 다를 바가 없으며, 따라서 이 세상에서 함수는 퍼스트 클래스(1등) 시민 계층에 속한다. 함수들을 복합함으로써 이른바 2차 함수라 불리는 함수들의 함수를 만들 수도 있는데, 무제한 복합이 가능하기 때문에 고차 함수라고 부른다.

C#에서는 형식과 값을 지정할 수 있는 함수 객체가 도입되면서 이 두 가지 개념을 지원할 수 있게 됐다. 예제를 통해 함수 객체에 대해서 자세히 살펴보겠다.

```
class Program
{
    static void Main(string[] args)
    {
        Func<int, int> f = (x) => x + 2;
        int i = f(1);
        Console.WriteLine(i);

        f = (x) => 2 * x + 1;
        i = f(1);
```

```
        Console.WriteLine(i);
    }
}
```

이 코드는 FuncObject 프로젝트에 포함돼 있으며 실행 결과는 다음과 같다.

이제 함수 형식과 함수 값에 대해 계속해서 알아보겠다.

함수 형식

C#의 다른 객체들처럼 함수 객체도 형식을 가지는데, 함수 선언 시점에 초기화할 수 있다. 다음은 함수 객체를 선언하는 문법이다.

```
Func<T1, T2, T3, T4, ..., T16, TResult>
```

T1에서 T16은 입력 매개 변수 형식이며, TResult는 반환 형식이다. 앞서 살펴본 수학 함수 $f(x) = x + 2$를 함수 객체로 선언하면 다음과 같다.

```
Func<int, int> f = (x) => x + 2;
```

정수 형식의 입력 인수를 받아 정수 형식을 반환하는 f라는 함수를 만들었다. 이 표현에 대해 조금 더 보충 설명하자면, 람다식을 이용해서 정의한 대리자를 Func 형식의 개체인 f에 할당하고 있다. 대리자나 람다식에 대해서는 다음 장에서 다룰 것이므로 아직 익숙하지 않더라도 괜찮다.

함수 값

함수 변수는 다음과 같은 방법으로 값을 할당할 수 있다.

- 메서드 이름을 이용한 참조를 통해 클래스 내의 메서드를 함수 변수에 할당할 수 있다. 대리자는 참조로 사용할 수 있다. 다음 코드 블록을 살펴보자.

```
class Program
{
    delegate int DoubleAction(int inp);

    static void Main(string[] args)
    {
        DoubleAction da = Double;
        int doubledValue = da(2);
    }

    static int Double(int input)
    {
        return input * 2;
    }
}
```

- 보다시피 delegate를 이용해서 da 변수에 Double() 메서드를 할당하고 있다.
- 함수 변수에 람다식을 이용한 무명 함수를 할당할 수 있다. 다음 코드를 보자.

```
class Program
{
```

```
static void Main(string[] args)
{
    Func<int, int> da =
        i => i * 2;

    int doubledValue = da(2);
}
}
```

- 람다식을 이용해서 da 변수에 값을 할당하고 있으며, da 변수는 앞서 살펴본 코드에서와 똑같이 사용할 수 있다.

이제 함수 변수를 만들었으니 정수 형식의 변수에 다음과 같이 할당할 수 있다.

```
int i = f(1);
```

f에 1을 전달하면 1 + 2를 반환하므로 코드를 실행하면 i는 3이다. 또 함수 변수 f에 다른 함수를 할당할 수도 있다.

```
f = (x) => 2 * x + 1;
i = f(1);
```

이제 변수 f에 새로운 함수인 2 * x + 1이 할당되고, 실행하면 i는 f(1)의 결과 3이 할당된다.

순수 함수

함수형 프로그램의 함수 대다수는 부작용을 일으키지 않는다. 즉, 함수 내에서 외부의 어떠한 변수에도 변경을 가하지 않는다. 또한, 같은 입력 값에 대해 일관되게 항상 같은 값을 반환한다. 다음은 프로그래밍 중 부작용을 일으킬 수 있는 몇 가지 경우다.

- 함수 내에서 외부와 연계하는 수단이 될 수 있는 전역 변수나 정적 변수를 변경하는 경우
- 함수 내에서 전달받은 인수를 변경하는 경우(보통 참조형 매개 변수를 전달할 때 발생)
- 예외를 일으키는 경우
- 키보드 입력이나 화면 출력 등 입출력을 처리하는 경우

 이해를 돕는 차원에서 예제 코드에서 Console.WriteLine( )을 자주 사용하겠지만 이는 순수 함수의 요건에 어긋난다.

다음은 NonPureFunction1 프로젝트에 포함되어 있는 비 순수 함수 예제다.

```
class Program
{
    private static string strValue = "First";

    public static void AddSpace(string str)
    {
        strValue += ' ' + str;
    }

    static void Main(string[] args)
    {
        AddSpace("Second");
        AddSpace("Third");
        Console.WriteLine(strValue);
    }
}
```

쉽게 예상할 수 있듯이 예제 코드를 실행한 결과는 다음과 같다.

이 코드에서는 전역 변수인 strValue를 AddSpace 함수 안에서 변경하고 있다. 함수 외부의 변수를 수정하기 때문에 이 AddSpace 함수는 순수 함수가 아니다.

다음은 NonPureFunction2 프로젝트에 있는 또 다른 비 순수 함수 예제다.

```
class Program
{
    public static void AddSpace(StringBuilder sb, string str)
    {
        sb.Append(' ' + str);
    }

    static void Main(string[] args)
    {
        StringBuilder sb1 = new StringBuilder("First");
        AddSpace(sb1, "Second");
        AddSpace(sb1, "Third");
        Console.WriteLine(sb1);
    }
}
```

이번에는 다른 형태의 AddSpace 함수를 정의하고 있는데, 이 함수는 StringBuilder 형식의 인수를 추가로 가지고 있다. 함수 내부를 보면, sb를 공백과 str을 이용해서 변경하고 있다. sb 변수를 참조형으로 전달하고 결국 이것을 통해 Main 함수의 sb1 변수를 변경하는 모습이다. 실행 결과는 NonPureFunction1과 같다.

앞서 살펴본 두 개의 비 순수 함수를 다음과 같이 순수 함수로 리팩토링할 수 있으며, 이 코드는 PureFunction 프로젝트에 포함돼 있다.

```
class Program
{
    public static string AddSpace(string strSource, string str)
    {
        return (strSource + ' ' + str);
    }

    static void Main(string[] args)
    {
        string str1 = "First";
        string str2 = AddSpace(str1, "Second");
        string str3 = AddSpace(str2, "Third");
        Console.WriteLine(str3);
    }
}
```

PureFunction 프로젝트의 실행 결과는 마찬가지로 동일하다. 하지만 순수 함수 예제의 Main 함수는 세 개의 변수를 이용한다. 이는 함수형 프로그래밍에서 먼저 초기화된 변수를 변경하는 것을 금지하고 있기 때문이다. AddSpace 함수는 비 순수 함수에서처럼 전역 변수나 인수를 변경하지 않고 함수가 목적하는 결과 문자열 값을 반환한다.

다음은 순수 함수를 도입함으로써 얻을 수 있는 장점이다.

- 함수는 더 이상 외부 상태나 변수들에 의존하지 않기 때문에 읽기 쉽고 유지보수도 용이하다. 또한 명확한 작업을 수행하도록 설계함에 따르는 유지보수성 향상을 기대할 수 있다.
- 리팩토링에 유리하기 때문에 설계 변경에 유연하게 대처할 수 있다.
- 순수 함수는 쉽게 격리할 수 있어 테스팅과 디버깅에 유리하다.

재귀 함수

명령형 프로그래밍 세계에서는 파괴적 재할당을 이용해 변수의 상태를 변경한다. 여기에 순환을 적용하면 수많은 변수의 값을 변경해 가면서 목적하는 연산 작업을 수행할 수 있다. 하지만 파괴적 할당을 금하고 있는 함수형 프로그래밍에서 이와 같은 순환을 구현하려면 재귀 함수를 이용해야 한다.

계승을 구하는 함수를 만들어보자. 수학 용어에서 양의 정수 N의 계승은 N보다 작거나 같은 모든 양의 정수의 곱을 의미하며, 보통 N!로 표현한다. 7의 계승은 다음과 같이 나타낼 수 있다.

```
7! = 7 x 6 x 5 x 4 x 3 x 2 x 1
   = 5040
```

이 공식을 자세히 살펴보면, 다음과 같은 패턴을 발견할 수 있다.

$$N! = N * (N-1) * (N-2) * (N-3) * (N-4) * (N-5) \cdots$$

이제 C#으로 만든 계승을 구하는 함수를 살펴보겠다. 이 함수는 명령형 접근 방식에 따라 구현했으며 RecursiveImperative 프로젝트에서 전체 소스 코드를 확인할 수 있다.

```csharp
public partial class Program
{
    private static int GetFactorial(int intNumber)
    {
        if (intNumber == 0)
        {
            return 1;
        }

        return intNumber * GetFactorial(intNumber - 1);
```

```
        }
}
```

보다시피 GetFactorial( ) 함수 안에서 GetFactorial( ) 함수를 호출하고 있는데, 이와 같은 함수를 재귀 함수라고 부른다. 다음은 이 함수를 호출하는 Main( ) 메서드의 예다.

```
public partial class Program
{
    static void Main(string[] args)
    {
        Console.WriteLine(
            "Enter an integer number (Imperative approach)");
        int inputNumber = Convert.ToInt32(Console.ReadLine());
        int factorialNumber = GetFactorial(inputNumber);
        Console.WriteLine(
            "{0}! is {1}",
            inputNumber,
            factorialNumber);
    }
}
```

Main( )에서는 GetFactorial( ) 메서드를 호출하면서 인수로 계승을 구하고자 하는 수를 전달한다. 그러면, GetFactorial( )은 전달 받은 수와 이 수에서 1을 뺀 값을 인수로 하는 GetFactorial( ) 메서드의 호출 결과를 곱한다. 이와 같은 반복적인 호출은 intNumber − 1 값이 0이 될 때까지 계속되며, intNumber − 1 값이 0이면 GetFactorial( ) 메서드는 1 을 반환한다.

이제 이 함수와 함수형 접근 방식으로 작성한 재귀 함수를 비교해보자. LINQ에서 제공 하는 Aggregate 연산자를 이용해서 손쉽게 구현해보겠다. 예제는 RecursiveFunctional 프로젝트에 포함돼 있으며 다음과 같다.

```
class Program
{
    static void Main(string[] args)
    {
        Console.WriteLine(
            "Enter an integer number (Functional approach)");
        int inputNumber = Convert.ToInt32(Console.ReadLine());
        IEnumerable<int> ints = Enumerable.Range(1, inputNumber);
        int factorialNumber = ints.Aggregate((f, s) => f * s);
        Console.WriteLine(
            "{0}! is {1}",
            inputNumber,
            factorialNumber);
    }
}
```

코드를 보면, 먼저 1에서 입력받은 수까지의 값을 열거해 ints 변수를 초기화하고, Aggregate 연산자를 이용해서 ints를 반복 연산한다. RecursiveFunctional 프로젝트와 RecursiveImperative 프로젝트를 실행한 결과는 완벽하게 같다. 하지만 Recursive Functional 프로젝트는 함수형 접근 방식을 따르고 있다.

▌ C#과 함수형 프로그래밍

이번 절에서는 함수형 프로그래밍에 C#을 이용하는 것에 관해 살펴보겠다. 함수형 프로그래밍의 개념뿐만 아니라 C# 코드를 직접 작성해 보는 시간을 가질 텐데, 우선 커링, 파이프라인, 메서드 체인에 관해 논하겠다.

수학적 개념을 이용한 함수형 프로그래밍 이해

함수형 프로그래밍에서 함수는 수학 함수와 마찬가지로 호출 시점의 맥락과 무관하게 주어진 인수에 대해 항상 같은 값을 반환한다. 이것을 **참조 투명성**이라고 한다. 조금 더 자세히 알아보는 차원에서 C#으로 다음 수학 함수를 함수형 프로그램으로 작성하려는 경우를 생각해보자.

$$f(x) = 4x^2 - 14x - 8$$

C#으로 작성한 결과는 다음과 같다.

```
public partial class Program
{
    public static int f(int x)
    {
        return (4 * x * x - 14 * x - 8);
    }
}
```

이 코드는 FunctionF 프로젝트에 포함돼 있다. 여기서 x가 5라고 가정하면 f 함수에 5를 전달한 결과인 22를 얻을 것이며, 다음과 같이 표기할 수 있다.

$$f(5) = 22$$

이처럼 f를 호출하는 부분까지 C#으로 옮겨보자.

```
public partial class Program
{
    static void Main(string[] args)
    {
        int i = f(5);
        Console.WriteLine(i);
```

```
        }
}
```

이 함수에 5를 전달하면, 즉 x가 5면, 반환값은 항상 22다.

이제 이 함수와 명령형 접근 방식의 함수를 비교해보겠다. ImperativeApproach 프로젝트에 포함된 다음 코드를 보자.

```
public partial class Program
{
    static int i = 0;

    static void increment()
    {
        i++;
    }

    static void set(int inpSet)
    {
        i = inpSet;
    }
}
```

다음은 Main() 메서드다.

```
public partial class Program
{
    static void Main(string[] args)
    {
        increment();
        Console.WriteLine("First increment(), i = {0}", i);

        set(6);
```

```
        increment();
        Console.WriteLine("Second increment(), i = {0}", i);

        set(2);
        increment();
        Console.WriteLine("Last increment(), i = {0}", i);

        return;
    }
}
```

다음은 ImperativeApproach 프로젝트를 실행한 결과다.

결과에서 보는 것처럼 이 명령형 방식의 코드에서는 increment나 set에 같은 인수를 전
달하더라도 호출할 때마다 결과 값 i가 다르다. 이것이 바로 몇 차례 언급한 바 있는 명
령형 접근법의 부작용이다. increment와 set 함수는 i의 상태를 변경함으로써 외부와 상
호작용하고 있기 때문에 이와 같은 부작용을 내포하고 있다.

부작용에 대해 살펴보았으니, 이제 다음 C# 코드를 보자.

```
public partial class Program
{
    public static string GetSign(int val)
    {
        string posOrNeg;

        if (val > 0)
```

```
        posOrNeg = "positive";
    else
        posOrNeg = "negative";

    return posOrNeg;
    }
}
```

이 코드는 문statement 스타일의 코드로 **StatementStyle** 프로젝트에 포함돼 있다. 이렇게 결과를 도출하기보다 행위를 정의하는 것은 명령형 프로그래밍 기법의 하나다. 즉, 컴퓨터에게 무엇을 해야 할지 이야기하는 방식이다. 소스 코드를 이 관점에서 설명해보면, 컴퓨터에게 value 값과 0을 비교한 다음 posOrNeg 변수에 값을 할당하라고 지시하고 있다. 다음 코드를 프로젝트에 추가해서 이 함수를 실행해볼 수 있다.

```
public partial class Program
{
    static void Main(string[] args)
    {
        Console.WriteLine(
            "Sign of -15 is {0}",
            GetSign(-15));
    }
}
```

실행 결과는 다음과 같다.

앞서 설명했던 내용에 부합하는 결과를 확인할 수 있다.

이 함수를 함수형 접근 방식에 맞게 바꾸려면 식^{expression} 스타일로 수정해볼 수 있다. C#
에서 제공하는 조건 연산자를 이용해보자. 다음 코드는 ExpressionStyle 프로젝트에 포
함돼 있으며 조금 전 살펴본 StatementStyel 프로젝트 코드를 리팩토링한 것이다.

```csharp
public partial class Program
{
    public static string GetSign(int val)
    {
        return val > 0 ? "positive" : "negative";
    }
}
```

이 코드는 똑같이 동작하지만 이전 예제 코드에 비해 훨씬 간략하다. 게다가 사전에 변수
를 준비하는 과정 없이 문자열 값을 반환하기 때문에 부작용도 없다. 반면, 문 스타일에
서는 posOrNeg 변수에 두 번의 할당이 필요했다. 이처럼 함수형 접근 방식에서는 부작용
이 없는 함수를 이용한다.

결과를 어떻게 얻을 것인지를 지시하는 명령형 프로그래밍과 달리 함수형 프로그래밍에
서는 결과로 원하는 것이 무엇인지를 기술하는 데 집중한다. 목록 형태의 자료에서 매 N
번째 요소를 찾아 새로 만든 목록에 담고 싶은 경우를 생각해보자. 명령형 프로그래밍에
서는 아마도 다음과 같은 코드를 작성할 것이다.

```csharp
public partial class Program
{
    static List<int> NthImperative(List<int> list, int n)
    {
        var newList = new List<int>();

        for (int i = 0; i < list.Count; i++)
        {
            if (i % n == 0) newList.Add(list[i]);
```

```
        }

        return newList;
    }
}
```

이 코드는 NthElementImperative 프로젝트 파일에 포함돼 있다. 코드에서 C# 리스트의 N번째 요소를 추출하기 위해서는 첫 번째 요소에서부터 시작하기 위해 i를 0으로 정의해야 한다. 그런 다음 리스트 요소를 반복하며 현재 요소가 N번째인지 검사한다. 만약 N번째 요소라면 newList에 새로운 데이터를 추가하며 값은 원래 리스트의 현재 요소 값이다. 새 데이터를 추가하는 과정에서 newList 변수에 한 번 이상의 할당이 이뤄지므로 이 코드는 함수형 접근 방식을 따르고 있지 않다. 또한 순환 과정을 포함하고 있는데, 역시 함수형 프로그래밍에서 허용하지 않는 사항이다. 하지만, 이 코드도 다음과 같이 함수형으로 변환할 수 있다.

```
public partial class Program
{
    static List<int> NthFunctional(List<int> list, int n)
    {
        return list.Where((x, i) => i % n == 0).ToList();
    }
}
```

이번에도 LINQ의 강력한 기능을 이용해서 함수형 접근 방식을 구현함과 동시에 코드도 간략해 졌다. 다음은 매 N번째 값들을 추출하는 명령형과 함수형 두 가지 함수를 시험해 보기 위한 Main( ) 함수다.

```
public partial class Program
{
    static void Main(string[] args)
```

```
    {
        List<int> listing =
            new List<int>() {
                    0, 1, 2, 3, 4, 5,
                    6, 7, 8, 9, 10, 11,
                    12, 13, 14, 15, 16 };

        var list3rd_imper = NthImperative(listing, 3);
        PrintIntList("Nth Imperative", list3rd_imper);

        var list3rd_funct = NthFunctional(listing, 3);
        PrintIntList("Nth Functional", list3rd_funct);
    }
}
```

Main()에서 호출하는 PrintIntList() 메서드는 다음과 같다.

```
public partial class Program
{
    static void PrintIntList(
        string titleHeader,
        List<int> list)
    {
        Console.WriteLine(
            String.Format("{0}",
            titleHeader));

        foreach (int i in list)
        {
            Console.Write(String.Format("{0}\t", i));
        }

        Console.WriteLine("\n");
    }
}
```

실행 결과는 물론 똑같다.

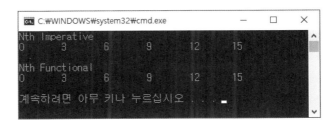

함수형 C#에 튜플 적용하기

튜플Tuple은 .NET 프레임워크 4에서 다양한 형식을 가지는 요소들의 집합을 저장하기 위해 새로이 도입한 제네릭 클래스다. 튜플은 변경이 불가능하기 때문에 함수형 프로그래밍에 적합하다. 튜플은 서로 다른 데이터 형식을 하나의 객체에 담기 위한 데이터 구조가 필요할 때 이용하며, 튜플 객체를 선언하는 문법은 다음과 같다.

```
public class Tuple <T1>
public class Tuple <T1, T2>
public class Tuple <T1, T2, T3>
public class Tuple <T1, T2, T3, T4>
public class Tuple <T1, T2, T3, T4, T5>
public class Tuple <T1, T2, T3, T4, T5, T6>
public class Tuple <T1, T2, T3, T4, T5, T6, T7>
public class Tuple <T1, T2, T3, T4, T5, T6, T7, T8>
```

보다시피 최대 8개의 서로 다른 형식을 가지는 항목을 포함하는 튜플을 만들 수 있다 (T1~T8). Tuple은 읽기 전용 속성들만 제공하기 때문에 변경이 불가능하다. Tuple 프로젝트의 다음 코드를 살펴보자.

```
public partial class Program
{
    private static Tuple<string, int, int> geometry1 =
        new Tuple<string, int, int>(
            "Rectangle",
            2,
            3);

    private static Tuple<string, int, int> geometry2 =
        Tuple.Create(
            "Square",
            2,
            2);
}
```

예제에서 Tuple을 만드는 두 가지 방법을 보여주고 있는데, new 연산자를 이용해서
Tuple 인스턴스를 생성하거나, 혹은 **Tuple.Create( )**를 이용해서 인스턴스를 얻을 수
있다. 다음은 Item 속성을 이용해서 Tuple의 데이터에 액세스하는 방법이다.

```
public partial class Program
{
    private static void ConsumeTuple()
    {
        Console.WriteLine(
            "{0} has size {1} x {2}",
            geometry1.Item1,
            geometry1.Item2,
            geometry1.Item3);

        Console.WriteLine(
            "{0} has size {1} x {2}",
            geometry2.Item1,
            geometry2.Item2,
```

```
                geometry2.Item3);
    }
}
```

ConsumeTuple( ) 메소드의 실행 결과는 다음과 같다.

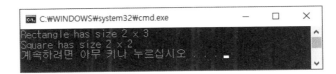

다음 코드에서 보는 것처럼 Tuple 데이터 형식을 반환할 수 있다.

```
public partial class Program
{
    private static Tuple<int, int> GetSize(
        string shape)
    {
        if (shape == "Rectangle")
        {
            return Tuple.Create(2, 3);
        }
        else if (shape == "Square")
        {
            return Tuple.Create(2, 2);
        }
        else
        {
            return Tuple.Create(0, 0);
        }
    }
}
```

Tuple 형식을 반환하는 GetSize( ) 메서드에 더해 ReturnTuple( ) 메서드를 추가해보자.

```
public partial class Program
{
    private static void ReturnTuple()
    {
        var rect = GetSize("Rectangle");
        Console.WriteLine(
            "Rectangle has size {0} x {1}",
            rect.Item1,
            rect.Item2);

        var square = GetSize("Square");
        Console.WriteLine(
            "Square has size {0} x {1}",
            square.Item1,
            square.Item2);
    }
}
```

ReturnTuple( ) 메서드를 실행한 결과는 ConsumeTuple( ) 메서드를 실행한 것과 정확히 일치한다.

C# 7에서는 Tuple 데이터 형식을 반환할 때 Tuple임을 명시적으로 표기하지 않아도 되는데, 다음 코드에서 이를 확인할 수 있다.

```
public partial class Program
{
    (int, int) GetSizeInCS7(
        string shape)
    {
        if (shape == "Rectangle")
        {
            return (2, 3);
```

```
        }
        else if (shape == "Square")
        {
            return (2, 2);
        }
        else
        {
            return (0, 0);
        }
    }
}
```

그리고, 다음과 같이 C# 7에서는 Tuple의 모든 항목에 이름을 부여할 수 있다.

```
public partial class Program
{
    private static (int x, int y) GetSizeNamedItem(
        string shape)
    {
        if (shape == "Rectangle")
        {
            return (2, 3);
        }
        else if (shape == "Square")
        {
            return (2, 2);
        }
        else
        {
            return (0, 0);
        }
    }
}
```

이제 다음 코드처럼 보다 명확하게 Tuple 항목에 대한 액세스가 가능하다.

```
public partial class Program
{
    private static void ConsumeTupleByItemName()
    {
        var rect = GetSizeNamedItem("Rectangle");
        Console.WriteLine(
            "Rectangle has size {0} x {1}",
            rect.x,
            rect.y);

        var square = GetSizeNamedItem("Square");
        Console.WriteLine(
            "Square has size {0} x {1}",
            square.x,
            square.y);
    }
}
```

예제를 보면, Item1, Item2처럼 무의미한 명칭 대신 x, y를 이용해서 보다 간단하고 명확하게 의미를 전달하고 있다.

C# 7에서 제공하는 Tuple의 새로운 기능을 활용하고 싶다면, https://www.nuget. org/packages/System.ValueTuple에서 System.ValueTuple NuGet 패키지를 다운로드 받아야 한다.

C#의 커링

커링의 개념에 대해서는 1장의 초입에서 알아본 바 있다. 커링을 사용하는 목적은 여러 개의 인수를 가지는 함수를 인수의 일부를 담당하는 일련의 함수들로 나누고자 함에 있다. 즉, 필요한 개수보다 적은 인수를 함수에 전달하면 원래 함수의 전체 기능을 완수하기 위해 쪼개진 함수 가운데 다음 함수를 호출해야 한다는 것이다. NonCurried Method 파일에 포함된 다음 코드를 살펴보자.

```
public partial class Program
{
    public static int NonCurriedAdd(int a, int b) => a + b;
}
```

이 함수는 인수로 전달받은 a와 b의 합을 반환한다. 이와 같은 함수는 굉장히 자주 사용하는 유형인데, 이 함수를 사용하는 예는 다음과 같다.

```
public partial class Program
{
    static void Main(string[] args)
    {
        int add = NonCurriedAdd(2, 3);
        Console.WriteLine(add);
    }
}
```

자, 이제 커링을 적용해보겠다. CurriedMethod 프로젝트에서는 다음과 같이 함수를 선언하고 있다.

```
public partial class Program
{
    public static Func<int, int> CurriedAdd(int a) => b => a + b;
}
```

Func<> 대리자를 이용해서 CurriedAdd() 메서드를 생성하고 있는데, 이 메서드를 호출하는 방법에는 두 가지가 있다. 다음은 첫 번째 방법이다.

```
public partial class Program
{
    public static void CurriedStyle1()
    {
        int add = CurriedAdd(2)(3);
        Console.WriteLine(add);
    }
}
```

이 방법은 다소 익숙하지 않을 수도 있는데, 두 개의 괄호를 이용해서 CurriedAdd() 메서드를 호출하고 있다. 한편, 두 번째 방법은 인수를 하나만 전달하면서 호출한다. 다음 코드를 통해 확인해보자.

```
public partial class Program
{
    public static void CurriedStyle2()
    {
        var addition = CurriedAdd(2);

        int x = addition(3);
        Console.WriteLine(x);
    }
}
```

여기서는 CurriedAdd() 메서드를 호출하면서 인수를 하나만 전달했다.

```
  var addition = CurriedAdd(2);
```

그리고 나서 다음 addition 식이 나올 때까지 대기한다.

```
  int x = addition(3);
```

이처럼 커링을 적용한 코드와 NonCurried( ) 메서드를 실행한 결과는 완벽히 일치한다.

파이프라인

파이프라인이란 선행 함수의 출력 값을 다음 함수의 입력 값으로 사용하는 기법으로, 마치 파이프 속을 흐르는 물처럼 데이터를 흘리는 형태다. 파이프라인 기법은 명령 줄 인터페이스에서 즐겨 사용되며 다음 예를 참고한다.

```
C:\>dir | more
```

이 명령 줄에서 dir 명령의 출력물은 more 명령의 입력이 된다. 이제 NestedMethod Calls 프로젝트의 다음 C# 코드를 살펴보자.

```
class Program
{
    static void Main(string[] args)
    {
        Console.WriteLine(
            Encoding.UTF8.GetString(
                new byte[] { 0x70, 0x69, 0x70, 0x65, 0x6C,
                        0x69, 0x6E, 0x69, 0x6E, 0x67 }
            )
        );
    }
}
```

이 예제는 중첩 메서드 호출 기법을 이용해서 콘솔에 pipelining을 출력한다. Pipelining 프로젝트의 다음 코드는 이것을 파이프라인 접근 방식에 따라 리팩토링한 것이다.

```
class Program
{
    static void Main(string[] args)
    {
        var bytes = new byte[] {
                0x70, 0x69, 0x70, 0x65, 0x6C,
                0x69, 0x6E, 0x69, 0x6E, 0x67 };
        var stringFromBytes = Encoding.UTF8.GetString(bytes);
        Console.WriteLine(stringFromBytes);
    }
}
```

물론, 두 프로그램의 실행 결과는 같다.

메서드 체인

메서드 체인^{Method chain}이란 한 줄의 코드에 여러 개의 메서드를 엮는 것을 뜻한다. 이렇게 하나로 엮인 체인에서는 호출 순서에 따라 앞서 호출하는 메서드 반환값이 다음 메서드의 호출 개체이며, 이런 관계는 체인이 끝날 때까지 이어진다. 메서드 체인을 이용하면 메서드 호출 결과를 저장하기 위한 변수 선언의 필요성을 대폭 줄일 수 있다. 다음은 메서드 체인 기법을 사용하기 전 일반적인 형태의 코드다. 소스 코드는 `TraditionalMethod` 프로젝트에 들어 있다.

```
class Program
{
    static void Main(string[] args)
    {
        var sb = new StringBuilder("0123", 10);
        sb.Append(new char[] { '4', '5', '6' });
        sb.AppendFormat("{0}{1}{2}", 7, 8, 9);
        sb.Insert(0, "number: ");
```

```
        sb.Replace('n', 'N');
        var str = sb.ToString();
        Console.WriteLine(str);
    }
}
```

Main 함수는 StringBuilder에서 제공하는 다섯 개의 메서드를 호출하며, sb, str 변수를 사용한다. sb는 StringBuilder를 초기화 하고 값을 저장하기 위한 용도로, str은 String Builder 개체(sb)를 문자열 형태로 저장하려고 사용한다. 이 Main함수에 메서드 체인을 적용하면 함수형 프로그래밍에 적절하게 리팩토링할 수 있다. 이렇게 변경한 Main 함수는 다음과 같다(ChainingMethod 프로젝트 참고).

```
class Program
{
    static void Main(string[] args)
    {
        var str =
            new StringBuilder("0123", 10)
            .Append(new char[] { '4', '5', '6' })
            .AppendFormat("{0}{1}{2}", 7, 8, 9)
            .Insert(0, "number: ")
            .Replace('n', 'N')
            .ToString();
        Console.WriteLine(str);
    }
}
```

두 가지 형태의 Main 함수를 실행한 결과는 같지만, 이 예제는 메서드 체인 방식의 함수형 코드다.

▌ 명령형 코드를 함수형 코드로 바꾸기

이번 절에서는 메서드 체인 기법을 활용해 명령형 코드를 함수형 코드로 바꿔보겠다. 태양계 행성들을 순서대로 보여주는 HTML을 만들어야 하는 경우를 생각해보자. 목표하는 HTML 코드는 아마도 다음과 같을 것이다.

```
<ol id="thePlanets">
  <li>The Sun</li>
  <li value="0">Mercury</li>
  <li value="1">Venus</li>
  <li value="2">Earth</li>
  <li value="3">Mars</li>
  <li value="4">Jupiter</li>
  <li value="5">Saturn</li>
  <li value="6">Uranus</li>
  <li value="7">Neptune</li>
</ol>
```

명령형 코드 접근 방식

HTML에서 보듯이 태양을 포함한 태양계 행성들의 이름을 목록화할 것이며, 행성의 순서는 li 요소의 value 속성으로 지정한다. 프로그램 실행 결과는 HTML 코드를 콘솔에 출력하는 형태다. 먼저 ImperativeCode 프로젝트에 포함된 Main() 메서드를 살펴보자.

```
class Program
{
    static void Main(string[] args)
    {
        byte[] buffer;
        using (var stream = Utility.GeneratePlanetsStream())
        {
```

```
            buffer = new byte[stream.Length];
            stream.Read(buffer, 0, (int)stream.Length);
        }
        var options = Encoding.UTF8
                .GetString(buffer)
                .Split(new[] { Environment.NewLine, },
                    StringSplitOptions.RemoveEmptyEntries)
                .Select((s, ix) => Tuple.Create(ix, s))
                .ToDictionary(k => k.Item1, v => v.Item2);
        var orderedList = Utility.GenerateOrderedList(
            options, "thePlanets", true);

        Console.WriteLine(orderedList);
    }
}
```

Main()의 일부인 다음 코드에서는 byte 배열인 buffer를 만드는데, 여기에 다른 클래스에서 생성한 행성 데이터 스트림을 저장한다.

```
byte[] buffer;
using (var stream = Utility.GeneratePlanetsStream())
{
    buffer = new byte[stream.Length];
    stream.Read(buffer, 0, (int)stream.Length);
}
```

여기서 사용되는 Utility 클래스는 GeneratePlanetStream() 함수를 가지고 있는데, 이 함수는 태양계 내의 행성 목록을 Stream 형식으로 만든다. 잠시 내부를 살펴보자.

```
public static partial class Utility
{
    public static Stream GeneratePlanetsStream()
    {
```

```
            var planets =
                String.Join(
                    Environment.NewLine,
                    new[] {
                                "Mercury", "Venus", "Earth",
                                "Mars", "Jupiter", "Saturn",
                                "Uranus", "Neptune"
                    });

            var buffer = Encoding.UTF8.GetBytes(planets);
            var stream = new MemoryStream();
            stream.Write(buffer, 0, buffer.Length);
            stream.Position = 0L;

            return stream;
        }
}
```

먼저 planets 변수를 만들어 여덟 개의 행성 이름을 개행 문자로 구분해서 저장한다. 다음으로 GetBytes 메서드를 이용해서 UTF8 방식의 바이트 배열로 만들고, 다시 스트림으로 변환한다. 마지막으로 스트림을 반환한다.

Main 함수에서 또 한 가지 눈에 띄는 것은 options 변수다.

```
var options = Encoding.UTF8
        .GetString(buffer)
        .Split(new[] { Environment.NewLine, },
            StringSplitOptions.RemoveEmptyEntries)
        .Select((s, ix) => Tuple.Create(ix, s))
        .ToDictionary(k => k.Item1, v => v.Item2);
```

이를 통해 options는 딕셔너리 형식의 변수로 초기화되는데, 내부는 행성 이름과 태양계 내에서의 순서(숫자)로 구성된다. 이 과정에서 LINQ를 적극 이용하고 있다. 자세한 내용은 2장에서 다룰 것이다.

다음으로 Utility 클래스의 GenerateOrderedList() 메서드를 호출하는데, 이 메서드는 태양계 행성들의 순서에 따라 HTML 형식의 정렬된 목록을 생성한다.

```
var orderedList = Utility.GenerateOrderedList(
    options, "thePlanets", true);
```

GenerateOrderedList() 메서드는 다음과 같이 구현된다.

```
public static partial class Utility
{
    public static string GenerateOrderedList(
        IDictionary<int, string> options,
        string id,
        bool includeSun)
    {
        var html = new StringBuilder();
        html.AppendFormat("<ol id=\"{0}\">", id);
        html.AppendLine();

        if (includeSun)
        {
            html.AppendLine("\t<li>The Sun</li>");
        }

        foreach (var opt in options)
        {
            html.AppendFormat("\t<li value=\"{0}\">{1}</li>",
                opt.Key,
                opt.Value);
            html.AppendLine();
        }

        html.AppendLine("</ol>");
```

```
        return html.ToString();
    }
}
```

먼저, html이라는 이름의 StringBuilder 개체를 만들고 정렬된 목록의 시작을 알리는 ol 태그를 추가한다. 이 부분만 떼어내보면 다음과 같다.

```
var html = new StringBuilder();
html.AppendFormat("<ol id=\"{0}\">", id);
html.AppendLine();
```

부울 변수인 includeSun은 Sun을 목록에 포함할 것인지 여부를 지정하며, 메서드의 인수로 전달 받는다. 그 뒤에는 Main() 메서드에서 LINQ를 이용해서 만든 딕셔너리의 내용을 반복하는 부분이 나타난다. 목록의 개별 항목은 li 태그를 이용해서 구성하며, 반복을 위해 foreach 키워드를 이용한다. 해당 부분만 살펴보면 다음과 같다.

```
foreach (var opt in options)
{
    html.AppendFormat("\t<li value=\"{0}\">{1}</li>",
        opt.Key,
        opt.Value);
    html.AppendLine();
}
```

StringBuilder의 AppendFormat은 String.Format과 유사하며, 이 메서드를 이용하면 딕셔너리의 Key와 Value를 한번에 전달할 수 있다. 목록의 항목 사이에는 반드시 개행을 삽입해야 하며, 이를 위해 AppendLine 메서드를 이용하고 있다.

딕셔너리에 대한 반복 작업이 끝나면 다음과 같이 </ol> 태그를 이용해서 목록을 종료한다.

```
html.AppendLine("</ol>");
```

끝으로 목록을 담고 있는 StringBuilder 개체로부터 문자열을 추출하기 위해 ToString( ) 메서드를 호출한 결과를 반환한다. 코드를 실행하면 콘솔 화면에서 앞서 소개했던 HTML 코드를 확인할 수 있다.

함수형 코드 접근 방식

앞에서 명령형 코딩 방식에 따라 행성 이름들을 순서대로 출력하기 위한 HTML 형식의 정렬된 목록을 만드는 프로그램을 개발했다. 이제, 메서드 체인 기법을 이용해서 이 명령형 코드를 함수형 코드로 리팩토링해보겠다. 예제 코드는 FunctionalCode 프로젝트를 참고한다.

GenerateOrderedList( ) 메서드

가장 먼저 손댈 부분은 GenerateOrderedList( ) 메서드의 앞 부분 세 줄이다. 수정하기 전의 모습은 다음과 같다.

```
var html = new StringBuilder();
html.AppendFormat("<ol id=\"{0}\">", id);
html.AppendLine();
```

다음은 리팩토링한 결과 코드다.

```
var html =
    new StringBuilder()
    .AppendFormat("<ol id=\"{0}\">", id)
    .AppendLine();
```

메서드 체인을 적용한 모습이 더 자연스러워 보인다. 하지만 보다 단순화하기 위해 AppendFormat() 메서드와 AppendLine() 메서드를 결합할 수 있는데, 다음과 같이 StringBuilder를 위한 메서드 확장을 만들면 된다.

```
public static partial class StringBuilderExtension
{
    public static StringBuilder AppendFormattedLine(
        this StringBuilder @this,
        string format,
        params object[] args) =>
            @this.AppendFormat(format, args).AppendLine();
}
```

이제 StringBuilder 클래스에서 만든 AppendFormattedLine() 메서드를 제공하므로 다시 리팩토링한 코드는 다음과 같다.

```
var html =
    new StringBuilder()
    .AppendFormattedLine("<ol id=\"{0}\">", id);
```

명령형 코드에서 보았던 것에 비해 훨씬 간결해졌음을 알 수 있다. 이와 유사하게 AppendFormat()과 AppendLine()을 연속으로 호출하는 부분은 foreach 반복 내에도 있으며, 다음과 같다.

```
foreach (var opt in options)
{
    html.AppendFormat("\t<li value=\"{0}\">{1}</li>",
        opt.Key,
        opt.Value);
    html.AppendLine();
}
```

이 부분 역시 AppendFormattedLine( ) 함수를 이용하면 다음과 같이 리팩토링할 수 있다.

```
foreach (var opt in options)
{
    html.AppendFormatedLine("\t<li value=\"{0}\">{1}</li>",
        opt.Key,
        opt.Value);
}
```

메서드 체인을 적용하기 위해 다음으로 수정해야 할 부분은 if 문 내에 있는 Append Line( )이다. 역시 확장 메서드를 이용할 수 있으며, StringBuilder 클래스에 Append LineWhen( )이라는 확장 메서드를 추가해보겠다. 이 메서드는 추가로 전달받은 조건을 확인해서 라인을 추가할지 여부를 판단하고 결과에 따라 문자열을 추가한다. 이 확장 메서드를 구현한 코드는 다음과 같다.

```
public static partial class StringBuilderExtension
{
    public static StringBuilder AppendLineWhen(
        this StringBuilder @this,
        Func<bool> predicate,
        string value) =>
            predicate()
            ? @this.AppendLine(value)
            : @this;
}
```

다음은 AppendLineWhen( ) 메서드를 적용한 모습이다.

```
var html =
    new StringBuilder()
```

```
    .AppendFormattedLine("<ol id=\"{0}\">", id)
    .AppendLineWhen(() => includeSun, "\t<li>The Sun</li>");
```

즉, GenerateOrderedList() 메서드에서 다음 부분은 제거할 수 있다.

```
if (includeSun)
{
    html.AppendLine("\t<li>The Sun</li>");
}
```

AppendLineWhen() 메서드는 문자열을 인수로 받아야 하는 제약을 갖는데, 문자열뿐만 아니라 함수를 인수로 받을 수 있게 AppendLineWhen() 메서드를 다음 AppendWhen() 메서드로 개선하면 보다 일반화할 수 있다.

```
public static partial class StringBuilderExtension
{
    public static StringBuilder AppendWhen(
        this StringBuilder @this,
        Func<bool> predicate,
        Func<StringBuilder, StringBuilder> fn) =>
        predicate()
        ? fn(@this)
        : @this;
}
```

AppendWhen()은 string 값 대신 Func<StringBuilder, StringBuilder> fn을 인수로 가지며, 조건의 판단 결과에 따라 fn의 실행 여부를 결정한다. 이제 var html은 다음과 같이 리팩토링할 수 있다.

```
var html =
    new StringBuilder()
```

```
     .AppendFormattedLine("<ol id=\"{0}\">", id)
     .AppendWhen(
         () => includeSun,
         sb => sb.AppendLine("\t<li>The Sun</li>"));
```

지금까지 AppendFormattedLine( )과 AppendWhen( ) 메서드를 체인으로 연결했다. 이제 남은 것은 foreach 반복인데, 이것은 StringBuilder 개체인 html에 연결해야 한다. 이 번에는 AppendSequence( )라는 이름으로 StringBuilder 클래스에 확장 메서드를 추가로 만들어보자.

```
public static partial class StringBuilderExtension
{
    public static StringBuilder AppendSequence<T>(
        this StringBuilder @this,
        IEnumerable<T> sequence,
        Func<StringBuilder, T, StringBuilder> fn) =>
            sequence.Aggregate(@this, fn);
}
```

일련의 시퀀스를 반복하기 위해서 IEnumerable 인터페이스를 이용하고, IEnumerable의 Aggregate 메서드를 호출함으로써 시퀀스가 증가할 때마다 누적기 함수를 호출하도록 한다.

이제 AppendSequence( )를 이용해서 foreach 순환문을 리팩토링해 var html에 다음과 같이 메서드 체인을 적용할 수 있다.

```
var html =
    new StringBuilder()
        .AppendFormattedLine("<ol id=\"{0}\">", id)
        .AppendWhen(
            () => includeSun,
```

```
        sb => sb.AppendLine("\t<li>The Sun</li>"))
    .AppendSequence(
        options,
        (sb, opt) =>
            sb.AppendFormattedLine(
                "\t<li value=\"{0}\">{1}</li>",
                opt.Key,
                opt.Value));
```

AppendSequence( ) 메서드는 딕셔너리 입력 값인 options 변수와 sb, opt를 인자로 갖는
함수를 입력받는다. 이 메서드는 딕셔너리를 반복하면서 StringBuilder sb에 정형화된
문자열을 추가한다. 이제, 다음 foreach 문은 코드에서 제거할 수 있다.

```
foreach (var opt in options)
{
    html.AppendFormattedLine(
        "\t<li value=\"{0}\">{1}</li>",
        opt.Key,
        opt.Value);
}
```

다음으로 var html 변수의 메서드 체인에 추가하려는 부분은 html.AppendLine("/ol>")
인데, 이 부분은 별다른 수정 없이 간단히 연결할 수 있다.

```
var html =
    new StringBuilder()
        .AppendFormattedLine("<ol id=\"{0}\">", id)
        .AppendWhen(
            () => includeSun,
            sb => sb.AppendLine("\t<li>The Sun</li>"))
        .AppendSequence(
            options,
```

```
        (sb, opt) =>
            sb.AppendFormattedLine(
                "\t<li value=\"{0}\">{1}</li>",
                opt.Key,
                opt.Value))
    .AppendLine("</ol>");
```

이제 AppendLine() 메서드 호출까지 리팩토링해서 StringBuilder 선언부에 체인으로 연결했고, GenerateOrderedList() 메서드에서 남은 부분은 다음과 같다.

```
return html.ToString();
```

이 코드도 마찬가지 방법으로 var html 변수의 StringBuilder 선언에 연결할 수 있어 보이며, 다음 코드는 그 결과다.

```
var html =
    new StringBuilder()
        .AppendFormattedLine("<ol id=\"{0}\">", id)
        .AppendWhen(
            () => includeSun,
            sb => sb.AppendLine("\t<li>The Sun</li>"))
        .AppendSequence(
            options,
            (sb, opt) =>
                sb.AppendFormattedLine(
                    "\t<li value=\"{0}\">{1}</li>",
                    opt.Key,
                    opt.Value))
        .AppendLine("</ol>")
        .ToString();
```

여기서 코드를 컴파일하면 CS0161 에러가 발생한다.

GenerateOrderedList() 메서드가 선언과 달리 문자열 값을 반환하지 않고 있기 때문에 발생하는 오류이며, 해소하려면 함수형 프로그래밍 스타일에 따라 이 메서드를 식 멤버로 리팩토링할 수 있다. 완성된 GenerateOrderedList() 메서드는 다음과 같다.

```
public static partial class Utility
{
    public static string GenerateOrderedList(
        IDictionary<int, string> options,
        string id,
        bool includeSun) =>
            new StringBuilder()
                .AppendFormattedLine("<ol id=\"{0}\">", id)
                .AppendWhen(
                    () => includeSun,
                    sb => sb.AppendLine("\t<li>The Sun/li>"))
                .AppendSequence(
                    options,
                    (sb, opt) =>
                        sb.AppendFormattedLine(
                            "\t<li value=\"{0}\">{1}</li>",
                            opt.Key,
                            opt.Value))
                .AppendLine("</ol>")
                .ToString();
}
```

수정이 끝난 코드에서는 return 키워드와 html 변수가 제거된 것을 알 수 있다. 결국, 문 블록으로 구성된 본문이 아닌 람다처럼 보이는 식들로 구성된 본문을 갖는 함수가 됐는데, 이와 같은 구현은 .NET 프레임워크 4.6의 출시와 함께 가능해진 특징 가운데 하나다.

Main() 메서드

함수형으로 변환하기 전인 ImperativeCode 프로젝트의 Main() 메서드는 C# 프로그래밍에서 흔히 볼 수 있는 유형이다. 이 메서드의 논리 흐름을 잠깐 살펴보면, 먼저 스트림 데이터를 읽어 바이트 배열에 저장한 다음 문자열로 변환하는 것으로 시작한다. 그런 다음, GenerateOrderedList() 메서드에 전달하기 앞서 적합한 형태로 문자열을 변환하는 과정을 거친다.

Main() 메서드의 앞부분부터 살펴보자.

```
byte[] buffer;
using (var stream = Utility.GeneratePlanetsStream())
{
    buffer = new byte[stream.Length];
    stream.Read(buffer, 0, (int)stream.Length);
}
```

이 코드에 메서드 체인을 적용하기 위해 Using() 메서드를 포함하고 있는 Disposable 클래스를 새로 만들 필요가 있다. 다음은 Using() 메서드의 구현부다.[2]

```
public static class Disposable
{
    public static TResult Using<TDisposable, TResult>
    (
    Func<TDisposable> factory,
    Func<TDisposable, TResult> fn)
    where TDisposable : IDisposable
    {
        using (var disposable = factory())
        {
```

---

2   FunctionalCode 프로젝트 참고 – 옮긴이

```
            return fn(disposable);
        }
    }
}
```

이 Using( ) 메서드는 factory와 fn을 인수로 가진다. factory는 IDisposable 인터페이스를 적용할 함수이고, fn은 factory 함수를 선언한 이후에 실행할 것이다. 이제 Main( ) 메서드의 시작 부분은 다음과 같이 변경할 수 있다.

```
var buffer =
    Disposable
        .Using(
            Utility.GeneratePlanetsStream,
            stream =>
                {
                    var buff = new byte[stream.Length];
                    stream.Read(buff, 0, (int)stream.Length);
                    return buff;
                });
```

명령형 코드와 달리, 스트림을 읽어 바이트 배열에 저장하는 과정에 Disposable.Using( ) 메서드를 이용하고 있다. 결과적으로 람다 스트림 함수가 buff를 반환한다. 이제 이 버퍼 변수를 다루는 UTF8.GetString(buffer)를 어떻게 바꿀지 생각해보자. GetString(buffer)이 실제로 하는 일은 buffer를 문자열로 바꾸는 것이다. 이번에는 Map이라는 확장 메서드를 만들어서 GetString 메서드를 체인에 연결해보겠다.

```
public static partial class FunctionalExtensions
{
    public static TResult Map<TSource, TResult>(
        this TSource @this,
        Func<TSource, TResult> fn) =>
```

```
        fn(@this);
}
```

일반화된 메서드를 만들기 위해 제네릭 인수를 사용했으며, 반환 형식도 마찬가지로 제네릭 형식이다. 이처럼 제네릭 형식을 이용함으로써 Map 확장 메서드는 형식에 무관하게 정적 형식 값을 또 다른 정적 형식으로 변환할 수 있다. 이 메서드에도 식으로 된 본문을 적용하기 위해 람다식을 이용한다. Map 메서드를 UTF8.GetString( ) 메서드에 적용한 var buffer 초기화 부분은 다음과 같다.

```
var buffer =
    Disposable
    .Using(
        Utility.GeneratePlanetsStream,
        stream =>
        {
        var buff = new byte[stream.Length];
            stream.Read(buff, 0, (int)stream.Length);
            return buff;
        })
        .Map(Encoding.UTF8.GetString)
        .Split(new[] { Environment.NewLine, },
            StringSplitOptions.RemoveEmptyEntries)
        .Select((s, ix) => Tuple.Create(ix, s))
        .ToDictionary(k => k.Item1, v => v.Item2);
```

Map 메서드를 적용함으로써 다음 코드는 더 이상 필요하지 않다.

```
var options =
    Encoding
    .UTF8
    .GetString(buffer)
    .Split(new[] { Environment.NewLine, },
```

```
    StringSplitOptions.RemoveEmptyEntries)
.Select((s, ix) => Tuple.Create(ix, s))
.ToDictionary(k => k.Item1, v => v.Item2);
```

하지만, 이어지는 코드에서 GenerateOrderedList()에 인수로 전달하기 위해 options 변수를 필요로 한다는 문제점에 직면한다.

```
var orderedList = Utility.GenerateOrderedList(
    options, "thePlanets", true);
```

이 문제점을 해결하려면 Map 메서드를 한 번 더 이용해서 GenerateOrderedList()와 buffer 변수 초기화를 연결하고, orderedList 변수를 제거하면 된다. 여기까지 적용한 모습을 보자.

```
var buffer =
    Disposable
    .Using(
        Utility.GeneratePlanetsStream,
        stream =>
        {
            var buff = new byte[stream.Length];
            stream.Read(buff, 0, (int)stream.Length);
            return buff;
        })
        .Map(Encoding.UTF8.GetString)
        .Split(new[] { Environment.NewLine, },
            StringSplitOptions.RemoveEmptyEntries)
        .Select((s, ix) => Tuple.Create(ix, s))
        .ToDictionary(k => k.Item1, v => v.Item2)
        .Map(options => Utility.GenerateOrderedList(
            options, "thePlanets", true));
```

Main( ) 메서드의 마지막 라인에서는 Console.WirteLine( ) 메서드에 orderedList 변수를 전달해서 결과를 출력하고 있으므로 간단히 buffer 변수의 이름을 orderedList로 바꾸도록 하자.

```
var orderedList =
    Disposable
    .Using(
        Utility.GeneratePlanetsStream,
        stream =>
        {
            var buff = new byte[stream.Length];
            stream.Read(buff, 0, (int)stream.Length);
            return buff;
        })
        .Map(Encoding.UTF8.GetString)
        .Split(new[] { Environment.NewLine, },
            StringSplitOptions.RemoveEmptyEntries)
        .Select((s, ix) => Tuple.Create(ix, s))
        .ToDictionary(k => k.Item1, v => v.Item2)
        .Map(options => Utility.GenerateOrderedList(
            options, "thePlanets", true));
```

한 걸음 더 나아가 Main( ) 메서드의 마지막 Console.WriteLine( )과 orderedList 변수를 체인으로 연결해보겠다. 이를 위해 파이프라인을 구현하고 있는 Tee라는 확장 메서드를 이용할 것이다. Tee 메서드 확장은 다음 코드를 참고한다.

```
public static partial class FunctionalExtensions
{
    public static T Tee<T>(
        this T @this,
        Action<T> action)
    {
        action(@this);
```

```
        return @this;
    }
}
```

코드에서 Tee의 출력 값은 Action 함수의 입력으로 전달된다. 다음은 Tee를 적용한 Main() 함수다.

```
Disposable
    .Using(
    Utility.GeneratePlanetsStream,
    stream =>
    {
        var buff = new byte[stream.Length];
        stream.Read(buff, 0, (int)stream.Length);
        return buff;
    })
    .Map(Encoding.UTF8.GetString)
    .Split(new[] { Environment.NewLine, },
        StringSplitOptions.RemoveEmptyEntries)
    .Select((s, ix) => Tuple.Create(ix, s))
    .ToDictionary(k => k.Item1, v => v.Item2)
    .Map(options => Utility.GenerateOrderedList(
        options, "thePlanets", true))
    .Tee(Console.WriteLine);
```

이렇게 하면, Tee는 GenerateOrderedList() 메서드가 만든 HTML을 Console.Write Line()에 전달할 수 있으므로 orderedList 변수를 제거할 수 있다.

람다식으로 구현된 다음 코드도 Tee를 이용해서 리팩토링할 수 있다.

```
stream =>
{
    var buff = new byte[stream.Length];
```

84

```
    stream.Read(buff, 0, (int)stream.Length);
    return buff;
}
```

이 코드는 stream의 길이만큼 바이트 배열인 buff를 초기화하고, stream.Read 메서드를 이용해서 값을 채운 buff를 반환한다. 이곳에 Tee를 적용한 모습을 보자.

```
Disposable
    .Using(
        Utility.GeneratePlanetsStream,
        stream => new byte[stream.Length]
            .Tee(b => stream.Read(
                b, 0, (int)stream.Length)))
    .Map(Encoding.UTF8.GetString)
    .Split(new[] { Environment.NewLine, },
        StringSplitOptions.RemoveEmptyEntries)
    .Select((s, ix) => Tuple.Create(ix, s))
    .ToDictionary(k => k.Item1, v => v.Item2)
    .Map(options => Utility.GenerateOrderedList(
        options, "thePlanets", true))
    .Tee(Console.WriteLine);
```

드디어 메서드 체인을 이용한 함수형 프로그래밍 형태로 리팩토링한 Main() 함수를 완성했다.

▌ 함수형 프로그래밍의 장점과 단점

지금까지 함수형 접근 방식으로 코드를 작성해봤다. 이를 통해 알 수 있는 함수형 프로그래밍의 장점은 다음과 같다.

- 값을 계산하기 위한 실행 순서를 프로그래머가 아닌 시스템이 결정하기 때문에 순서는 중요치 않다. 즉, 식의 선언부가 고유한 형태를 띠게 된다. 함수형 프로그래밍은 수학적 개념을 지향하므로 시스템 역시 수학적 표기법에 최대한 가깝게 표현하도록 설계될 것이다.
- 식 계산이 언제든 가능하기 때문에 변수는 값으로 대체할 수 있다. 함수형 코드는 결과가 동등한 것으로 대체하거나 수정할 수 있기 때문에 수학적인 추적성이 우수하다. 이런 특징을 참조 투명성이라 한다.
- 함수형 코드의 불변성은 부작용을 방지해 준다. 대표적인 부작용의 한 가지인 변수 공유는 병렬 프로그래밍의 큰 걸림돌이며 비결정적 실행으로 이어진다. 이와 같은 부작용을 최소화함으로써 좋은 코딩 방식을 익힐 수 있다.
- 지연 평가는 결과를 얻는 과정에서 꼭 필요한 작업만 최소한으로 수행함으로써 성능 향상에 기여한다. 예를 들어, 대량의 데이터에서 Name이라는 단어를 포함하는 경우와 같은 특정 조건을 만족하는 일부만 걸러내고자 한다고 생각해보자. 명령형 프로그래밍 방식을 이용한다면 모든 데이터 항목들을 일일이 평가해야 할 것이다. 문제는 개별 평가 작업이 길어지면 프로그램의 성능에 치명적인 영향을 미칠 수 있다는 것이다. LINQ를 이용한 함수형 프로그래밍은 이와 같은 필터링 작업을 꼭 필요한 시점에 처리하도록 지연 평가를 지원하므로 성능 향상에 도움이 된다.
- 결합성을 이용해서 복잡한 문제를 해결할 수 있다. 복잡한 문제를 작은 조각들로 나누어 해결하자는 생각이 핵심이며, 이렇게 작게 나뉜 문제점들을 해결하는 여러 개의 함수를 이용한다. 이 개념은 각자 서로 다른 역할을 부여 받은 여러 사람이 하나의 대규모 행사를 준비하는 것에 비유할 수 있다. 구성원 하나 하나가 맡은 바 임무를 잘 해냄으로써 행사의 성공을 담보할 수 있다.

지금까지 살펴본 함수형 프로그래밍의 장점과 더불어 단점 가운데 몇 가지를 소개하자면 다음과 같다.

- 변수의 상태나 갱신을 허용하지 않아서 성능적인 손실이 발생한다. 이 문제점은 특히 하나의 큰 데이터 구조를 다루는 과정에서, 데이터의 아주 작은 부분에 변경이 있는 경우에도 복제를 해야 할 때 드러난다.
- 명령형 프로그래밍에 비해 가비지 발생이 현저히 증가한다. 이것은 함수형 프로그래밍의 불변성에 기인하는데, 할당을 위해 더 많은 변수를 필요로 하기 때문이다. 또한 가비지 수집을 제어할 수 없기 때문에 발생하는 추가적인 성능 하락이 있을 수 있다.

▎ 요약

지금까지 함수형 프로그래밍을 소개하면서 함수형 접근 방식에 익숙해지는 시간을 가졌다. 함수형 프로그램을 만들면서 수학적 개념과 함수형 접근 방식을 비교해봄으로써 수학적 접근 방식을 적극적으로 사용하고 있다는 것도 살펴봤다.

함수를 구성하는 세 가지 중요 사항에는 정의, 스크립트, 세션이 있다. 정의란 수학적 함수를 기술하는 식 사이의 등식을 말한다. 스크립트는 정의의 집합이며, 프로그래머가 만든다. 세션은 스크립트에서 정의하는 함수를 참조하는 식을 프로그램이 컴퓨터에 전달함으로써 연산을 요청하는 상황을 의미한다.

함수형과 명령형 프로그래밍을 비교해 봄으로써 이 두 가지를 구별하는 큰 차이점을 확인할 수 있었다. 즉, 함수형 프로그래밍에서 프로그래머는 필요한 정보의 종류와 어떤 변형이 필요한지에 중점을 두는 반면, 명령형 접근 방식을 따르는 프로그래머는 작업을 처리하고 상태의 변화를 추적하는 방법에 집중한다.

함수형 프로그래밍의 주요 개념 가운데 퍼스트 클래스 및 고차 함수, 순수 함수, 재귀 함수를 배웠다. 먼저, 퍼스트 클래스 함수와 고차 함수 개념은 함수를 값으로 취급해서 변수에 할당하거나 함수의 인수로 전달할 수 있다는 것이다. 순수 함수는 부작용이 없는 함수를 의미하며, 재귀 함수는 LINQ의 강력한 집계 기능을 통해 함수 자체적으로 반복이 가능하게 한다. 다음은 추가로 알아두면 좋은 함수형 프로그래밍 방식에서 함수가 가지는 몇 가지 특징이다.

입력이 같다면, 항상 같은 값을 반환한다.

외부에 있는 변수는 절대 참조하지 않는다.

불변성 개념에 따라 변수의 값을 변경할 수 없다.

부작용을 막기 위한 방편으로, 멋들어진 출력이나 키보드 입력 등 어떠한 I/O 작업도 포함하지 않는다.

C#으로 함수형 프로그램을 테스트해보는 과정에서는 수학적 함수를 C# 함수로 어떻게 구성할지를 결정하기 위해 수학적 접근을 시도했다. 첫 번째 인수만 할당하고, 이후에 두 번째 인수를 전달하는 과정을 통해 함수에 대한 커링이 어떻게 이뤄지는지 살펴보았으며, 파이프라인과 메서드 체인 기법을 이용해서 프로그램을 함수형으로 만드는 방법도 배웠다.

함수형 프로그래밍 기법을 배운 다음에는 명령형 접근 방식의 코드를 함수형 코드로 변환했고, 명령형 코드 작성에서 시작해 함수형으로 리팩토링하는 방법으로 학습했다.

마지막에는 그동안 익힌 함수형 프로그래밍 개념을 근간으로 함수형 프로그래밍이 가지는 장단점을 확실히 이해함으로써 왜 함수형 프로그래밍을 알아야 하는지 이해했다.

2장에서는 특정 매개 변수와 반환 형식을 가지는 메서드를 캡슐화해주는 대리자 형식에 대해 살펴보겠다. 대리자는 보다 깔끔하고 간단한 함수 포인터를 만드는 데 많은 도움이 된다.

02

대리자 살펴보기

1장의 예제에서 이미 대리자를 사용했는데, 함수형 프로그래밍의 개념을 소개하는 과정에서 C#에 내장된 대리자를 이용했다. 2장에서는 다음 주제를 진행하면서 함수형 C# 프로그래밍에서 빈번히 사용하는 대리자에 대해 자세히 살펴본다.

- 대리자의 정의, 문법 및 사용 방법
- 멀티캐스트 대리자를 이용한 대리자 결합
- 내장 대리자
- 대리자와 가변성 이해하기

▌ 대리자 소개

C#에서 **대리자**^{delegate}는 매개 변수와 반환 형식(시그니처)을 갖는 메서드를 캡슐화하는 데
이터 형식이다. 다시 말해, 대리자는 메서드의 매개 변수와 반환 형식을 정의할 필요가
있다. 대리자는 특정 시그니처를 갖는 메서드의 참조를 저장한다는 점에서 C/C++의 함
수 포인터와 비슷하다. C/C++ 함수 포인터처럼 대리자는 참조하는 메서드의 메모리 주
소를 가진다. 시그니처가 다른 함수를 참조하려 하면 컴파일러 오류가 발생한다. 하지만
비관리성을 갖는 C++ 언어의 함수 포인터는 캐스팅을 이용해 임의의 위치에 있는 함수
를 가리킬 수 있다.

이와 같은 대리자는 다음 문법으로 정의할 수 있다.

```
[접근 한정자] delegate 반환형식 대리자이름([매개 변수]);
```

다음은 대리자 문법의 구성 요소에 대한 간략한 설명이다.

- **접근 한정자**: 대리자에 대한 접근 가능성을 정의하는 한정자로 public, private,
  internal, protected를 사용할 수 있음. 생략하면, 기본 값인 internal이 적용됨.
- **delegate**: 대리자를 초기화하기 위해 이용하는 키워드
- **반환형식**: 해당 대리자에 할당하고자 하는 메서드의 반환 형식
- **대리자이름**: 대리자의 식별자
- **매개 변수**: 대리자에 할당하려는 메서드의 매개 변수 목록

문법에 따라 `SingleStringDelegate`를 초기화하는 예를 살펴보자.

```
public delegate void SingleStringDelegate(string dataString);
```

이제 대리자를 선언했으니 같은 시그니처를 갖는 다음과 같은 메서드를 할당할 수 있다.

```
private static void AssignData(string dataString)
{
    globalString = dataString;
}
```

다음 메서드 역시 할당 가능하다.

```
private static void WriteToConsole(string dataText)
{
    Console.WriteLine(dataText);
}
```

두 메서드의 시그니처는 대리자와 일치하므로 다음 문법을 이용해 SingleStringDele
gate에 할당할 수 있다.

```
SingleStringDelegate delegate1 = AssignData;
```

이렇게 AssignData( ) 메서드를 SingleStringDelegate 형식의 변수에 할당할 수 있으
며, WriteToConsole( ) 메서드도 다음과 같이 할당할 수 있다.

```
SingleStringDelegate delegate2 = WriteToConsole;
```

 대리자 이름은 SingleStringDelegate와 같이 Delegate로 끝내는 것이 일반적인데, 이렇
게 함으로써 대리자 이름과 메서드 이름을 구별할 수 있다. 필수는 아니며 생략해도 된다.

간단한 대리자

이후의 논의를 위해 SimpleDelegates 프로젝트에 포함돼 있는 다음 메서드를 살펴보자.

```
public partial class Program
{
    static int Rectangle(int a, int b)
    {
        return a * b;
    }
}
```

Rectangle() 메서드는 다음 대리자에 할당할 수 있다.

```
public partial class Program
{
    private delegate int AreaCalculatorDelegate(int x, int y);
}
```

다음 메서드 역시 AreaCalculatorDelegate 대리자와 시그니처가 일치하므로 할당 가능하다.

```
public partial class Program
{
    static int Square(int x, int y)
    {
        return x * y;
    }
}
```

대리자에 메서드를 할당하려면 우선 할당하려는 메서드와 시그니처 호환성을 가지는 대리자 형식의 변수를 만들어야 한다. 다음 Main() 메서드에서는 대리자 변수를 만들고 메서드를 호출해볼 것이다.

```
public partial class Program
{
    static void Main(string[] args)
    {
        AreaCalculatorDelegate rect = Rectangle;
        AreaCalculatorDelegate sqr = Square;
        int i = rect(1, 2);
        int j = sqr(2, 3);
        Console.WriteLine("i = " + i);
        Console.WriteLine("j = " + j);
    }
}
```

rect와 sqr 변수는 AreaCalculatorDelegate 형식으로 다음과 같이 생성한다.

```
AreaCalculatorDelegate rect = Rectangle;
AreaCalculatorDelegate sqr = Square;
```

rect와 sqr에는 각각 Rectangle( )과 Square( ) 메서드를 할당했으므로 이들 대리자 변수를 이용해서 메서드를 호출할 수 있다. 다음 코드를 보자.

```
int i = rect(1, 2);
int j = sqr(2, 3);
```

변수 i와 j에는 rect( )와 sqr( )의 호출 결과를 저장한다. rect와 sqr은 변수 이름이지만 메서드의 주소를 참조한다. 이 변수들을 이용하면 메서드에 포함된 논리를 실행할 수 있으며, 다음은 Console.WriteLine( )을 이용해서 출력한 결과다.

콘솔 출력을 보면, rect와 sqr 변수는 각각 Rectangle( )과 Square( ) 메서드를 참조하고 있으며, 이들 변수를 이용해서 메서드를 호출 할 수 있다는 것을 쉽게 이해할 수 있다.

멀티캐스트 대리자

지금까지 하나의 특정 메서드를 대리자 변수에 할당하는 단순한 형태의 대리자에 대해 살펴봤는데, 이런 형태를 **유니캐스트 대리자**unicast delegate라고 부른다. 대리자는 한 개의 대리자 변수를 통해 여러 개의 메서드를 호출할 수 있는데, 이런 측면에서 대리자를 멀티캐스트 대리자multicast delegate라고 할 수 있다. 멀티캐스트 대리자란 쉽게 생각해 내부에 대리자의 목록을 저장하고 있는 대리자 유형이라 할 수 있다. 이와 같은 멀티캐스트 대리자를 호출하면 내부의 목록에 저장된 순서에 따라 개별 대리자가 동기적으로 호출된다. 멀티캐스트 대리자를 만드는 방법에는 몇 가지가 있는데, 이 가운데 두 가지가 이어서 살펴볼 Delegate.Combine( )과 Delegate.Remove( ) 메서드 및 +=과 -= 증감 연산자를 이용하는 것이다.

Delegate.Combine()과 Delegate.Remove() 메서드

우선, Delegate.Combine( ) 메서드를 이용해서 멀티캐스트 대리자를 만드는 코드를 보겠다. 다음은 CombineDelegate 프로젝트의 CalculatorDelegate 대리자 선언이다.

```
public partial class Program
{
    private delegate void CalculatorDelegate(int a, int b);
}
```

다음으로 이 대리자와 시그니처가 같은 네 개의 메서드가 보인다.

```
public partial class Program
{
    private static void Add(int x, int y)
    {
        Console.WriteLine(
            "{0} + {1} = {2}",
            x,
            y,
            x + y);
    }
    private static void Subtract(int x, int y)
    {
        Console.WriteLine(
            "{0} - {1} = {2}",
            x,
            y,
            x - y);
    }
    private static void Multiply(int x, int y)
    {
        Console.WriteLine(
            "{0} * {1} = {2}",
            x,
            y,
            x * y);
    }
    private static void Division(int x, int y)
    {
        Console.WriteLine(
            "{0} / {1} = {2}",
            x,
            y,
            x / y);
```

```
    }
}
```

이제 Add( ), Subtract( ), Multiply( ), Division( ) 네 개의 메서드를 하나의 대리자 변수에 결합해볼 텐데, 이 작업은 CombineDelegate( ) 메서드에서 다음과 같이 구현된다.

```
public partial class Program
{
    private static void CombineDelegate()
    {
        CalculatorDelegate calcMultiples =
            (CalculatorDelegate)Delegate.Combine(
            new CalculatorDelegate[] {
                Add,
                Subtract,
                Multiply,
                Division });
        Delegate[] calcList = calcMultiples.GetInvocationList();
        Console.WriteLine(
            "Total delegates in calcMultiples: {0}",
            calcList.Length);
        calcMultiples(6, 3);
    }
}
```

이 메서드를 실행한 결과는 다음과 같다.

이것을 통해 하나의 대리자를 이용해서 네 개의 메서드를 잘 호출하고 있음을 알 수 있다. 실제로 대리자를 호출하는 부분은 바로 다음 라인이다.

```
calcMultiples(6, 3);
```

calcMultiples 대리자는 실제로 네 개의 대리자 변수를 내부에 저장하고 있으며, 이들은 네 개의 메서드를 각각 참조한다. 이렇게 대리자들을 연결해주는 작업은 Delegate.Combine( ) 메서드를 호출하는 다음 코드에서 이뤄진다.

```
CalculatorDelegate calcMultiples =
    (CalculatorDelegate)Delegate.Combine(
        new CalculatorDelegate[] {
            Add,
            Subtract,
            Multiply,
            Division });
```

이렇게 결합된 대리자의 목록은 대리자 변수에서 GetInvocationList( ) 메서드를 이용하면 대리자 배열 형식으로 추출할 수 있다. 추출한 대리자 목록은 배열처럼 반복할 수 있고, Length 속성을 읽어 호출 목록에 포함된 대리자의 수를 알아낼 수도 있다.

멀티캐스트 대리자에서는 이처럼 대리자를 결합하거나 반대로 호출 목록에 있는 대리자를 제거하는 것도 가능하다. RemoveDelegate( ) 메서드를 살펴보자.

```
public partial class Program
{
    private static void RemoveDelegate( )
    {
        CalculatorDelegate addDel = Add;
        CalculatorDelegate subDel = Subtract;
        CalculatorDelegate mulDel = Multiply;
```

```
        CalculatorDelegate divDel = Division;
        CalculatorDelegate calcDelegates1 =
            (CalculatorDelegate)Delegate.Combine(
                addDel,
                subDel);
        CalculatorDelegate calcDelegates2 =
            (CalculatorDelegate)Delegate.Combine(
                calcDelegates1,
                mulDel);
        CalculatorDelegate calcDelegates3 =
            (CalculatorDelegate)Delegate.Combine(
                calcDelegates2,
                divDel);
        Console.WriteLine(
            "Total delegates in calcDelegates3: {0}",
            calcDelegates3.GetInvocationList().Length);
        calcDelegates3(6, 3);
        CalculatorDelegate calcDelegates4 =
            (CalculatorDelegate)Delegate.Remove(
                calcDelegates3,
                mulDel);
        Console.WriteLine(
            "Total delegates in calcDelegates4: {0}",
            calcDelegates4.GetInvocationList().Length);
        calcDelegates4(6, 3);
    }
}
```

다음은 이 메서드를 실행한 결과다.

RemoveDelegate( ) 메서드에서도 하나의 대리자 변수에 네 개의 메서드를 결합하고 있으므로 CombineDelegate( ) 메서드의 실행 결과와 유사한 부분을 찾을 수 있다. 이 예제에서는 calcDelegate3 대리자가 네 개의 메서드를 참조하며, calcDelegates3를 호출하면 호출 목록의 순서대로 메서드 호출이 이뤄진다. 다음으로 RemoveDelegate( )에서 눈에 띄는 것은 Delegate.Remove( ) 메서드를 이용해 특정 대리자를 호출 목록에서 제거하는 부분으로 다음은 해당 코드다.

```
CalculatorDelegate calcDelegates4 =
    (CalculatorDelegate)Delegate.Remove(
        calcDelegates3,
        mulDel);
```

이것은 호출 목록에서 mulDel 대리자를 제거하기 위한 것으로 이 부분이 실행된 이후에는 Multiply( ) 메서드가 더 이상 호출되지 않음을 RemoveDelegate( ) 호출 결과에서 확인할 수 있다.

대리자가 관리하는 호출 목록에는 중복된 항목이 포함될 수 있다. 다시 말해, 같은 메서드를 한 번 이상 추가할 수 있다는 것을 뜻한다. 실제로 중복을 허용하는지 확인하기 위해 DuplicateEntries( ) 메서드를 추가로 구현해보자.

```
public partial class Program
{
    private static void DuplicateEntries()
    {
        CalculatorDelegate addDel = Add;
        CalculatorDelegate subDel = Subtract;
        CalculatorDelegate mulDel = Multiply;
        CalculatorDelegate duplicateDelegates1 =
            (CalculatorDelegate)Delegate.Combine(
                addDel,
                subDel);
        CalculatorDelegate duplicateDelegates2 =
            (CalculatorDelegate)Delegate.Combine(
                duplicateDelegates1,
                mulDel);
        CalculatorDelegate duplicateDelegates3 =
            (CalculatorDelegate)Delegate.Combine(
                duplicateDelegates2,
                subDel);
        CalculatorDelegate duplicateDelegates4 =
            (CalculatorDelegate)Delegate.Combine(
                duplicateDelegates3,
                addDel);
        Console.WriteLine(
            "Total delegates in duplicateDelegates4: {0}",
            duplicateDelegates4.GetInvocationList().Length);
        duplicateDelegates4(6, 3);
    }
}
```

이 메서드를 호출한 결과는 다음과 같다.

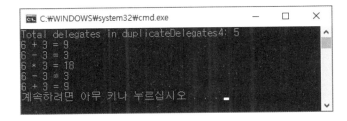

예제 코드에서 duplicateDelegates2 변수는 addDel, subDel, mulDel 세 개의 메서드에 대한 참조를 포함한다. 코드를 통해 살펴보자.

```
CalculatorDelegate duplicateDelegates1 =
    (CalculatorDelegate)Delegate.Combine(
        addDel,
        subDel);
CalculatorDelegate duplicateDelegates2 =
    (CalculatorDelegate)Delegate.Combine(
        duplicateDelegates1,
        mulDel);
```

여기서 다시 subDel과 addDel을 호출 목록에 추가하는 부분이 등장한다.

```
CalculatorDelegate duplicateDelegates3 =
    (CalculatorDelegate)Delegate.Combine(
        duplicateDelegates2,
        subDel);
CalculatorDelegate duplicateDelegates4 =
    (CalculatorDelegate)Delegate.Combine(
        duplicateDelegates3,
        addDel);
```

최종적으로 duplicateDelegates4는 두 개의 중복된 메서드 참조를 포함한다. 하지만, DuplicateEntries() 메서드를 실행한 결과를 통해 알 수 있듯이 addDel과 subDel이 두 번씩 호출되며, 해당 대리자를 호출 리스트에 추가한 순서에 따라 호출된다.

 정적 메서드인 Delegate.Combine( )과 Delegate.Remove( )는 Delegate 형식을 반환하므로 필요 시, 해당 인스턴스의 대리자 형식으로 변환해야 한다.

+=과 -= 연산자 이용하기

+=과 -=을 이용해서 대리자를 만드는 과정은 연산자의 익숙함 덕분에 비교적 쉽게 이해할 수 있다. 또한, +와 - 연산자를 이용하면 호출 목록에 대리자를 추가하거나 제거할 수 있다. 다음은 AddSubtractDelegate 프로젝트에서 발췌한 예제로 이 연산자들을 이용해 대리자를 결합하거나 제거하는 방법을 보여준다.

```
public partial class Program
{
    private static void AddSubtractDelegate( )
    {
        CalculatorDelegate addDel = Add;
        CalculatorDelegate subDel = Subtract;
        CalculatorDelegate mulDel = Multiply;
        CalculatorDelegate divDel = Division;
        CalculatorDelegate multiDel = addDel + subDel;
        multiDel += mulDel;
        multiDel += divDel;
        Console.WriteLine(
            "Invoking multiDel delegate (four methods):");
        multiDel(8, 2);
        multiDel = multiDel - subDel;
        multiDel -= mulDel;
        Console.WriteLine(
            "Invoking multiDel delegate (after subtraction):");
        multiDel(8, 2);
```

```
    }
}
```

Add( ), Subtract( ), Multiply( ), Division( )은 CombineDelegate 프로젝트의 메서드이
며, AddSubtractDelegate( ) 메서드를 실행한 결과는 다음과 같다.

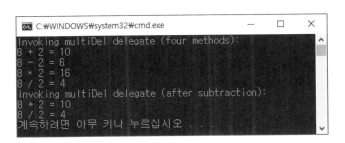

AddSubtractDelegate( ) 메서드의 시작 부분에서 CalculatorDelegate 형식으로 네 개
의 메서드에 대한 대리자를 생성하는 것은 이전 프로젝트와 같다. 다음으로 멀티캐스트
대리자 용도로 multiDel 변수를 만들고 +와 += 연산자만 이용해서 대리자를 추가한다.
코드를 보자.

```
CalculatorDelegate multiDel = addDel + subDel;
multiDel += mulDel;
multiDel += divDel;
Console.WriteLine(
    "Invoking multiDel delegate (four methods):");
multiDel(8, 2);
```

네 개의 대리자를 multiDel에 결합한 이후에 multiDel 대리자를 호출하면 네 개의 메서
드(Add( ), Subtract( ), Multiply( ), Division( ))를 호출한 결과가 순서대로 콘솔을 통해 출력
된다.

다음으로 살펴 볼 코드는 −와 −=연산자를 이용해서 multiDel 대리자의 호출 리스트에서 특정 대리자를 제거하는 방법을 보여준다.

```
multiDel = multiDel - subDel;
multiDel -= mulDel;
Console.WriteLine(
    "Invoking multiDel delegate (after subtraction):");
multiDel(8, 2);
```

subDel과 MulDel을 제거했기 때문에 multiDel을 호출하면 Add( )와 Division( ) 메서드만 호출한다. 이처럼 −와 −= 연산자를 이용하면 Remove( ) 메서드처럼 대리자를 호출 목록에서 제거할 수 있다.

 사실 +=과 −=을 이용해서 멀티캐스트 대리자에 할당하는 행위는 함수형 프로그래밍의 불변성 개념에 맞지 않다. 하지만 +와 − 연산자를 이용해 대리자를 호출 목록에 추가하거나 제거하는 것은 문제되지 않는다.

▌ 내장 대리자

C#에서는 대리자를 직접 선언할 수 있을 뿐만 아니라 표준 라이브러리에 내장된 대리자built-in delegate를 사용할 수도 있다. 이들은 제네릭 데이터 형식을 지원하는데, 내장 대리자를 살펴보기 전에 제네릭 대리자가 무엇인지 알아보자.

제네릭 대리자

대리자 형식은 **제네릭**generic 형식을 매개 변수로 이용할 수 있다. 제네릭을 지원하면, 대리자를 변수로 초기화할 때까지 대리자에 사용할 매개 변수나 반환 형식의 지정을 미룰 수 있다. 즉, 대리자 형식을 정의할 때는 대리자의 매개 변수와 반환 형식을 명시하지 않는다. 다음 코드를 이용해서 조금 더 자세히 알아보겠다.

```
public partial class Program
{
    private delegate T FormulaDelegate<T>(T a, T b);
}
```

FormulaDelegate는 제네릭 데이터 형식을 이용하고 있다. 데이터 형식을 의미하는 기호인 T는 FormulaDelegate 형식의 변수를 선언할 때 정의된다. 여기에 완전히 다른 시그니처를 가지는 메서드 두 개를 추가해보겠다.

```
public partial class Program
{
    private static int AddInt(int x, int y)
    {
        return x + y;
    }
    private static double AddDouble(double x, double y)
    {
        return x + y;
    }
}
```

이제 변수화 시점에 제네릭을 통한 형식 지정과 이렇게 선언한 대리자를 이용해서 함수를 호출하는 방법을 살펴보자.

```
public partial class Program
{
    private static void GenericDelegateInvoke()
```

```
    {
        FormulaDelegate<int> intAddition = AddInt;
        FormulaDelegate<double> doubleAddition = AddDouble;
        Console.WriteLine("Invoking intAddition(2, 3)");
        Console.WriteLine(
            "Result = {0}",
            intAddition(2, 3));
        Console.WriteLine("Invoking doubleAddition(2.2, 3.5)");
        Console.WriteLine(
            "Result = {0}",
            doubleAddition(2.2, 3.5));
    }
}
```

다음은 GenericDelegateInvoke( ) 메서드를 실행한 결과다.

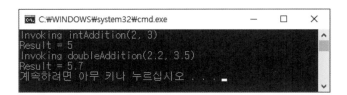

예제를 통해 하나의 대리자 형식을 이용해서 시그니처가 다른 두 개의 메서드를 참조하는 대리자들을 선언할 수 있다는 것을 알 수 있다. intAddition 대리자는 매개 변수와 반환 형식이 int인 AddInt( ) 메서드를 참조하며, doubleAddition 대리자가 참조하는 메서드의 매개 변수와 반환 형식은 double이다. 대리자가 참조하는 메서드의 데이터 형식이 무엇인지는 대리자를 초기화할 때 꺾쇠(< >)안에 표기한 데이터 형식을 이용해서 정의한다. 다음은 제네릭 데이터 형식을 이용하는 대리자의 초기화 코드의 예다.

```
FormulaDelegate<int> intAddition = AddInt;
FormulaDelegate<double> doubleAddition = AddDouble;
```

이처럼 데이터 형식을 정의함으로써 대리자가 참조 대상 메서드의 데이터 형식과 일치 여부를 확인할 수 있다. 시그니처가 다른 함수들을 호출할 수 있는 것도 이런 구조 덕분 이다.

지금까지 하나의 제네릭 매개 변수를 가지는 대리자를 살펴봤다. 다음은 대리자 선언 시, 제네릭 매개 변수를 여러 개 사용할 수 있음을 보여주는 예제다(MultiTemplateDelegates 프 로젝트 참고).

```csharp
public partial class Program
{
    private delegate void AdditionDelegate<T1, T2>(
        T1 value1, T2 value2);
}
```

AdditionDelegate 대리자는 형식이 다른 두 개의 매개 변수 T1과 T2를 가지며, 이들은 변수 선언 시에 정의할 데이터 형식을 의미한다. 자세한 예를 들기 위해 서로 다른 형식 의 매개 변수를 두 개씩 가지고 있는 AddIntDouble()과 AddFloatDouble() 메서드를 살 펴보자.

```csharp
public partial class Program
{
    private static void AddIntDouble(int x, double y)
    {
        Console.WriteLine(
            "int {0} + double {1} = {2}",
            x,
            y,
            x + y);
    }
    private static void AddFloatDouble(float x, double y)
    {
        Console.WriteLine(
```

```
                "float {0} + double {1} = {2}",
                x,
                y,
                x + y);
    }
}
```

AdditionDelegate를 이용해서 AddIntDouble()과 AddFloatDouble()을 참조하고 호출하는 과정은 VoidDelegateInvoke() 메서드 내에서 이뤄진다.

```
public partial class Program
{
    private static void VoidDelegateInvoke()
    {
        AdditionDelegate<int, double> intDoubleAdd =
            AddIntDouble;
        AdditionDelegate<float, double> floatDoubleAdd =
            AddFloatDouble;
        Console.WriteLine("Invoking intDoubleAdd delegate");
        intDoubleAdd(1, 2.5);
        Console.WriteLine("Invoking floatDoubleAdd delegate");
        floatDoubleAdd((float)1.2, 4.3);
    }
}
```

다음은 VoidDelegateInvoke() 메서드를 실행한 결과다.

호출 결과를 통해 서로 다른 메서드 시그니처를 갖는 intDoubleAdd와 floatDoubleAdd를 훌륭하게 호출하고 있음을 알 수 있으며, 이것이 가능한 것은 AdditionDelegate 대리자에서 사용한 T1, T2 템플릿 덕분이다.

이번에는 반환값을 갖는 다중 템플릿 대리자를 만들어보겠다. 대리자 선언은 다음과 같다.

```
public partial class Program
{
    private delegate TResult AddAndConvert<T1, T2, TResult>(
        T1 digit1, T2 digit2);
}
```

다음으로 이 대리자 형식을 이용해서 호출하려는 AddIntDoubleConvert()와 AddFloatDoubleConvert() 메서드도 프로젝트에 추가한다.

```
public partial class Program
{
    private static float AddIntDoubleConvert(int x, double y)
    {
        float result = (float)(x + y);
        Console.WriteLine(
            "(int) {0} + (double) {1} = (float) {2}",
            x,
            y,
            result);
        return result;
    }
    private static int AddFloatDoubleConvert(float x, double y)
    {
        int result = (int)(x + y);
        Console.WriteLine(
            "(float) {0} + (double) {1} = (int) {2}",
```

```
            x,
            y,
            result);
        return result;
    }
}
```

실제로 AddAndConvert 대리자를 이용하는 ReturnValueleDelegateInvoke( ) 메서드를 살펴보자.

```
public partial class Program
{
    private static void ReturnValueDelegateInvoke( )
    {
        AddAndConvert<int, double, float>
            intDoubleAddConvertToFloat = AddIntDoubleConvert;
        AddAndConvert<float, double, int>
            floatDoubleAddConvertToInt = AddFloatDoubleConvert;
        Console.WriteLine("Invoking intDoubleAddConvertToFloat delegate");
        float f = intDoubleAddConvertToFloat(5, 3.9);
        Console.WriteLine("Invoking floatDoubleAddConvertToInt delegate");
        int i = floatDoubleAddConvertToInt((float)4.3, 2.1);
    }
}
```

다음은 ReturnValueDelegateInvoke( ) 메서드의 실행 결과다.

결과를 통해 알 수 있듯, 다중 템플릿 제네릭 형식의 대리자를 이용하면 상이한 시그니처를 갖는 다양한 메서드에 대응할 수 있다.

Action과 Func

앞에서 살펴본 다음 대리자 선언으로 돌아가보자.

```
public partial class Program
{
    private delegate void AdditionDelegate<T1, T2>(
        T1 value1, T2 value2);
}
```

C#은 최대 16개의 매개 변수를 갖는 void 반환 형식의 내장 대리자인 Action을 제공한다. 즉, Action 대리자는 매개 변수를 0~16개 가지면서 값을 반환하지 않는 메서드를 호출할 수 있다. 덕분에 대리자를 선언할 필요성이 대폭 줄어들었으며 손쉬운 메서드 참조가 가능해졌다. MultiTemplateDelegates 프로젝트에 Action 대리자를 적용하면 AdditionDelegate 대리자를 제거할 수 있다. 다음은 MultiTemplateDelegates의 VoidDelegateInvoke( )에 Action 대리자를 적용한 ActionDelegateInvoke( ) 메서드다.

```
public partial class Program
{
    private static void ActionDelegateInvoke( )
    {
        Action<int, double> intDoubleAddAction =
            AddIntDouble;
        Action<float, double> floatDoubleAddAction =
            AddFloatDouble;
        Console.WriteLine("Invoking intDoubleAddAction delegate");
        intDoubleAddAction(1, 2.5);
        Console.WriteLine("Invoking floatDoubleAddAction delegate");
```

```
        floatDoubleAddAction((float)1.2, 4.3);
    }
}
```

이 코드는 ActionFuncDelegates 프로젝트에 포함돼 있으며, 여기서 MultiTemplate Delegates 프로젝트의 AdditionDelegate를 Action 대리자로 대체한 부분은 다음 코드다.

```
Action<int, double> intDoubleAddAction =
    AddIntDouble;
Action<float, double> floatDoubleAddAction =
    AddFloatDouble;
```

한편, C#은 반환 형식을 갖는 Func 내장 대리자도 제공하는데, 역시 최대 16개의 매개 변수를 갖는다. 다시 MultiTemplateDelegates 프로젝트에서 선언했던 대리자를 살펴보자.

```
public partial class Program
{
    private delegate TResult AddAndConvert<T1, T2, TResult>(
        T1 digit1, T2 digit2);
}
```

이 대리자는 Func 대리자 선언과 일치하기 때문에 제거할 수 있으며, 따라서 Multi TemplateDelegates 프로젝트의 ReturnValueDelegateInvoke() 메서드를 FuncDele gateInvoke()로 수정할 수 있다.

```
public partial class Program
{
    private static void FuncDelegateInvoke()
```

```
    {
        Func<int, double, float>
            intDoubleAddConvertToFloatFunc =
                AddIntDoubleConvert;
        Func<float, double, int>
            floatDoubleAddConvertToIntFunc =
                AddFloatDoubleConvert;
        Console.WriteLine(
            "Invoking intDoubleAddConvertToFloatFunc delegate");
        float f = intDoubleAddConvertToFloatFunc(5, 3.9);
        Console.WriteLine(
            "Invoking floatDoubleAddConvertToIntFunc delegate");
        int i = floatDoubleAddConvertToIntFunc((float)4.3, 2.1);
    }
}
```

다음과 같이 Func 대리자를 적용함으로써 AddAndConvert 대리자는 더 이상 필요하지
않다.

```
Func<int, double, float>
    intDoubleAddConvertToFloatFunc = AddIntDoubleConvert;
Func<float, double, int>
    floatDoubleAddConvertToIntFunc = AddFloatDoubleConvert;
```

이처럼 내장 대리자인 Action과 Func를 이용하면 쉽고 빠르게 대리자를 정의할 수 있으
며, 코드도 줄일 수 있다.

▌ 대리자의 가변성 구별

제네릭 대리자를 이용하면 해당 대리자와 시그니처가 다른 메서드를 할당할 수 있는데,
이것을 대리자에서의 **가변성**variance이라고 한다. 대리자의 가변성에는 **공변성**covariance과

반공변성^{contravariance}이 있다. 공변성은 대리자에서 정의하고 있는 반환 형식보다 하위의 상속 형식(서브 형식, 더 많이 상속된 형식) 반환을 허용한다. 한편, 반공변성은 할당된 메서드가 대리자에서 정의하고 있는 매개 변수 형식보다 상위 형식(수퍼 형식, 덜 상속된 형식)의 매개 변수를 취할 수 있게 한다.

공변성

Covariance 프로젝트에서 대리자의 공변성 예제를 살펴보자. 우선, 다음 대리자를 초기화한다.

```
public partial class Program
{
    private delegate TextWriter CovarianceDelegate( );
}
```

이 대리자는 TextWriter 형식을 반환한다. 다음으로 StreamWriterMethod( )를 만들 텐데, 이 메서드는 StreamWriter 개체를 반환한다.

```
public partial class Program
{
    private static StreamWriter StreamWriterMethod( )
    {
        DirectoryInfo[] arrDirs =
            new DirectoryInfo(@"C:\Windows")
                .GetDirectories(
                    "s*",
                    SearchOption.TopDirectoryOnly);

        StreamWriter sw = new StreamWriter(
            Console.OpenStandardOutput( ));
```

```
        foreach (DirectoryInfo dir in arrDirs)
        {
            sw.WriteLine(dir.Name);
        }

        return sw;
    }
}
```

StringWriter 개체를 반환하는 StringWriterMethod( ) 메서드도 다음과 같이 생성한다.

```
public partial class Program
{
    private static StringWriter StringWriterMethod()
    {
        StringWriter strWriter = new StringWriter();

        string[] arrString = new string[]{
            "Covariance",
            "example",
            "using",
            "StringWriter",
            "object"
        };

        foreach (string str in arrString)
        {
            strWriter.Write(str);
            strWriter.Write(' ');
        }

        return strWriter;
    }
}
```

보다시피 이들은 StreamWriter와 StringWriter라는 서로 다른 개체를 반환하며, 이 형식들은 CovarianceDelegate 대리자의 반환 형식인 TextWriter와도 다르다. 하지만, StreamWriter와 StringWriter는 TextWriter를 상속하고 있기 때문에 대리자의 공변성에 따라 이 메서드들을 CovarianceDelegate 대리자에 할당할 수 있다.

StreamWriterMethod( )를 CovarianceDeleagate 대리자에 할당하는 과정은 Covariance StreamWriterInvoke( ) 메서드에서 구현하고 있다.

```
public partial class Program
{
    private static void CovarianceStreamWriterInvoke()
    {
        CovarianceDelegate covDelegate;
        Console.WriteLine(
            "Invoking CovarianceStreamWriterInvoke method:");
        covDelegate = StreamWriterMethod;
        StreamWriter sw = (StreamWriter)covDelegate();
        sw.AutoFlush = true;
        Console.SetOut(sw);
    }
}
```

StreamWriterMethod( ) 메서드에서는 다음과 같이 StreamWriter를 생성하고 콘솔을 통해 내용을 출력한다.

```
StreamWriter sw = new StreamWriter(
    Console.OpenStandardOutput());
```

이후에 CovarianceStreamWriterInvoke( ) 메서드에서 이 코드를 호출함으로써 콘솔 출력이 이뤄진다.

```
sw.AutoFlush = true;
Console.SetOut(sw);
```

다음은 CovarianceStreamWriterInvoke( ) 메서드의 실행 결과다.

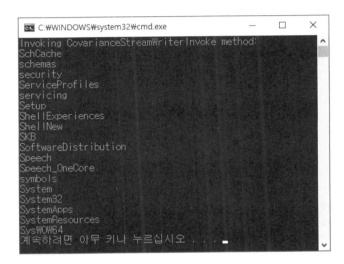

예제는 Visual Studio 2017 설치 경로에 포함된 디렉터리 리스트를 출력하고 있는데, 설치된 버전에 따라 경로의 차이는 있을 수 있다.

자, 이번에는 CovarianceDelegate 대리자를 이용해서 StringWriterMethod( )를 호출해 보겠다. 이를 위해 다음과 같이 CovarianceStringWriterInvoke( ) 메서드를 구현한다.

```
public partial class Program
{
    private static void CovarianceStringWriterInvoke( )
    {
        CovarianceDelegate covDelegate;
        Console.WriteLine(
            "Invoking CovarianceStringWriterInvoke method:");
```

```
        covDelegate = StringWriterMethod;
        StringWriter strW = (StringWriter)covDelegate();
        Console.WriteLine(strW.ToString());
    }
}
```

여기서 호출하는 StringWriterMethod()에서 StringWriter 개체를 생성하고 설정하는 부분은 다음과 같다.

```
StringWriter strWriter = new StringWriter();
string[] arrString = new string[]{
    //문자열 배열
};
foreach (string str in arrString)
{
    strWriter.Write(str);
    strWriter.Write(' ');
}
```

여기서 설정된 문자열은 CovarianceStringWriterInvoke()에서 콘솔을 통해 출력한다.

```
Console.WriteLine(strW.ToString());
```

CovarianceStringWriterInvoke() 메서드를 실행하면 StringWriterMethod()의 arrString 문자열 배열에 저장한 문자열을 다음과 같이 출력한다.

지금까지 대리자의 공변성을 예제를 통해 증명했다. 공변성에 따라 TextWriter를 반환하는 CovarianceDelegate 대리자는 StreamWriter나 StringWriter를 반환하는 메서드를 참조할 수 있다. 다음 코드는 앞서 살펴본 예제에서 추출한 것으로 대리자의 공변성을 여실히 보여준다.

```
private delegate TextWriter CovarianceDelegate();
CovarianceDelegate covDelegate;
covDelegate = StreamWriterMethod;
covDelegate = StringWriterMethod;
```

반공변성

이제 반공변성에 대해 알아보면서 대리자의 가변성에 대해 계속해서 살펴보겠다. 다음은 ContravarianceDelegate 대리자 선언으로 Contravariance 프로젝트에 포함된 코드다.

```
public partial class Program
{
    private delegate void ContravarianceDelegate(StreamWriter sw);
}
```

그리고 이 대리자에 TextWriter 형식의 매개 변수를 가지는 다음 메서드를 할당하려한다.

```
public partial class Program
{
    private static void TextWriterMethod(TextWriter tw)
    {
        string[] arrString = new string[]{
            "Contravariance",
```

```
                "example",
                "using",
                "TextWriter",
                "object"
            };
            tw = new StreamWriter(Console.OpenStandardOutput());
            foreach (string str in arrString)
            {
                tw.Write(str);
                tw.Write(' ');
            }
            tw.WriteLine();
            Console.SetOut(tw);
            tw.Flush();
        }
    }
```

할당은 다음과 같이 이뤄진다.

```
public partial class Program
{
    private static void ContravarianceTextWriterInvoke()
    {
        ContravarianceDelegate contravDelegate = TextWriterMethod;
        TextWriter tw = null;
        Console.WriteLine(
            "Invoking ContravarianceTextWriterInvoke method:");
        contravDelegate((StreamWriter)tw);
    }
}
```

다음은 ContravarianceTextWriterInvoke()의 호출 결과다.

이 예제를 통해 StreamWriter 형식의 매개 변수를 가지는 대리자에 TextWriter 형식의 매개 변수를 가지는 메서드를 할당할 수 있고, 정상적으로 동작함을 알 수 있다. 이것은 StreamWriter가 TextWriter로부터 파생된 클래스기 때문에 가능하다. 주요 코드를 다시 한 번 살펴보자.

```
private delegate void ContravarianceDelegate(StreamWriter sw);
private static void TextWriterMethod(TextWriter tw)
{
    // 구현
}
ContravarianceDelegate contravDelegate = TextWriterMethod;
TextWriter tw = null;
contravDelegate((StreamWriter)tw);
```

이 코드는 반공변성 예제의 일부를 가져온 것이다. 여기서 ContravarianceDelegate 형식의 변수 contravDelegate에 시그니처가 상이한 TextWriterMethod( )를 할당할 수 있는 이유는 StreamWriter가 TextWriter 객체에서 파생된 형식이기 때문이다. Text WriterMethod( ) 메서드는 TextWriter 데이터 형식을 다루고 있으므로 StreamWriter 형식을 다루는 데 아무런 문제가 없다.

▌ 요약

대리자는 메서드 캡슐화에 매우 유용하다. 다른 C# 데이터 형식처럼 대리자 형식의 변수를 만들 수 있다. 이처럼 데이터 형식과 비슷하기 때문에 여러 개의 대리자를 이용해서 멀티캐스트 대리자를 생성할 때 증감 연산을 적용할 수 있다. 한 가지 유념해야 할 것은 `Delegate.Combine()`과 `Delegate.Remove()` 메서드가 `Delegate` 형식을 반환하기 때문에 사용할 때는 정확한 인스턴스의 형식으로 캐스팅해야 한다는 점이다. 반면, `+=`과 `-=` 연산자를 이용한다면, 이들은 컴파일러 내의 언어 수준에서 구현돼 있고 대리자 형식을 이미 알고 있기 때문에 대리자에 대한 증감 연산 결과를 캐스팅할 필요가 없다.

C#에서 제공하는 내장 대리자인 `Action`과 `Func`를 이용하면 코드 양을 줄이고 간편하고 빠르게 대리자를 정의할 수 있다. 결과적으로 코드의 분석도 용이해진다. 대리자는 또한 메서드 할당 시 공변성과 반공변성을 제공하는데, 공변성은 대리자에서 정의하고 있는 반환 형식보다 하위 상속 수준의 데이터 형식을 반환하는 메서드를 대리자에 할당할 수 있게 해주고, 반공변성은 할당된 메서드의 매개 변수가 대리자에서 정의한 매개 변수 형식 보다 상속 계층보다 상위에 있는 형식을 사용할 수 있게 해준다.

지금까지 대리자에 대해 살펴봤다. 3장에서는 여기서 배운 대리자의 강력함을 이용해 람다식으로 무명 메서드를 만들어보겠다.

03

람다식을 이용한
무명 메서드 표현

2장에서 배운 대리자는 3장의 주제인 무명 메서드와 람다식을 이해하기 위한 선수 과목과 같다. 무명 메서드를 이용하면 대리자를 위해 별도의 메서드를 정의할 필요가 없다. 람다식은 무명 메서드를 위한 간편한 문법을 제공한다. 3장에서는 무명 메서드와 람다식에 대해 자세히 알아볼 것이다. 다음은 3장의 핵심 주제다.

- 대리자를 이용한 무명 메서드 생성과 사용
- 무명 메서드를 람다식으로 변환하기
- 식 트리 및 람다와 식 트리의 관계 이해하기
- 람다식을 이용한 이벤트 구독
- 함수형 프로그래밍에서 람다식의 장점

▌ 무명 메서드란

명명된 메서드^{named method}를 이용해서 대리자를 선언하는 방법에 대해서는 이미 2장에서 살펴봤다. 명명된 메서드를 이용하는 경우에는 우선 메서드를 만들고, 메서드에 이름을 부여한 다음, 대리자에 할당하는 순서를 따른다. 확실히 하는 의미에서 간단한 대리자 선언을 살펴보자.

```
delegate void DelDelegate(int x);
void DoSomething(int i) { /* 구현 */ }
DelDelegate d = DoSomething;
```

그저 간단히 DelDelegate라는 대리자 데이터 형식과 DoSomething() 메서드를 만들고 있다. 명명된 메서드를 만드는 작업이 선행돼야만 메서드를 대리자와 연관시킬 수 있다. 이런 와중에 C# 2.0에서 발표한 **무명 메서드**^{anonymous method}는 대리자를 한결 편리하게 사용할 수 있게 한다. 즉, 무명 메서드는 한 번만 사용할 간단하고 짧은 메서드를 만드는 손쉬운 방법으로 다음과 같은 문법에 따라 선언한다.

```
delegate([매개 변수 목록]) { 구현부 }
```

각 요소에 대한 설명은 다음을 참고한다.

- **delegate**: 대리자를 초기화하기 위한 키워드
- **매개 변수 목록**: 대리자에 할당할 메서드의 매개 변수 목록
- **구현부**: 메서드가 실행할 코드 본문. 값을 반환하는 경우, return 문 사용

설명을 통해 짐작할 수 있듯이 무명 메서드는 말 그대로 이름이 없는 메서드다. 그저 필요한 인수와 메서드 본문을 정의할 뿐이다.

무명 메서드 만들기

간단한 무명 메서드를 만들어보는 것부터 시작하겠다. 소스 코드는 SimpleAnonymous
Methods 프로젝트를 참고한다.

```csharp
public partial class Program
{
    static Func<string, string> displayMessageDelegate =
        delegate (string str)
        {
            return String.Format("Message: {0}", str);
        };
}
```

예제는 무명 메서드를 displayMessageDelegate 대리자에 할당한다. displayMessage
Delegate 대리자는 Func 내장 대리자로 string 형식 인수를 한 개 가지며, string 값을
반환한다. 이 무명 메서드를 실행하려면 대리자를 호출해야 한다.

```csharp
public partial class Program
{
    static void Main(string[] args)
    {
        Console.WriteLine(
            displayMessageDelegate(
                "A simple anonymous method sample."));
    }
}
```

예제를 실행한 결과는 다음과 같다.

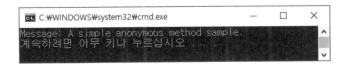

콘솔 출력 결과에서 보듯이 대리자 이름을 이용해서 무명 메서드를 호출했다. 이번에는 2장의 SimpleDelegates 프로젝트 예제 코드를 리팩토링해서 무명 메서드를 이용하게 수정해보겠다. 다음 코드는 수정된 무명 메서드 선언이며 SimpleDelegatesRefactor 프로젝트에서 찾을 수 있다.

```csharp
public partial class Program
{
    private static Func<int, int, int> AreaRectangleDelegate =
        delegate (int a, int b)
        {
            return a * b;
        };

    private static Func<int, int, int> AreaSquareDelegate =
        delegate (int x, int y)
        {
            return x * y;
        };
}
```

코드에서는 두 개의 무명 메서드를 선언하고 있으며, 역시 2장에서 소개했던 Func 대리자를 이용하고 있다. 이 메서드들을 호출하려면 대리자 이름을 호출하면 된다.

```csharp
public partial class Program
{
    static void Main(string[] args)
    {
        int i = AreaRectangleDelegate(1, 2);
        int j = AreaSquareDelegate(2, 3);

        Console.WriteLine("i = " + i);
        Console.WriteLine("j = " + j);
```

```
        }
    }
```

다음은 실행 결과다.

```
C:\WINDOWS\system32\cmd.exe                    —    □    ×
i = 2
j = 6
계속하려면 아무 키나 누르십시오 . . .
```

리팩토링 전인 SimpleDelegates 프로젝트와 비교해 대리자 선언부가 필요 없는 Simple
DelegatesRefactor 프로젝트는 더 단순하고 코드도 짧아졌다. 실제로 대리자 선언은 무
명 메서드의 생성과 동시에 이뤄진다.

```
private static Func<int, int, int> AreaRectangleDelegate =
    delegate (int a, int b)
    {
        return a * b;
    };
```

참고로, 다음은 SimpleDelegates 프로젝트의 변경 전 코드다.

```
public partial class Program
{
    private delegate int AreaCalculatorDelegate(int x, int y);
    static int Square(int x, int y)
    {
        return x * y;
    }
}
```

이처럼 무명 메서드를 활용한 위임을 통해 소스 코드를 간소화할 수 있다.

무명 메서드를 인수로 사용하기

이제 무명 메서드를 실행하는 방법을 알았다. 하지만 여기에 그치지 않고 무명 메서드를 매개 변수로 메서드에 전달할 수도 있다. 다음은 AnonymousMethodAsArgument 프로젝트의 코드다.

```
public partial class Program
{
    private static bool IsMultipleOfSeven(int i)
    {
        return i % 7 == 0;
    }
}
```

IsMultipleOfSeven 메서드를 정의하고 있는데, 이 메서드는 다음 코드에서 메서드의 인수로 사용된다.

```
public partial class Program
{
    private static int FindMultipleOfSeven(List<int> numList)
    {
        return numList.Find(IsMultipleOfSeven);
    }
}
```

FindMultipleOfSeven() 메서드를 호출하는 부분은 다음과 같다.

```
public partial class Program
{
    private static void PrintResult()
    {
        Console.WriteLine(
```

```
            "The Multiple of 7 from the number list is {0}",
            FindMultipleOfSeven(numbers));
    }
}
```

FindMultipleOfSeven( ) 메서드의 인수는 List 형식의 변수로 정의한다.

```
public partial class Program
{
    static List<int> numbers = new List<int>()
    {
        54, 24, 91, 70, 72, 44, 61, 93,
        73, 3, 56, 5, 38, 60, 29, 32,
        86, 44, 34, 25, 22, 44, 66, 7,
        9, 59, 70, 47, 55, 95, 6, 42
    };
}
```

PrintResult( ) 메서드의 실행 결과를 살펴보자.

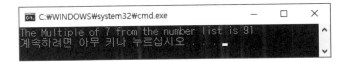

이 프로그램의 목적은 7로 나눠지는 수를 찾는 것인데, 처음으로 조건을 만족하는 91에서 FindMultipleOfSeven( ) 메서드가 값을 반환했다.

FindMultipleOfSeven( ) 메서드 내를 살펴보면, IsMultipleOfSeven( ) 메서드를 인수로 Find( ) 메서드를 호출하는 코드가 있다.

```
return numList.Find(IsMultipleOfSeven);
```

원한다면 이 부분은 무명 메서드로 교체할 수 있다.

```
public partial class Program
{
    private static int FindMultipleOfSevenLambda(
        List<int> numList)
    {
        return numList.Find(
                delegate (int i)
                {
                    return i % 7 == 0;
                }
            );
    }
}
```

FindMultipleOfSevenLambda( ) 메서드는 Find( ) 메서드를 호출하면서 무명 메서드를 인수로 전달한다. 따라서 FindMultipleOfSeven( ) 메서드는 더 이상 필요 없다. Find MultipleOfSevenLambda( ) 메서드를 호출하는 PrintResultLambda( ) 메서드는 다음과 같다.

```
public partial class Program
{
    private static void PrintResultLambda( )
    {
        Console.WriteLine(
            "({0}) The Multiple of 7 from the number list is {1}",
            "Lambda",
            FindMultipleOfSevenLambda(numbers));
    }
}
```

`PrintResultLambda( )`의 실행 결과를 보자.

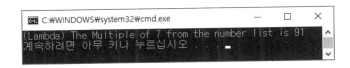

이처럼 무명 메서드를 직접 전달해도 같은 결과인 91을 정상적으로 찾을 수 있음을 알 수 있다.

무명 메서드 작성 가이드

무명 메서드를 작성할 때 명심해야 할 몇 가지 사항이 있다.

- 무명 메서드는 선언 시에 반환 형식을 지정하지 않는다. 다음 코드를 참고한다.

```
delegate (int a, int b)
{
    return a * b;
};
```

> ℹ️ 이 대리자 선언에는 반환 형식이 없지만 메서드 본문은 return 키워드를 포함하고 있는데, 이 것은 컴파일러가 대리자 시그니처를 이용해서 반환 형식을 유추하기 때문에 가능하다.

- 메서드 인수와 대리자 선언의 시그니처는 일치해야 한다. 명명된 메서드를 대리 자에 할당할 때와 비슷한 경우라 할 수 있으며, 다음 코드를 참고한다.

```
private static Func<int, int, int> AreaRectangleDelegate =
    delegate (int a, int b)
    {
```

```
        return a * b;
    };
```

- 무명 메서드에서 선언한 변수와 같은 이름의 변수를 선언할 수 없다. 다음 코드
  블록을 보자.

```
public partial class Program
{
    private static void Conflict()
    {
        for (int i = 0; i < numbers.Count; i++)
        {
            Action<int> actDelegate = delegate(int i)
            {
                Console.WriteLine("{0}", i);
            };
            actDelegate(i);
        }
    }
}
```

무명 메서드의 장점

다음은 무명 메서드의 몇 가지 장점이다.

- 메서드에 이름을 부여하지 않으므로 일회용 메서드에 적합하다.
- 논리를 구현하는 코드를 실제로 사용하는 곳에 작성할 수 있다.
- 무명 메서드를 할당 할 대리자의 시그니처로부터 유추가 가능하기 때문에 무명 메서드 선언 시에는 반환 형식을 작성할 필요가 없다.
- 무명 메서드를 감싸고 있는 외부 메서드의 지역 변수를 참조할 수 있다. 이때, 외부의 변수들은 무명 메서드 내에서 캡처된다.
- 간단한 논리 구현을 위해 매번 명명된 메서드를 만들 필요가 없다.

▌ 람다식

무명 메서드를 이용해서 간단한 메서드를 손쉽게 만들 수 있다는 것을 배웠다. C# 3.0은 여기서 한 발 더 나아가 더욱 쉽고 간략하게 무명 메서드를 표현할 수 있는 **람다식**을 도입했다. 이제는 새로 개발하는 코드에서 람다식을 선호하는 것이 현실이다.

다음은 가장 간단한 람다식 문법이다.

```
([매개 변수]) => 식;
```

이 람다식은 매개 변수와 식, 두 개의 요소로 구성된다. 일반적인 메서드처럼 람다식도 매개 변수로 표시되는 인수를 가진다. 람다식의 구현부는 식으로 대변된다. 매개 변수가 하나뿐이라면 괄호는 생략할 수 있다.

간단한 람다식을 만들어보자(SimpleLambdaExpression 프로젝트 참고).

```
public partial class Program
{
    static Func<string, string> displayMessageDelegate =
        str => String.Format("Message: {0}", str);
}
```

displayMessageDelegate 대리자를 선언하고 여기에 람다식을 이용해서 만든 무명 메서드를 할당한다. 대리자 호출은 SimpleDelegates 프로젝트의 것과 유사하게 다음과 같이 구현한다.

```
public partial class Program
{
    static void Main(string[] args)
    {
        Console.WriteLine(
            displayMessageDelegate(
                "A simple lambda expression sample."));
    }
}
```

displayMessageDelegate 대리자를 메서드처럼 호출하며, 다음은 실행 결과다.

이번에는 무명 메서드 형식의 SimpleAnonymousMethods 프로젝트와 람다식 형식의 SimpleLambdaExpression 프로젝트에서 메서드를 선언하는 방법을 비교해보자.

```
static Func<string, string> displayMessageDelegate =
    delegate (string str)
```

```
    {
        return String.Format("Message: {0}", str);
    };
```

이처럼 무명 메서드 선언 형식에 따라 메서드를 정의하면 명명된 메서드 선언에 비해 짧고 간결하게 구현할 수 있다.

```
static Func<string, string> displayMessageDelegate =
    str => String.Format("Message: {0}", str);
```

이는 람다식을 이용해서 구현한 것으로 무명 메서드 형식보다 더욱 간단함을 쉽게 눈치챌 수 있다.

무명 메서드를 람다식으로 변환하기

그렇다면 무명 메서드를 어떻게 람다식으로 바꿀 수 있을까? 다음 무명 메서드를 보자.

```
delegate (string str)
{
    return String.Format("Message: {0}", str);
};
```

이것을 다음처럼 람다식으로 변환하려 한다고 하자.

```
str => String.Format("Message: {0}", str);
```

먼저, 필요 없는 delegate 키워드를 제거한 무명 메서드 코드는 다음과 같다.

```
(string str)
{
    return String.Format("Message: {0}", str);
};
```

다음으로 인라인 람다식으로 수정하기 위해 중괄호를 람다 연산자(=>)로 대체한다.

```
(string str) => return String.Format("Message: {0}", str);
```

값 하나를 반환하는 한 줄의 코드이므로 return 키워드 역시 제거할 수 있다.

```
(string str) => String.Format("Message: {0}", str);
```

이것도 이미 람다식이지만, 람다식의 장점을 살리기 위해 더 간단히 표현할 수 있다.

```
(str) => String.Format("Message: {0}", str);
```

string 데이터 형식을 제거했는데, 덕분에 괄호도 제거할 수 있다.

```
str => String.Format("Message: {0}", str);
```

드디어 목표한 최종 람다식을 완성했다. 보다시피 단순한 코드가 읽기도 좋다.

 매개 변수가 하나뿐이라면 람다식에서 매개 변수를 감싸는 괄호를 제거할 수 있다.

무명 메서드에서 람다식을 이용하면 대리자나 식 트리 형식을 만들 수 있다. 이제 이 두 가지 형식의 차이점이 무엇인지 알아보자.

람다식으로 대리자 형식 만들기

앞서 SimpleLambdaExpression 프로젝트를 이용해서 대리자에서 람다식을 이용하는 방법을 살펴봤다. 다음 코드를 통해 조금 더 살펴보자.

```
public partial class Program
{
    private static Func<int, int, int> AreaRectangleDelegate =
        (a, b) => a * b;

    private static Func<int, int, int> AreaSquareDelegate =
        (x, y) => x * y;
}
```

이것은 SimpleDelegatesRefactor 프로젝트의 코드에서 무명 메서드를 람다식으로 수정한 것으로, 람다식을 할당해서 대리자를 만드는 방법을 보여준다. SimpleDelegates Refactor 프로젝트의 Main() 메서드는 수정 없이 그대로 실행할 수 있으며, 같은 결과를 얻을 수 있다.

식 트리와 람다식

이처럼 대리자를 만드는 것 외에 식의 요소들을 트리로 표현하는 데이터 구조인 식 트리 expression tree를 만드는 것도 가능하다. 식 트리를 이용하면, 트리를 따라가며 해석하거나 특정 노드를 수정해서 코드에 변화를 줄 수 있다. 컴파일러 측면에서는 식 트리를 **추상 구문 트리**abstract syntax trees, AST라고 부른다.

대리자에 람다식을 할당하는 코드를 다시 한 번 살펴보자.

```
private static Func<int, int, int> AreaRectangleDelegate =
    (a, b) => a * b;
```

이 문은 다음 세 구역으로 나뉜다.

- **대리자 변수 선언**: Func<int, int, int> AreaRectangleDelegate
- **대입(할당) 연산자**: =
- **람다식**: (a, b) => a * b

이제 이 문을 데이터로 바꿔볼 것이다. 그러기 위해 Expression<T> 형식의 인스턴스를 만들어야 하는데, 여기서 T는 대리자 형식이다. Expression<T> 형식은 System.Linq.Expressions 네임스페이스에서 정의하고 있으며, 이것을 이용해서 다음처럼 앞 코드를 식 트리로 변환할 수 있다.

```
public partial class Program
{
    static void Main(string[] args)
    {
        Expression<Func<int, int, int>> expression =
         (a, b) => a * b;
    }
}
```

이렇게 Expression<T> 형식으로 만든 식 트리는 하나의 데이터 구조를 이루며, 실행 가능한 코드는 아니다. 한편, Expression<T> 클래스는 다음 네 개의 핵심 속성을 제공한다.

- **Body**: 식의 본문을 포함한다.
- **Parameters**: 람다식의 매개 변수를 포함한다.
- **NodeType**: 트리를 구성하는 노드의 ExpressionType 값을 가진다.
- **Type**: 식의 정적 형식을 포함한다.

LambdaExpressionInExpressionTree 프로젝트에서 expression 변수에 중단점을 설정하고 F5 키를 이용해 디버그 프로세스를 시작해보자. 다음은 중단점을 찍은 줄을 실행한 직후에 Visual Studio의 지역 창에서 expression 변수를 확장한 모습이다.

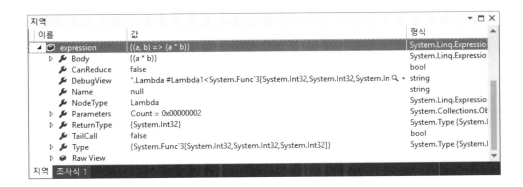

Body 속성은 {(a * b)}이고, NodeType은 Lambda, Type은 Func대리자 형식 정보를 가지고 있다. Body 속성을 확장하면 다음과 같다.

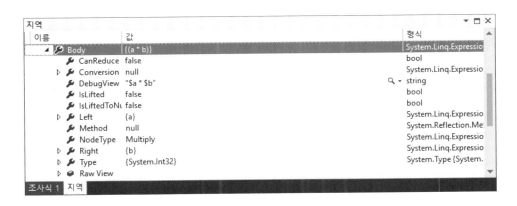

Body 속성의 Left 속성은 {a}이고 Right 속성은 {b}다. 이 속성들을 이용하면 프로그램에서 식 트리를 탐색할 수 있는데, exploreBody( ) 메서드는 Body의 속성 값들을 탐색하는 예다.

```
public partial class Program
{
    private static void exploreBody(
```

```
            Expression<Func<int, int, int>> expr)
    {
        BinaryExpression body =
            (BinaryExpression)expr.Body;
        ParameterExpression left =
            (ParameterExpression)body.Left;
        ParameterExpression right =
            (ParameterExpression)body.Right;
        Console.WriteLine(expr.Body);
        Console.WriteLine(
            "\tThe left part of the expression: {0}\n" +
            "\tThe NodeType: {1}\n" +
            "\tThe right part: {2}\n" +
            "\tThe Type: {3}\n",
            left.Name,
            body.NodeType,
            right.Name,
            body.Type);
    }
}
```

다음은 exploreBody( ) 메서드를 실행한 결과다.

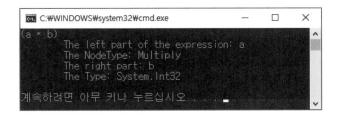

이처럼 exploreBody( ) 메서드는 Expression<T>의 Body 속성을 프로그램에서 접근한다.
Body 내용을 가져오려면 BinaryExpression 형식이 필요하며, Left와 Right 속성 값을
담으려면 ParameterExpression 형식을 이용해야 한다. 다음은 관련 코드만 발췌한 것
이다.

```
BinaryExpression body =
    (BinaryExpression)expr.Body;
ParameterExpression left =
    (ParameterExpression)body.Left;
ParameterExpression right =
    (ParameterExpression)body.Right;
```

지금까지 코드를 식 트리 데이터 구조에 담아봤다. 필요하다면 expression을 컴파일해서 다시 코드화할 수 있다. expression은 다음과 같다.

```
Expression<Func<int, int, int>> expression =
  (a, b) => a * b;
```

compilingExpr( ) 메서드는 expression을 컴파일하고 실행한 결과를 출력하는 방법을 보여준다.

```
public partial class Program
{
    private static void compilingExpr(
        Expression<Func<int, int, int>> expr)
    {
        int a = 2;
        int b = 3;
        int compResult = expr.Compile()(a, b);
        Console.WriteLine(
            "The result of expression {0}" +
            " with a = {1} and b = {2} is {3}",
            expr.Body,
            a,
            b,
            compResult);
    }
}
```

다음은 compilingExpr() 메서드를 실행한 결과다.

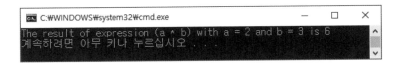

예제에서 Expression 클래스의 Compile() 메서드로 컴파일하는 방법을 자세히 살펴보자.

```
int compResult = expr.Compile()(a, b);
```

expr.Compile() 메서드는 식의 형식에 맞게 Func<int, int, int> 형식의 대리자를 만드는데, 이 대리자의 인수로 a와 b를 시그니처에 따라 전달하면 무명 메서드를 실행한 결과로 int 값을 반환한다.

▌ 람다식을 이용한 이벤트 구독

C#에서는 객체 즉, 클래스를 이용해서 다른 객체에 무엇인가 발생했음을 알릴 수 있는데, 이것을 **이벤트**event라고 한다. 이벤트는 게시자와 구독자라는 두 가지 클래스로 구분하며, 게시자가 이벤트를 보내면(발생), 구독자가 수신(처리)하는 구조다. 다행스러운 것은 이 과정에서 이벤트를 처리할 때, 람다식을 이용할 수 있다는 점이다. 다음 코드를 이용해서 이벤트에 대해 계속 살펴보자(EventsInLambda 프로젝트 참고).

```
public class EventClassWithoutEvent
{
    public Action OnChange { get; set; }
    public void Raise()
    {
```

```
            if (OnChange != null)
            {
                OnChange();
            }
        }
    }
```

이 코드는 EventClassWithoutEvent 클래스를 정의하고 있으며, 이 클래스는 OnChange 라는 속성을 가진다. 이 속성은 Raise() 메서드가 호출됐을 때, 같이 실행할 이벤트 처리기를 저장한다. 이제 Raise() 메서드가 어떻게 동작하는지 살펴보자.

```
public partial class Program
{
    private static void CreateAndRaiseEvent()
    {
        EventClassWithoutEvent ev = new EventClassWithoutEvent();
        ev.OnChange += () =>
            Console.WriteLine("1st: Event raised");
        ev.OnChange += () =>
            Console.WriteLine("2nd: Event raised");
        ev.OnChange += () =>
            Console.WriteLine("3rd: Event raised");
        ev.OnChange += () =>
            Console.WriteLine("4th: Event raised");
        ev.OnChange += () =>
            Console.WriteLine("5th: Event raised");
        ev.Raise();
    }
}
```

다음은 CreateAndRaiseEvent() 메서드를 호출한 결과다.

코드에서 CreateAndRaiseEvent() 메서드를 호출하면 EventClassWithoutEvent 클래스 인스턴스를 만들고, 이어서 람다식으로 구현되는 다섯 개의 메서드를 이벤트 구독자로 등록한다. 마지막으로 Raise() 메서드를 호출함으로써 이벤트를 발생시킨다. 다음 코드는 이 과정을 축약해서 보여준다.

```
EventClassWithoutEvent ev = new EventClassWithoutEvent();
ev.OnChange += () =>
    Console.WriteLine("1st: Event raised");
ev.Raise();
```

여기서 람다식으로 이벤트를 수신할 수 있는 이유는 이벤트가 대리자를 이용해서 구독자 메서드를 저장하기 때문이다. OnChange 속성의 마지막 할당문은 다음과 같다.

```
ev.OnChange += () =>
    Console.WriteLine("5th: Event raised");
```

만약 이 할당문을 다음처럼 수정하면 앞서 등록한 네 개의 구독자는 제거될 것이다.

```
ev.OnChange = () =>
    Console.WriteLine("5th: Event raised");
```

이 구조의 또 다른 약점은 EventClassWithoutEvent가 이벤트를 발생시키는 역할을 하지만, 이 클래스를 이용하는 사용자가 이것을 무시하고 멋대로 이벤트를 발생시키는 것을 제약할 방법이 없다는 것이다. 즉, 이 클래스를 이용하는 누구든 OnChange()를 호출하기만 하면 모든 구독자에게 이벤트가 전달된다.

event 키워드

event 키워드는 클래스 사용자들이 +=과 -= 연산자를 이용해서 이벤트를 구독하는 것만 허용함으로써 조금 전에 언급한 문제점들에 대한 해법을 제시한다. 다음 코드를 보자.

```csharp
public class EventClassWithEvent
{
    public event Action OnChange = () => { };
    public void Raise()
    {
        OnChange();
    }
}
```

여기서 OnChange는 이전과 비교해 공용 속성이 아닌 EventClassWithEvent 클래스의 공용 필드로 바뀌었으며, 원치 않는 액세스를 막기 위해 event 키워드를 이용했다. event 키워드를 이용하면 람다식을 할당할 때 =을 사용할 수 없고, +=과 -=만 허용하기 때문에 구독자 목록도 보호할 수 있다. 방금 설명한 내용을 코드에서 확인해보겠다.

```csharp
public partial class Program
{
    private static void CreateAndRaiseEvent2()
    {
        EventClassWithEvent ev = new EventClassWithEvent();
        ev.OnChange += () =>
            Console.WriteLine("1st: Event raised");
        ev.OnChange += () =>
            Console.WriteLine("2nd: Event raised");
```

```
        ev.OnChange += () =>
            Console.WriteLine("3rd: Event raised");
        ev.OnChange += () =>
            Console.WriteLine("4th: Event raised");
        ev.OnChange = () =>
            Console.WriteLine("5th: Event raised");
        ev.Raise();
    }
}
```

CreateAndRaiseEvent2() 메서드는 마지막 OnChange 할당에 += 대신 =을 이용하는 것만
제외하면 CreateAndRaiseEvent() 메서드와 일치한다. 하지만 이번에는 OnChange 필드
에 event 키워드를 사용했기 때문에 이 코드를 컴파일하면 다음과 같이 CS0070 에러가
발생한다.

event 키워드가 = 연산자 사용을 제한하기 때문에 위험 요소를 사전에 제거할 수 있다.
한편, event 키워드는 이벤트를 정의하고 있는 클래스 외부에서 이벤트를 발생시킬 수
없게 제약하기도 한다. 따라서 이벤트는 해당 이벤트를 정의하고 있는 클래스 내부에서
만 발생시킬 수 있다. EventClassWithoutEvent와 EventClassWithEvent 클래스의 차이
점을 살펴보자.

```
public partial class Program
```

```
{
    private static void CreateAndRaiseEvent3()
    {
        EventClassWithoutEvent ev = new EventClassWithoutEvent();
        ev.OnChange += () =>
            Console.WriteLine("1st: Event raised");
        ev.OnChange += () =>
            Console.WriteLine("2nd: Event raised");
        ev.OnChange += () =>
            Console.WriteLine("3rd: Event raised");
        ev.OnChange();
        ev.OnChange += () =>
            Console.WriteLine("4th: Event raised");
        ev.OnChange += () =>
            Console.WriteLine("5th: Event raised");
        ev.Raise();
    }
}
```

CreateAndRaiseEvent3() 메서드는 CreateAndRaiseEvent() 메서드에서 세 번째와 네 번째 이벤트 사이에 ev.OnChange()를 추가한 것이다. 이 메서드는 정상적으로 처리되며, 실행 결과는 다음과 같다.

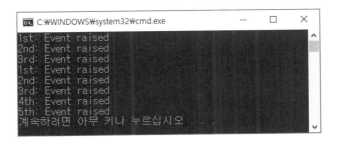

콘솔 출력에서 보는 것처럼 코드를 삽입한 시점에 EventClassWithoutEvent 클래스의 OnChange가 이벤트를 발생시킨다는 것을 알 수 있다. 반면, CreateAndRaiseEvent4()처

럼 EventClassWithEvent 클래스를 이용해 같은 방법으로 이벤트를 발생시키려 하면 컴파일 에러가 발생한다.

```
public partial class Program
{
    private static void CreateAndRaiseEvent4()
    {
        EventClassWithEvent ev = new EventClassWithEvent();
        ev.OnChange += () =>
            Console.WriteLine("1st: Event raised");
        ev.OnChange += () =>
            Console.WriteLine("2nd: Event raised");
        ev.OnChange += () =>
            Console.WriteLine("3rd: Event raised");
        ev.OnChange();
        ev.OnChange += () =>
            Console.WriteLine("4th: Event raised");
        ev.OnChange += () =>
            Console.WriteLine("5th: Event raised");
        ev.Raise();
    }
}
```

이 코드를 컴파일하면 ev.OnChange();를 삽입한 라인에서 CS0070 에러가 발생한다.

EventHandler와 EventHandler<T>

C#은 앞에서 이용했던 Action 대신 이벤트에 사용할 수 있는 EventHandler와 EventHandler<T> 클래스를 제공한다. EventHandler 클래스는 발신자 개체와 이벤트 인수들을 필요로 한다. 발신자는 이벤트를 발생시키는 개체다. EventHandler<T>를 이용하면 이벤트 인수들의 형식을 정의할 수 있다. EventWithEventHandler 프로젝트의 다음

코드를 살펴보자.

```csharp
public class MyArgs : EventArgs
{
    public int Value { get; set; }
    public MyArgs(int value)
    {
        Value = value;
    }
}
public class EventClassWithEventHandler
{
    public event EventHandler<MyArgs> OnChange =
        (sender, e) => { };
    public void Raise()
    {
        OnChange(this, new MyArgs(100));
    }
}
```

MyArgs와 EventClassWithEventHandler 클래스가 있는데, EventClassWithEvent
Handler 클래스는 이벤트 인수 형식을 지정한 EventHandler<MyArgs>를 이용해서 이벤
트를 정의한다. 이제 OnChange 이벤트를 발생시키려면 MyArgs 형식의 인스턴스를 전달
해야 한다. 한편, 이벤트 구독자들은 전달된 인수에 액세스하고 사용할 수 있다. 확인을
위해 CreateAndRaiseEvent( ) 메서드를 보자.

```csharp
public partial class Program
{
    private static void CreateAndRaiseEvent()
    {
        EventClassWithEventHandler ev =
            new EventClassWithEventHandler();
        ev.OnChange += (sender, e)
```

```
        => Console.WriteLine(
            "Event raised with args: {0}", e.Value);
    ev.Raise();
    }
}
```

이 코드를 실행한 결과는 다음과 같다.

다음은 예제에서 람다식을 이용해서 이벤트를 구독하는 부분이다.

```
ev.OnChange += (sender, e)
    => Console.WriteLine(
        "Event raised with args: {0}", e.Value);
```

■ 함수형 프로그래밍에서 람다식의 강점

람다식은 비단 무명 메서드를 위한 간편한 표기법에 그치지 않고 함수형 프로그래밍에서도 강력한 진가를 발휘한다. 이번 절에서는 함수형 프로그래밍에 람다식을 이용함으로써 얻을 수 있는 장점에 대해 살펴볼 것이다.

퍼스트 클래스 함수

1장, 'C#으로 함수형 스타일 맛보기'에서 함수형 프로그래밍을 설명하면서 퍼스트 클래스 함수의 개념을 언급한 바 있다. **퍼스트 클래스 함수**는 값 의미 체계를 따르며, 매개 변수로 전달하거나 함수의 반환값 등으로 사용할 수 있다. 앞에서 살펴본 람다식에 관한 예제 중 SimpleLambdaExpression 프로젝트에 있는 간단한 람다식을 보자.

```
public partial class Program
{
    static Func<string, string> displayMessageDelegate =
        str => String.Format(Message: {0}", str);
}
```

람다식을 이용한 퍼스트 클래스 함수는 다음과 같은 firstClassConcept() 메서드를 이용해서 확인할 수 있다.

```
public partial class Program
{
    static private void firstClassConcept()
    {
        string str = displayMessageDelegate(
            "Assign displayMessageDelegate() to variable");
        Console.WriteLine(str);
    }
}
```

이 메서드에서는 다음과 같이 displayMessageDelegate() 메서드를 str 변수에 할당하는 방법을 보여준다.

```
string str = displayMessageDelegate(
    "Assign displayMessageDelegate() to variable");
```

다음은 이 메서드를 실행한 결과다.

이번에는 displayMessageDelegate를 이용해서 람다식을 다른 함수의 인수로 전달하는 방법을 알아보자.

```
public partial class Program
{
    static private void firstClassConcept2(
        Func<string, string> funct,
        string message)
    {
        Console.WriteLine(funct(message));
    }
}
```

firstClassConcept2( ) 메서드는 Func와 string 형식의 매개 변수를 가진다. 다음은 이 메서드를 실행하는 방법이다.

```
public partial class Program
{
    static void Main(string[] args)
    {
        firstClassConcept2(
            displayMessageDelegate,
            "Pass lambda expression to argument");
    }
}
```

예제에서 보다시피 firstClassConcept2( ) 메서드에 람다식 displayMessageDelegate 를 전달할 수 있음을 알 수 있으며, 이 프로젝트를 실행한 결과는 다음과 같다.

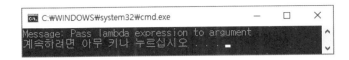

이처럼 람다식은 변수에 할당하거나 다른 함수의 매개 변수로 전달할 수 있으므로 함수형 프로그래밍 측면에서 퍼스트 클래스 함수를 만들기 위한 강력한 도구라고 할 수 있다.

클로저

클로저closure란 렉시컬lexical 환경에 바인딩되는 자유 변수를 갖는 변수(퍼스트 클래스 함수)에 할당할 수 있는 함수다. 자유 변수는 매개 변수가 아니라 지역 변수다. 클로저에서는 바인딩되지 않는 모든 변수가 클로저를 정의하는 렉시컬 환경으로부터 캡처된다. 이해를 위해 Closure 프로젝트의 다음 코드를 살펴보자.

```
public partial class Program
{
    private static Func<int, int> GetFunction()
    {
        int localVar = 1;
        Func<int, int> returnFunc =
            scopeVar =>
            {
                localVar *= 2;
                return scopeVar + localVar;
            };
        return returnFunc;
    }
}
```

지역 변수인 localVar는 GetFunction() 메서드가 호출되면 2가 곱해진다. localVar 변수는 returnFunc를 반환할 때 람다식 내에서 바인딩된다. 실행해보기 전에 코드를 보고 결과를 예측해보면, 아마도 GetFunction()이 반환하는 returnFunc는 같은 인수에 대해 항상 같은 값을 반환할 것이라고 짐작할 수 있다. 왜냐하면 GetFunction()을 호출 할 때 마다 지역 변수인 localVar는 항상 1일 것이기 때문이다. 다들 지역 변수는 스택에 만들 어지며 지역 변수를 선언한 메서드의 실행이 끝나면 사라진다고 배웠을 것이다. 그렇다 면 이제 GetFunction() 메서드를 실행해서 과연 우리 생각이 맞는지 확인해볼 차례다.

```csharp
public partial class Program
{
    static void Main(string[] args)
    {
        Func<int, int> incrementFunc = GetFunction();
        for (int i = 0; i < 10; i++)
        {
            Console.WriteLine(
                "Invoking {0}: incrementFunc(1) = {1}",
                i,
                incrementFunc(1));
        }
    }
}
```

코드를 보면, GetFunction()의 반환값인 incrementFunc() 메서드를 열 번 호출하는데, 인수로는 항상 1을 전달한다. 앞서 예측한 대로라면 incrementFunc(1)은 몇 번을 호출 하든 3을 반환할 것이다. 실행 결과는 다음과 같다.

결과를 보면, 예상이 완전히 빗나간 것을 알 수 있다. localVar 변수는 GetFunction( ) 메서드와 수명을 같이 하며, 메서드가 호출 될 때마다 2배씩 커진다. 클로저는 이처럼 렉시컬 환경의 자유 변수를 바인딩한다.

▋ 요약

3장에서는 먼저 무명 메서드에 대해 살펴봤다. 무명 메서드는 말 그대로 이름이 없는 메서드를 가리키며, 인수와 메서드 구현부만 정의하면 되고, 대리자를 손쉽게 표현하는 방법을 제공한다. 다음으로는 함수형 프로그래밍의 강력한 도구인 람다식에 대해 배웠다. 람다식은 무명 메서드를 간편하게 표현하는 방법을 제시한다.

람다식을 이용해서 식 트리를 만들 수 있는데, 식 트리는 코드를 일반적인 C#으로 표현하거나 분해하고, 검사할 때, 또는 해석하고자 할 때 유용하다. 즉, 식 트리는 코드에 대한 설명이라 할 수 있다. 예를 들어, <Func<int, int, int>>라는 형식의 식으로 만든 식 트리는 두 개의 정수 값을 전달했을 때 어떻게 결과 값을 반환하는지 설명해준다.

람다식으로 이벤트를 구독하는 방법에 대해서도 배웠다. 이벤트에는 게시자와 구독자라는 두 가지 종류의 클래스가 있는데, 이 가운데 구독자를 람다식으로 구현할 수 있다. 이와 같은 람다식을 이용한 이벤트 구독은 event 키워드나 EventHandler 클래스의 이용 여부와 무관하게 항상 가능하다.

퍼스트 클래스 함수의 개념 역시 람다식 덕분에 더욱 완전해진다. 즉, 람다식을 이용하면 함수를 변수에 할당하거나 다른 함수의 인수로 전달할 수 있다. 한편, 람다식을 이용하면 함수 외부의 지역 변수를 람다식으로 구현한 함수 내에서 값을 지속적으로 유지하게 함으로써 클로저 개념을 적용할 수 있다.

람다식은 이번 장에서 충분히 논했지만, 5장, 'LINQ를 이용해 컬렉션 조회하기'에서 LINQ에 대해 이야기하면서 훨씬 더 자세히 살펴보겠다. 4장에서는 메서드의 기능을 확장해주는 확장 메서드에 대해 알아본다.

04

확장 메서드로
객체 기능 확장하기

4장에서는 앞에서 언급했던 **확장 메서드**extension method를 자세히 알아보겠다. 5장에서 살펴볼 C# 함수형 프로그래밍의 핵심 기법인 LINQ를 논하기 전에 확장 메서드를 알아두는 것이 도움이 될 것이다. 다음은 4장에서 주로 다룰 내용이다.

- 확장 메서드 활용 연습과 인텔리센스 연계
- 다른 어셈블리의 확장 메서드 호출
- 인터페이스, 컬렉션 및 기타 객체를 위한 확장 메서드 생성
- 함수형 프로그래밍에서 확장 메서드가 가지는 장점
- 확장 메서드의 한계

▌ 확장 메서드와 친해지기

확장 메서드를 이용하면 기존 클래스나 형식에 어떤 변경도 가하지 않고 기능을 확장할 수 있다. 즉, 확장 메서드는 기존 클래스나 형식을 상속하는 새로운 형식을 만들거나 재 컴파일 없이 기존 클래스와 형식에 메서드를 추가할 수 있는 길을 제공한다.

C# 3.0에서 도입된 확장 메서드는 직접 만든 형식과 .NET에 내장된 형식에 모두 적용할 수 있다. 1장, 'C#으로 함수형 스타일 맛보기'에서 기존 코드를 함수형으로 리팩토링하면 서 본 것처럼 확장 메서드는 함수형 프로그래밍의 메서드 체인 개념에 꼭 들어맞기 때문 에 자주 사용하게 될 것이다.

확장 메서드 만들기

확장 메서드는 반드시 정적 클래스이면서 제네릭이거나 중첩되지 않은 클래스에서 선언 해야 한다. 따라서 이들은 정적 클래스의 정적 메서드다. 확장 메서드를 만들려면, 우선 public static 클래스를 만들고, 다음으로 클래스 내에서 메서드를 정의하면 된다. 이때 확장 메서드임을 나타내기 위해서 메서드의 첫 번째 인수에 this 키워드를 붙여야 한다. 이 this 키워드는 확장하려는 클래스의 특정 인스턴스를 참조한다. 확실한 설명을 위해 Palindrome 프로젝트에서 확장 메서드를 만드는 방법을 확인해보자.

```
public static class ExtensionMethods
{
    public static bool IsPalindrome(this string str)
    {
        char[] array = str.ToCharArray();
        Array.Reverse(array);
        string backwards = new string(array);
        return str == backwards;
    }
}
```

이제 이 코드를 뜯어보면서 확장 메서드를 만드는 방법을 살펴보겠다. 다음은 public static 클래스를 만드는 부분이다.

```
public static class ExtensionMethods
{
    ...
}
```

클래스를 만든 후, 다음과 같이 static 메서드를 만든다.

```
public static bool IsPalindrome(this string str)
{
    ...
}
```

앞서 설명했던 것처럼 메서드의 첫 번째 인수에 this 키워드가 있다. 이것은 이 메서드가 확장 메서드임을 의미한다. 또 첫 번째 인수의 형식 string은 string 데이터 형식을 확장하고자 한다는 것을 뜻한다. 이렇게 IsPalindrome() 확장 메서드를 정의하면 모든 string 형식의 인스턴스에서 IsPalindrome() 메서드를 사용할 수 있다. 다음 코드를 보자.

```
public class Program
{
    static void Main(string[] args)
    {
        string[] strArray = {
            "room",
            "level",
            "channel",
            "heat",
            "burn",
```

```
            "madam",
            "machine",
            "jump",
            "radar",
            "brain"
        };
        foreach (string s in strArray)
        {
            Console.WriteLine("{0} = {1}", s, s.IsPalindrome());
        }
    }
}
```

Main() 메서드는 strArray 배열의 모든 요소를 반복하면서 회문인지 확인한다. string 형식의 변수 s에서 IsPalindrome() 메서드를 호출할 수 있으며, 다음은 이 확장 메서드를 호출하는 부분이다.

```
foreach (string s in strArray)
{
    Console.WriteLine("{0} = {1}", s, s.IsPalindrome());
}
```

Palindrome 프로젝트를 실행하면 다음 결과를 화면에 출력한다.

회문palindrome이란 앞, 뒤 어느 쪽에서 읽어도 같은 단어나 구를 뜻하므로 IsPalindrome( ) 메서드가 true를 반환하는 배열 요소는 level, madam, radar뿐이다. 이것으로 확장 메서드를 만들고 호출하는 방법을 알아봤다.

인텔리센스 연계

확장 메서드를 만들어서 사용하는 경우에도 형식 내에 실제로 정의된 메서드를 호출하는 것과 똑같이 호출하기 때문에 눈에 띄는 차이점은 없다. 하지만, **인텔리센스**를 이용해서 확장 메서드인지 확인할 수 있다. 다음 화면은 IsPalindrome( ) 확장 메서드를 정의하기 전에 string 개체의 메서드 리스트를 보여준다.

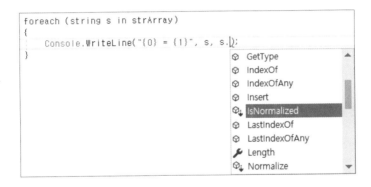

그리고 다음 화면은 IsPalindrome( )을 정의한 이후의 메서드 리스트다.

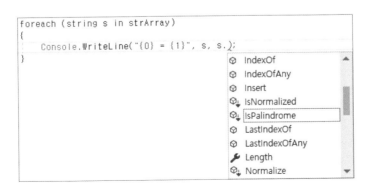

이처럼 Visual Studio 인텔리센스는 확장 메서드 역시 리스트에 포함하며, 형식 내에 실제로 정의된 메서드와 달리 아래로 향하는 화살표 아이콘을 사용해서 구별하고 있다. 하지만, 이들 메서드를 호출하는 방법은 같다.

▌ 다른 어셈블리의 확장 메서드 호출

앞 예제에서 IsPalindrome( ) 확장 메서드를 만들었다. 예제의 경우, 호출하는 메서드와 같은 네임스페이스에 속해 있어서 호출도 간단하다. 즉, IsPalindrome( ) 메서드와 Main( ) 메서드는 같은 네임스페이스 안에서 정의하므로 메서드 호출을 위한 참조 추가가 없다. 하지만 확장 메서드는 클래스 라이브러리 형태의 별도 어셈블리에 정의하는 것이 일반적이다. 이렇게 라이브러리로 만들면 재사용이 가능하기 때문에 작성한 확장 메서드를 다양한 프로젝트에서 활용할 수 있다.

네임스페이스 참조

이제 확장 메서드를 클래스 라이브러리에 정의하고 별도의 프로젝트에서 호출하는 방법을 살펴보겠다. ReferencingNamespaceLib라는 이름으로 새 클래스 라이브러리를 만들고 ExtensionMethodsClass.cs 파일에 다음 코드를 추가하자.

```
using System;
namespace ReferencingNamespaceLib
{
    public static class ExtensionMethodsClass
    {
        public static byte[] ConvertToHex(this string str)
        {
            int i = 0;
            byte[] HexArray = new byte[str.Length];
            foreach (char ch in str)
```

```
        {
            HexArray[i++] = Convert.ToByte(ch);
        }
        return HexArray;
    }
}
}
```

이 코드는 ReferencingNamespaceLib 네임스페이스의 ExtensionMethodsClass 클래스에 ConvertToHex( ) 확장 메서드를 정의한다. ConvertToHex( ) 확장 메서드는 문자열의 각 문자를 ASCII 코드로 변환해서 바이트 배열에 저장한다. 이제 ReferencingNamespace 프로젝트에서 이 확장 메서드를 호출하는 코드를 보자.

```
using System;
using ReferencingNamespaceLib;
namespace ReferencingNamespace
{
    class Program
    {
        static void Main(string[] args)
        {
            int i = 0;
            string strData = "Functional in C#";
            byte[] byteData = strData.ConvertToHex();
            foreach (char c in strData)
            {
                Console.WriteLine("{0} = 0x{1:X2} ({2})",
                    c.ToString(),
                    byteData[i],
                    byteData[i++]);
            }
        }
    }
}
```

여기서 다음과 같이 string 인스턴스 strData에서 ConvertToHex( ) 확장 메서드를 호출하고 있다.

```
string strData = "Functional in C#";
byte[] byteData = strData.ConvertToHex();
```

하지만 string 인스턴스에서 ConvertToHex( )를 호출하려면 ReferencingNamespaceLib 어셈블리를 참조하고 네임스페이스를 가져와야 하며, 다음과 같이 using을 이용하면 된다.

```
using ReferencingNamespaceLib;
```

다음은 ReferencingNamespace 프로젝트를 실행한 결과다.

결과를 보면 다른 어셈블리의 네임스페이스를 참조해서 string 형식에 대한 확장 메서드를 호출하고 결과로 문자열의 각 문자를 ASCII 코드로 변환해서 16진수와 10진수로 잘 변환하고 있다.

기존 네임스페이스 이용

앞 예제에서는 확장 메서드를 위한 별도의 네임스페이스를 만들었지만, 원한다면 string 형식이 정의돼 있는 System 네임스페이스를 그대로 이용할 수도 있다. 이렇게 기존 네임스페이스를 활용하면 확장 메서드를 호출하기 위해 사용자정의 네임스페이스를 가져올 필요가 없다. 이것은 프로그래밍 표준화 측면에서도 권장할 만한 방법이다. 다음은 ReferencingNamespaceLib 프로젝트를 이 방법으로 리팩토링한 것이며, 소스 코드는 PiggybackingNamespaceLib 프로젝트를 참고한다.

```
namespace System
{
    public static class ExtensionMethodsClass
    {
        public static byte[] ConvertToHex(this string str)
        {
            int i = 0;
            byte[] HexArray = new byte[str.Length];

            foreach (char ch in str)
            {
                HexArray[i++] = Convert.ToByte(ch);
            }

            return HexArray;
        }
    }
}
```

ReferencingNamespaceLib와 PiggybackingNamespaceLib 프로젝트의 클래스 이름, ConvertToHex() 메서드 시그니처, 메서드 구현에는 차이가 없다. 하지만 네임스페이스 이름은 PiggybackingNamespaceLib 대신 System을 사용한다. System 네임스페이스를 이용하는 이유는 확장하고자 하는 string 형식을 정의하고 있는 네임스페이스기 때문

이다. 이제 ConvertToHex( ) 메서드는 System 네임스페이스에 포함되므로 System 네임
스페이스를 별도로 가져올 필요가 없다. PiggybackingNamespace 프로젝트는 다음과 같
이 System 네임스페이스의 ConvertToHex( ) 메서드를 호출한다.

```
using System;
namespace PiggybackingNamespace
{
    class Program
    {
        static void Main(string[] args)
        {
            int i = 0;
            string strData = "Piggybacking";
            byte[] byteData = strData.ConvertToHex( );
            foreach (char c in strData)
            {
                Console.WriteLine("{0} = 0x{1:X2} ({2})",
                    c.ToString( ),
                    byteData[i],
                    byteData[i++]);
            }
        }
    }
}
```

이 코드는 사용자정의 네임스페이스를 가져오는 다음 코드를 제외하고 ReferencingN
amespace 프로젝트와 차이점이 없다.

```
using ReferencingNamespaceLib;
```

한편, System 네임스페이스에 확장 메서드를 정의했기 때문에 이 포함문을 제거했지
만, 확장 메서드를 호출하려면 확장 메서드가 정의된 별도 어셈블리는 반드시 참조해야

한다. 다음은 PiggybackingNamespace 프로젝트의 실행 결과이며, ConvertToHex( ) 확장 메서드는 여전히 문자열을 ASCII 코드로 잘 변환하고 있음을 확인할 수 있다.

인터페이스, 컬렉션, object 활용하기

클래스나 형식뿐만 아니라 인터페이스와 컬렉션 등의 개체도 확장 메서드를 이용해서 기능을 추가할 수 있다. 이제부터 좀 더 자세히 알아보겠다.

인터페이스 확장

인터페이스는 앞서 살펴 본 클래스와 같은 방법으로 확장 메서드를 정의할 수 있다. 공용 정적 클래스와 공용 정적 메서드를 필요로 하는 것도 마찬가지다. 인터페이스의 기능을 확장하는 경우에도 확장 메서드는 선언 시에 구현되므로 인터페이스를 상속하는 클래스 내에 추가로 확장 메서드를 구현할 필요 없이 바로 호출할 수 있다. 우선 ExtendingInterface 프로젝트의 DataItem 클래스를 살펴보자.

```
namespace ExtendingInterface
{
```

```
    public class DataItem
    {
        public string Name { get; set; }
        public string Gender { get; set; }
    }
}
```

다음은 IDataSource 인터페이스다.

```
namespace ExtendingInterface
{
    public interface IDataSource
    {
        IEnumerable<DataItem> GetItems();
    }
}
```

IDataSource 인터페이스는 IEnumerable<DataItem> 형식을 반환하는 GetItems() 메서드 하나만 포함한다. 이제 IDataSource를 상속하는 ClubMember라는 클래스를 만들고 다음과 같이 GetItems() 메서드를 구현할 수 있다.

```
public partial class ClubMember : IDataSource
{
    public IEnumerable<DataItem> GetItems()
    {
        foreach (var item in DataItemList)
        {
            yield return item;
        }
    }
}
```

GetItems( ) 메서드는 DataItemList의 모든 데이터를 반환하며, DataItemList는 다음과
같다.

```
public partial class ClubMember : IDataSource
{
    List<DataItem> DataItemList =
        new List<DataItem>()
        {
            new DataItem{
                Name ="Dorian Villarreal",
                Gender ="Male"},
            new DataItem{
                Name ="Olivia Bradley",
                Gender ="Female"},
            new DataItem{
                Name ="Jocelyn Garrison",
                Gender ="Female"},
            new DataItem{
                Name ="Connor Hopkins",
                Gender ="Male"},
            new DataItem{
                Name ="Rose Moore",
                Gender ="Female"},
            new DataItem{
                Name ="Conner Avery",
                Gender ="Male"},
            new DataItem{
                Name ="Lexie Irwin",
                Gender ="Female"},
            new DataItem{
                Name ="Bobby Armstrong",
                Gender ="Male"},
            new DataItem{
                Name ="Stanley Wilson",
                Gender ="Male"},
```

```
            new DataItem{
                Name ="Chloe Steele",
                Gender ="Female"}
        };
}
```

이처럼 DataItemList는 열 개의 DataItem 인스턴스를 포함하며, 다음과 같이 GetItems() 메서드를 이용해서 리스트의 모든 항목을 출력할 수 있다.

```
public class Program
{
    static void Main(string[] args)
    {
        ClubMember cm = new ClubMember();
        foreach (var item in cm.GetItems())
        {
          Console.WriteLine(
              "Name: {0}\tGender: {1}",
              item.Name,
              item.Gender);
        }
    }
}
```

보다시피 IDataSource 인터페이스를 상속하는 ClubMember 클래스에서 GetItems() 메서드를 구현하고 있으므로 ClubMember 클래스 인스턴스 cm은 GetItems()를 호출할 수 있다. 이 프로젝트를 실행한 결과는 다음과 같다.

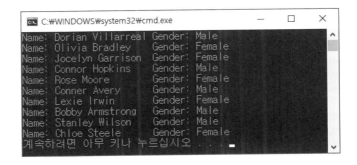

이때, 인터페이스를 수정하지 않고 인터페이스에 메서드를 추가하고자 한다면 확장 메서드를 이용할 수 있다. 예를 들어, IDataSource 인터페이스에 GetItemsByGender( ) 메서드를 추가하려면 다음과 같이 구현할 수 있다.

```
namespace ExtendingInterface
{
    public static class IDataSourceExtension
    {
        public static IEnumerable<DataItem> GetItemsByGender(
            this IDataSource src,
            string gender)
        {
            foreach (DataItem item in src.GetItems())
            {
                if (item.Gender == gender)
                    yield return item;
            }
        }
    }
}
```

이렇게 확장 메서드를 만들고 나면 ClubMember 클래스 인스턴스는 다음과 같이 GetItemsByGender( )를 호출할 수 있다.

```
public class Program
{
    static void Main(string[] args)
    {
        ClubMember cm = new ClubMember();
        foreach (var item in cm.GetItemsByGender("Female"))
        {
          Console.WriteLine(
              "Name: {0}\tGender: {1}",
              item.Name,
              item.Gender);
        }
    }
}
```

GetItemsByGender() 메서드는 DataItemList에서 선택된 성별의 항목을 IEnumerable
인터페이스 형식으로 반환하므로, 이 Main() 메서드를 실행하면 여성^{Female} 항목만 출력
된다.

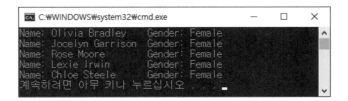

지금까지 설명한 대로 인터페이스의 메서드를 확장할 수 있으며, 이때 확장 메서드는 정
의하는 시점에 구현되므로 인터페이스를 상속하는 클래스에서 구현할 필요가 없다.

컬렉션 확장

앞에서 IEnumerable 인터페이스를 이용해서 필요한 데이터를 수집했다. IEnumerable과

172

같은 컬렉션 형식도 확장을 통해 인스턴스에 메서드를 추가할 수 있다.

ExtendingCollection 프로젝트의 코드를 이용해 자세히 살펴보겠다. DataItem.cs와 IDataSource.cs는 ExtendingInterface 프로젝트에서 사용했던 것과 같다.

```
public static partial class IDataSourceCollectionExtension
{
    public static IEnumerable<DataItem> GetAllItemsByGender_IEnum(
        this IEnumerable src, string gender)
    {
        var items = new List<DataItem>();
        foreach (var s in src)
        {
            var refDataSource = s as IDataSource;
            if (refDataSource != null)
            {
                items.AddRange(refDataSource.GetItemsByGender(gender));
            }
        }
        return items;
    }
}
```

이 코드는 IEnumerable 형식에 확장 메서드를 정의한다. 이때 다음과 같이 모든 항목을 캐스팅하지 않으면 에러가 발생한다.

```
var refDataSource = s as IDataSource;
```

다음은 IEnumerable<T> 형식을 확장하는 또 다른 방법이다.

```
public static partial class IDataSourceCollectionExtension
{
```

```
public static IEnumerable<DataItem>
    GetAllItemsByGender_IEnumTemplate
        (this IEnumerable<IDataSource> src, string gender)
{
    return src.SelectMany(x => x.GetItemsByGender(gender));
}
}
```

이렇게 하면 IEnumerable<T> 형식의 GetAllItemsByGender_IEnumTemplate() 확장 메서드를 이용해서 특정 성별의 항목을 얻을 수 있다.

이 두 가지 확장 메서드를 시험해보기에 앞서 ClubMember1과 ClubMember2 클래스를 만들자.

```
public class ClubMember1 : IDataSource
{
    public IEnumerable<DataItem> GetItems()
    {
        return new List<DataItem>
        {
            new DataItem{
                Name ="Dorian Villarreal",
                Gender ="Male"},
            new DataItem{
                Name ="Olivia Bradley",
                Gender ="Female"},
            new DataItem{
                Name ="Jocelyn Garrison",
                Gender ="Female"},
            new DataItem{
                Name ="Connor Hopkins",
                Gender ="Male"},
            new DataItem{
                Name ="Rose Moore",
```

```
                Gender ="Female"}
        };
    }
}
public class ClubMember2 : IDataSource
{
    public IEnumerable<DataItem> GetItems()
    {
        return new List<DataItem>
        {
            new DataItem{
                Name ="Conner Avery",
                Gender ="Male"},
            new DataItem{
                Name ="Lexie Irwin",
                Gender ="Female"},
            new DataItem{
                Name ="Bobby Armstrong",
                Gender ="Male"},
            new DataItem{
                Name ="Stanley Wilson",
                Gender ="Male"},
            new DataItem{
                Name ="Chloe Steele",
                Gender ="Female"}
        };
    }
}
```

이제 GetAllItemsByGender_IEnum( )과 GetAllItemsByGender_IEnumTemplate( ) 확장
메서드를 호출하는 코드를 차례대로 살펴보겠다.

```
public class Program
{
    static void Main(string[] args)
```

```
    {
        var sources = new IDataSource[]
        {
            new ClubMember1(),
            new ClubMember2()
        };
        var items = sources.GetAllItemsByGender_IEnum("Female");
        Console.WriteLine("Invoking GetAllItemsByGender_IEnum()");
        foreach (var item in items)
        {
          Console.WriteLine(
            "Name: {0}\tGender: {1}",
            item.Name,
            item.Gender);
        }
    }
}
```

앞 코드는 먼저 sources 변수를 만들고 ClubMember1과 ClubMember2를 포함하는 IDataSource 배열을 담는다. 따라서 sources는 IDataSource의 컬렉션이므로 GetAll ItemsByGender_IEnum() 메서드를 사용할 수 있다. 다음은 Main() 메서드를 실행한 결과다.

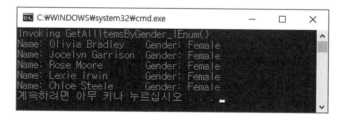

출력 결과에서 GetAllItemsByGender_IEnum() 확장 메서드가 잘 호출됨을 확인할 수 있다. 이번에는 GetAllItemsByGender_IEnumTemplate() 확장 메서드를 호출하는 코드를 살펴보겠다.

```
public class Program
{
    static void Main(string[] args)
    {
        var sources = new List<IDataSource>
        {
            new ClubMember1(),
            new ClubMember2()
        };
        var items =
            sources.GetAllItemsByGender_IEnumTemplate(
            "Female");
        Console.WriteLine(
            "Invoking GetAllItemsByGender_IEnumTemplate()");
        foreach (var item in items)
        {
          Console.WriteLine(
              "Name: {0}\tGender: {1}",
              item.Name,
              item.Gender);
        }
    }
}
```

전과 비슷한 방법으로 sources 변수를 선언하고 나서 GetAllItemsByGender_IEnum
Template() 확장 메서드를 호출하는 것을 알 수 있으며, 호출 결과는 다음과 같다.

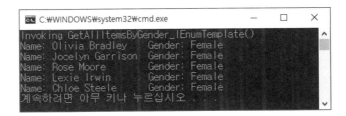

서로 다른 컬렉션 형식을 확장하고 있는 두 확장 메서드의 호출 결과가 정확히 일치하는 것을 알 수 있다.

object 확장

지금까지 인터페이스와 컬렉션을 확장하는 방법을 살펴봤는데, 사실 object도 확장 가능하기 때문에 실제로 모든 것을 확장할 수 있다고 할 수 있다. ExtendingObject 프로젝트의 다음 코드를 보자.

```csharp
public static class ObjectExtension
{
    public static void WriteToConsole(this object o, string objectName)
    {
        Console.WriteLine(
            String.Format(
                "{0}: {1}\n",
                objectName,
                o.ToString()));
    }
}
```

WriteToConsole() 메서드는 Object 클래스를 확장하므로 C#의 모든 객체에 적용할 수 있으며, 다음 코드는 다양한 개체에서 사용한 예를 보여준다.

```csharp
public class Program
{
    static void Main(string[] args)
    {
        var obj1 = UInt64.MaxValue;
        obj1.WriteToConsole(nameof(obj1));
        var obj2 = new DateTime(2016, 1, 1);
```

```
        obj2.WriteToConsole(nameof(obj2));
        var obj3 = new DataItem
        {
            Name = "Marcos Raymond",
            Gender = "Male"
        };
        obj3.WriteToConsole(nameof(obj3));
        IEnumerable<IDataSource> obj4 =
            new List<IDataSource>
            {
                new ClubMember1(),
                new ClubMember2()
            };
        obj4.WriteToConsole(nameof(obj4));
    }
}
```

다음은 Main( )을 호출한 결과다.

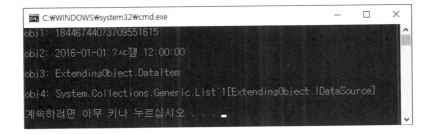

앞 예제의 `WriteToConsole( )` 확장 메서드는 선언에서 `this object`를 인수로 사용함으로써 `UInt64`, `DateTime`, `DataItem`, `IEnumerable<IDataSource>` 등 모든 객체에서 호출할 수 있다.

TIP object 형식에 확장 메서드를 만들면 프레임워크 내의 모든 형식에서 액세스할 수 있다. 따라서 이와 같은 확장 메서드를 구현할 때는 다양한 형식에 적용할 수 있게 신중을 기해야 한다.

함수형 프로그래밍에서 확장 메서드가 가지는 장점

함수형 프로그래밍의 메서드 체인은 확장 메서드에 의존한다. 1장, 'C#으로 함수형 스타일 맛보기'에서 말했듯이 메서드 체인을 이용하면 더 읽기 쉽고 짧은 코드를 작성할 수 있다. 확장 메서드의 가독성 측면을 알아보기 위해 CodeReadability 프로젝트의 다음 코드를 살펴보자.

```
using System.Linq;
namespace CodeReadability
{
    public static class HelperMethods
    {
        public static string TrimAllSpace(string str)
        {
            string retValue = "";
            foreach (char c in str)
            {
                retValue += !char.IsWhiteSpace(c) ? c.ToString() : "";
            }
            return retValue;
        }
        public static string Capitalize(string str)
        {
            string retValue = "";
            string[] allWords = str.Split(' ');
            foreach (string s in allWords)
            {
                retValue += s.First()
                    .ToString()
                    .ToUpper()
                    + s.Substring(1)
                    + " ";
            }
            return retValue.Trim();
```

```
            }
        }
}
```

이 코드는 정적 클래스 내의 정적 메서드인데, 인수에 this 키워드가 없으므로 확장 메서드가 아니다. 예제 코드에서 찾으려면 HelperMethods.cs 파일을 참고하도록 한다. TrimAllSpace() 메서드는 문자열에서 공백을 찾아 제거하며, Capitalize() 메서드는 문자열을 구성하는 단어들의 첫 문자를 대문자로 만들어준다. 한편, 똑같은 메서드들이 ExtensionMethods.cs 파일에도 있는데, 다른 점이라면 이번에는 확장 메서드라는 것이다.

```
using System.Linq;
namespace CodeReadability
{
    public static class ExtensionMethods
    {
        public static string TrimAllSpace(this string str)
        {
            string retValue = "";
            foreach (char c in str)
            {
                retValue += !char.IsWhiteSpace(c) ? c.ToString() : "";
            }
            return retValue;
        }
        public static string Capitalize(this string str)
        {
            string retValue = "";
            string[] allWords = str.Split(' ');
            foreach (string s in allWords)
            {
                retValue += s.First()
                    .ToString()
```

```
                    .ToUpper()
                    + s.Substring(1)
                    + " ";
            }
            return retValue.Trim();
        }
    }
}
```

이제 이들을 이용해서 주어진 문장의 공백을 제거하고 각 단어의 첫 번째 문자를 대문자로 바꾸는 프로그램을 살펴보도록 하겠다. 먼저 HelperMethods를 이용해서 작성한 Main 메서드는 다음과 같다.

```
static void Main(string[] args)
{
    string sntc = "";
    foreach (string str in sentences)
    {
      string strTemp = str;
      strTemp = HelperMethods.TrimAllSpace(strTemp);
      strTemp = HelperMethods.Capitalize(strTemp);
      sntc += strTemp + " ";
    }
    Console.WriteLine(sntc.Trim());
}
```

예제에서 사용하는 sentences 배열은 다음과 같다.

```
static string[] sentences = new string[]
{
    "h o w",
    "t o",
    "a p p l y",
```

```
    "extension",
    "methods",
    "in",
    "csharp",
    "programming"
};
```

다음은 이 코드를 실행한 결과다.

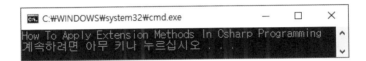

ExtensionMethods에서 정의한 같은 기능을 하는 확장 메서드를 이용하면 Main( ) 메서드를 단순화할 수 있다.

```
static void Main(string[] args)
{
    string sntc = "";
    foreach (string str in sentences)
    {
        sntc += str.TrimAllSpace().Capitalize() + " ";
    }
    Console.WriteLine(sntc.Trim());
}
```

실행 결과는 물론 정확히 같으며, 확장 메서드를 이용해서 리팩토링된 부분의 변경 전 모습은 다음과 같다.

```
string strTemp = str;
strTemp = HelperMethods.TrimAllSpace(strTemp);
```

```
strTemp = HelperMethods.Capitalize(strTemp);
sntc += strTemp + " ";
```

확장 메서드를 적용함으로써 이 네 줄의 코드는 다음 한 줄로 구현할 수 있다.

```
sntc += str.TrimAllSpace().Capitalize() + " ";
```

결과적으로 코드는 더 간단하고 읽기 쉬우며 처리 흐름도 깔끔해졌다.

▌ 확장 메서드의 한계

이처럼 확장 메서드는 함수형 프로그래밍에서 강력한 힘을 발휘하지만, 몇 가지 한계점도 있다. 지금부터 확장 메서드의 한계점들을 피해갈 수 있도록 자세히 알아보겠다.

정적 클래스 확장

앞서 확장 메서드는 공용 정적 클래스 내의 공용 정적 메서드로 형식이나 클래스를 대상으로 한다고 배웠다. 그러나 모든 클래스를 확장할 수 있는 것은 아니다. 기존 정적 클래스는 확장할 수 없으며, 예를 들면, .NET에서 제공하는 Math 클래스가 여기에 해당한다. Math 클래스는 일반적으로 사용하는 대부분의 수학 함수들을 제공하지만 아주 가끔은 부족함이 느껴질 때가 있다.

하지만 Math 클래스는 정적 클래스이므로 확장 메서드를 추가할 수 없다. 제곱을 계산하는 Square() 메서드를 추가하고자 한다고 생각해보자. 다음은 Math 클래스에 Square() 확장 메서드를 추가하기 위한 것이며, 소스 코드는 ExtendingStaticClass 프로젝트에 있다.

```
public static class StaticClassExtensionMethod
{
    public static int Square(this Math m, int i)
    {
      return i * i;
    }
}
```

이 코드를 컴파일하면 다음 에러가 발생한다.

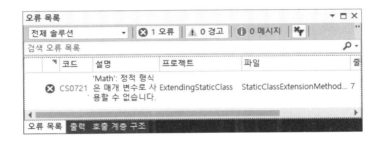

이 에러 메시지는 Math와 같은 정적 형식을 Square( ) 확장 메서드의 매개 변수로 사용할
수 없다는 것을 의미한다. 이 문제를 피하려면 Math 클래스 대신 제곱하고자 하는 형식
을 확장하면 된다. 즉, 다음과 같이 Square( ) 메서드를 int 형식에 추가할 수 있다.

```
public static class StaticClassExtensionMethod
{
    public static int Square(this int i)
    {
        return i * i;
    }
}
```

이렇게 int 형식을 확장하면 다음과 같이 Square( ) 메서드를 호출할 수 있다.

```
public class Program
{
    static void Main(string[] args)
    {
        int i = 60;
        Console.WriteLine(i.Square());
    }
}
```

하지만 이 해법은 제곱하고자 하는 형식의 개수만큼 Square( ) 확장 메서드를 만들어야
한다는 단점이 있다.

기존 클래스나 형식의 메서드 구현 수정하기

지금까지 살펴본 것처럼 확장 메서드를 기존 클래스와 형식에 적용할 수 있지만 기존 메
서드의 구현을 변경할 수는 없다. 다음 코드를 이용해서 기존 메서드를 수정해보자.

```
namespace ModifyingExistingMethod
{
    public static class ExtensionMethods
    {
        public static string ToString(this string str)
        {
            return "ToString() extension method";
        }
    }
}
```

이 코드는 string 형식의 기존 ToString( ) 메서드를 새로 정의하는 확장 메서드로 대체
하려 한다. 컴파일은 문제없이 진행되며, 다음은 Main( ) 메서드를 이용해서 결과를 확인
해보자.

```
namespace ModifyingExistingMethod
{
    public class Program
    {
        static void Main(string[] args)
        {
            string str = "This is string";
            Console.WriteLine(str.ToString());
        }
    }
}
```

프로젝트를 실행하면, ToString() 확장 메서드는 결코 호출되지 않으며, 항상 기존의
ToString() 메서드가 호출된다는 것을 알 수 있다.

▌ 요약

확장 메서드를 이용하면 기존 클래스나 형식을 수정하지 않고 새로운 메서드를 추가할
수 있다. 게다가 확장 메서드는 생성 즉시 프로젝트 내의 코드에서 인식이 가능하기 때문
에 다시 컴파일할 필요도 없다. 확장 메서드는 정적 클래스 내에 정적 메서드로 선언해야
하며, 클래스나 형식 내의 다른 메서드와 별다른 차이점을 갖지 않으므로 인텔리센스도
활용할 수 있다.

확장 메서드를 다른 어셈블리에 선언한 경우에는 사용하고자 하는 확장 메서드가 선언된
정적 클래스의 네임스페이스를 참조해야 한다. 한편, 기존 네임스페이스에 편승하는 방
법을 통해 이와 같은 참조 추가를 피해갈 수 있다. 이와 같은 확장 메서드는 클래스나 형
식 외에도 인터페이스, 컬렉션 및 프레임워크의 모든 객체에 적용할 수 있다.

다른 C# 기술처럼 확장 메서드도 자신만의 장점과 단점이 있다. 메서드 체인이 가능하게

해주는 것은 확장 메서드가 가지는 함수형 프로그래밍 측면의 장점 가운데 하나다. 반면, 정적 클래스는 확장할 수 없으며, 기존 클래스와 형식에서 이미 정의한 메서드를 수정할 수 없다는 것은 확장 메서드가 갖는 제약이다.

지금까지 대리자, 람다식, 확장 메서드에 대해 충분히 논했다. 5장에서는 LINQ에 대해 자세히 살펴보고 LINQ가 제공하는 편리한 함수형 프로그래밍 방법을 알아본다.

05

LINQ를 이용해
컬렉션 조회하기

대리자, 람다식, 확장 메서드에 이어 살펴볼 주제는 바로 LINQ다. 이번 장에서는 함수형 코드 작성의 필수 요소인 LINQ에 대해 다음 주제로 자세히 살펴보겠다.

- LINQ 질의 소개
- LINQ의 지연 실행
- 플루언트 구문과 LINQ 쿼리식 구문 비교
- LINQ 연산자

▌LINQ란 무엇인가

C# 3.0에서 처음 소개된 **언어 통합 질의**(LINQ, 링크)는 .NET 프레임워크에서 제공하는 언어 기능으로 LINQ를 이용하면 IEnumerable<T> 인터페이스를 구현하는 ArrayList<T>, List<T>같은 컬렉션과 XML 문서, 데이터베이스를 쉽게 질의할 수 있다. LINQ를 이용하면 다양한 데이터 원본을 질의하기 위해 이것저것 배울 필요가 없기 때문에 컬렉션에 있는 데이터를 보다 쉽게 질의할 수 있다. 예를 들어, 데이터베이스의 데이터를 추출하기 위해 SQL을 배우거나 XML 문서를 다루려고 XQuery를 배울 필요가 없다. LINQ를 이용하면 모든 종류의 데이터 원본에 일반화된 구문을 쉽게 이용할 수 있다.

LINQ는 시퀀스와 요소라는 두 가지 기본 데이터 단위로 구성된다. 시퀀스는 IEnumerable<T>를 구현하는 객체를 포함하며, 요소는 시퀀스 내의 항목들을 포함한다. intArray라는 int 배열을 생각해보자.

```
static int[] intArray =
{
     0,  1,  2,  3,  4,  5,  6,  7,  8,  9,
    10, 11, 12, 13, 14, 15, 16, 17, 18, 19,
    20, 21, 22, 23, 24, 25, 26, 27, 28, 29,
    30, 31, 32, 33, 34, 35, 36, 37, 38, 39,
    40, 41, 42, 43, 44, 45, 46, 47, 48, 49
};
```

이 컬렉션에서 intArray는 시퀀스고 배열의 항목 즉, 0부터 49까지 숫자는 요소다.

질의 연산자라는 메서드를 이용하면 시퀀스를 변환할 수 있다. 질의 연산자는 시퀀스를 입력받아 변환된 시퀀스를 반환한다. 질의는 시퀀스를 열거하면서 변환하며, 최소 하나의 시퀀스와 연산자로 구성한다. 다음은 intArray에서 소수를 찾는 코드로 SequencesAndElements 프로젝트를 참고한다.

```
public partial class Program
{
    public static void ExtractArray()
    {
        IEnumerable<int> extractedData =
            System.Linq.Enumerable.Where
                (intArray, i => i.IsPrime());
        Console.WriteLine("Prime Number from 0 - 49 are:");
        foreach (int i in extractedData)
            Console.Write("{0} \t", i);
        Console.WriteLine();
    }
}
```

코드에서 사용하는 IsPrime() 확장 메서드는 다음과 같다.

```
public static class ExtensionMethods
{
    public static bool IsPrime(this int i)
    {
        if ((i % 2) == 0)
        {
            return i == 2;
        }
        int sqrt = (int)Math.Sqrt(i);
        for (int t = 3; t <= sqrt; t = t + 2)
        {
            if (i % t == 0)
            {
                return false;
            }
        }
        return i != 1;
    }
}
```

ExtractArray( ) 메서드는 System.Linq.Enumerable 클래스의 Where 연산자를 이용해서
intArray 시퀀스를 extractedData 시퀀스로 변환한다.

```
IEnumerable<int> extractedData =
    System.Linq.Enumerable.Where
        (intArray, i => i.IsPrime());
```

extractedData 컬렉션은 intArray 컬렉션에서 소수만 추출한 것으로, 프로젝트를 실행
하면 다음과 같이 extractedData의 항목들을 확인할 수 있다.

모든 질의 연산자는 확장 메서드이므로 다음과 같이 컬렉션에서 직접 호출하면 더 간단
히 표현된다.

```
IEnumerable<int> extractedData =
    intArray.Where(i => i.IsPrime());
```

Where 연산자 호출을 변경한 전체 메서드 구현은 다음과 같다.

```
public partial class Program
{
    public static void ExtractArrayWithMethodSyntax()
    {
        IEnumerable<int> extractedData =
            intArray.Where(i => i.IsPrime());
        Console.WriteLine("Prime Number from 0 - 49 are:");
        foreach (int i in extractedData)
```

```
            Console.Write("{0} \t", i);
        Console.WriteLine();
    }
}
```

`ExtractArrayWithMethodSyntax( )` 메서드의 실행 결과는 `ExtractArray( )` 메서드의 것과 일치한다.

▌ LINQ의 실행 지연

LINQ는 컬렉션 데이터를 질의할 때 **지연 실행**^{deferred execution} 개념을 이용한다. 즉, 질의는 생성 시점이 아니라 열거 과정에서 실행된다. `Where` 연산자를 이용해서 컬렉션 데이터를 질의하는 상황을 생각해보겠다. 질의는 실제로 컬렉션을 열거할 때까지 실행되지 않는데, `foreach` 연산을 이용한다면 `MoveNext` 명령이 열거에 따른 질의 실행으로 이어진다. 다음 코드를 이용해서 지연 실행에 대해 좀 더 자세히 살펴보자. 소스 코드는 `DeferredExecution` 프로젝트를 참고한다.

```
public partial class Program
{
    public static void DeferredExecution()
    {
        List<Member> memberList = new List<Member>()
        {
            new Member
            {
                ID = 1,
                Name = "Eddie Morgan",
                Gender = "Male",
                MemberSince = new DateTime(2016, 2, 10)
            },
```

```csharp
        new Member
        {
            ID = 2,
            Name = "Millie Duncan",
            Gender = "Female",
            MemberSince = new DateTime(2015, 4, 3)
        },
        new Member
        {
            ID = 3,
            Name = "Thiago Hubbard",
            Gender = "Male",
            MemberSince = new DateTime(2014, 1, 8)
        },
        new Member
        {
            ID = 4,
            Name = "Emilia Shaw",
            Gender = "Female",
            MemberSince = new DateTime(2015, 11, 15)
        }
};
IEnumerable<Member> memberQuery =
    from m in memberList
    where m.MemberSince.Year > 2014
    orderby m.Name
    select m;
memberList.Add(new Member
{
    ID = 5,
    Name = "Chloe Day",
    Gender = "Female",
    MemberSince = new DateTime(2016, 5, 28)
});
foreach (Member m in memberQuery)
{
    Console.WriteLine(m.Name);
```

```
        }
    }
}
```

DeferredExecution( ) 메서드는 List<Member> 형식의 구성원 목록 memberList를 생성하며, 모임에 속한 모든 구성원을 대변하는 네 개의 인스턴스를 포함한다. 개별 구성원의 형식인 Member는 다음과 같다.

```
public class Member
{
    public int ID { get; set; }
    public string Name { get; set; }
    public string Gender { get; set; }
    public DateTime MemberSince { get; set; }
}
```

memberList를 만든 다음에는 2014년 후에 합류한 모든 구성원을 질의한다. 이 시점의 데이터를 기준으로 보면, 네 명의 구성원 중 세 명이 여기에 해당하며, orderby m.Name 절을 이용하고 있으므로 Eddie Morgan, Millie Duncan, Emilia Shaw를 오름차순으로 정렬한 결과를 예상할 수 있다. 코드를 보면, 이렇게 질의를 완성하고 나서 memberList에 새로운 구성원을 하나 더 추가한 다음 foreach 문으로 memberQuery에 대한 열거 작업이 뒤따른다. 이후에 벌어지는 일이 핵심이다. 대부분의 질의 연산자는 지연 실행을 구현하므로 열거 과정에서 실행되며, 따라서 질의를 만족하는 마지막 구성원을 포함한 네 명의 구성원을 출력한다. 프로그램을 실행해서 DeferredExecution( ) 메서드 호출 결과를 확인해보자.

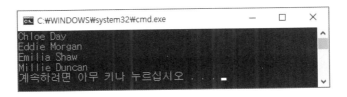

보다시피 클럽에 마지막으로 합류한 구성원인 Chloe Day가 질의 결과에 있다. 이것이 바로 지연 실행의 영향이다.

거의 모든 질의 연산자는 지연 실행을 지원하며, 예외는 다음과 같다.

- 단 하나의 스칼라 값 혹은 요소를 반환하는 경우로 Count, First가 여기에 해당한다.
- 질의 결과를 변환하는 변환 연산자를 사용하는 경우로 ToList, ToArray, ToDictionary, ToLookup 등이 해당한다.

Count( )와 First( ) 메서드는 하나의 개체를 반환하므로 즉시 실행되며, 변환 연산자와 마찬가지로 지연된 실행이 불가능하다. 변환 연산자를 이용하면 질의 결과의 캐시된 사본을 추출하며 지연 실행으로 인한 재연산 없이 바로 이용할 수 있다. 이제, NonDeferred Execution 프로젝트의 다음 코드를 이용해서 지연 실행의 예외에 대해 살펴보겠다.

```
public partial class Program
{
    private static void NonDeferred()
    {
        List<int> intList = new List<int>
        {
            0, 1, 2, 3, 4, 5, 6, 7, 8, 9
        };
        IEnumerable<int> queryInt = intList.Select(i => i * 2);
        int queryIntCount = queryInt.Count();
        List<int> queryIntCached = queryInt.ToList();
        int queryIntCachedCount = queryIntCached.Count();
        intList.Clear();
        Console.WriteLine(
            String.Format(
                "Enumerate queryInt. Count {0}.", queryIntCount));
        foreach (int i in queryInt)
        {
```

```
            Console.WriteLine(i);
        }
        Console.WriteLine(String.Format(
            "Enumerate queryIntCached. Count {0}.",
            queryIntCachedCount));
        foreach (int i in queryIntCached)
        {
            Console.WriteLine(i);
        }
    }
}
```

앞 코드는 먼저 0부터 9까지의 정수를 포함하는 List<int> 형식의 intList를 만들고, 이 목록의 모든 항목에 2를 곱한 목록을 조회하기 위해 queryInt 질의를 생성한다. 그런 다음, Count( ) 메서드를 이용해서 질의 데이터의 전체 개수를 세고, 여전히 queryInt가 아직 실행되지 않은 시점에 ToList( ) 변환 연산자를 이용해서 queryInt를 List<int>로 변환한 queryIntCached라는 새로운 질의를 만들고 queryIntCached의 개수를 구한다. 이렇게 queryInt와 queryIntCached 질의를 만든 다음 intList를 비우고 두 질의를 열거하며 콘솔에 출력한 결과는 다음과 같다.

출력된 결과를 보면 queryInt를 열거한 결과에는 항목이 하나도 없다는 것을 알 수 있는데, 이유는 intList를 비웠기 때문이다. 한편, 항목의 개수가 10으로 출력된 것은

intList를 비우기에 앞서 Count( ) 메서드를 호출했기 때문이며, Count( ) 메서드는 즉시 실행된다는 것을 보여준다. queryInt와 대조적으로 지연 없이 바로 실행되는 ToList( )를 이용해서 추출한 queryIntCached는 10개의 항목을 포함한다.

 지연 실행에는 한 가지 유형이 더 있다. 이 유형은 Select 메서드를 호출한 다음 OrderBy 메서드를 연결한 것과 같은 경우에 발생한다. Select 메서드는 요소를 하나씩 추출하지만, OrderBy 메서드가 첫 번째 요소를 반환하려면 전체 입력 시퀀스가 필요하다. 따라서 Select 메서드 뒤에 OrderBy 메서드를 연결하면 실행은 첫 번째 요소를 추출할 때까지 지연되고, 이후에 OrderBy 메서드는 모든 요소에 대한 Select를 요청한다.

▌ 플루언트 구문과 질의 식 비교

앞서 살펴본 예제에서 두 가지 형태의 질의 구문을 사용했는데, 이번 절에서는 이들을 자세히 비교해보겠다.

```
IEnumerable<int> queryInt =
    intList.Select(i => i * 2);
int queryIntCount = queryInt.Count();
```

이런 코딩 방식을 **플루언트 구문**fluent syntax이라 한다. 이제 Select와 Count 연산자를 호출하기 위해 Enumerable 클래스의 확장 메서드를 호출한다. 플루언트 구문을 이용하면 다음과 같이 함수형 프로그래밍의 메서드 체인을 구현할 수도 있다.

```
IEnumerable<int> queryInt =
    intList
        .Select(i => i * 2)
        .queryInt.Count();
```

LINQ에서 데이터를 질의할 때 사용할 수 있는 또 하나의 표현 방법은 쿼리식 구문이다. 지연 실행을 논하면서 이 형태를 사용한 적이 있는데, 그 부분만 다시 살펴보겠다.

```
IEnumerable<Member> memberQuery =
    from m in memberList
    where m.MemberSince.Year > 2014
    orderby m.Name
    select m;
```

플루언트 구문이나 쿼리식이나 하는 일은 같으며, 다른 점이라면 겉모습뿐이다. 쿼리식에서 사용하는 개별 키워드는 Enumerable 클래스에서 각각에 해당하는 확장 메서드를 제공한다. 그런 의미에서 이 쿼리식을 플루언트 구문으로 리팩토링하면 다음과 같다.

```
IEnumerable<Member> memberQuery =
    memberList
    .Where(m => m.MemberSince.Year > 2014)
    .OrderBy(m => m.Name)
    .Select(m => m)
```

앞서 언급했던 것처럼 실행 결과는 두 가지가 똑같다. 하지만, 함수형 프로그래밍에 조금 더 어울리는 형태는 플루언트 구문이다.

LINQ 플루언트 구문

LINQ 플루언트 구문은 기본적으로 Enumerable 클래스의 확장 메서드다. 따라서 IEnumerable<T> 인터페이스를 구현하는 변수라면 어디에도 적용이 가능하다. 플루언트 구문은 시퀀스 열거 과정에서 실행할 논리를 람다식 형태의 매개 변수로 가진다. 앞서 살펴본 것처럼 플루언트 구문을 이용하면 함수형 접근 방식의 메서드 체인을 구현할 수 있다. 5장의 시작 부분에서 다룬 확장 메서드의 특성에 따라 질의 연산자는 해당 클래스 즉, Enumerable에서 정적 메서드 형태로 호출할 수 있다. 하지만 클래스 수준에서 메서드를 직접 호출하는 식으로는 함수형 프로그래밍에서 말하는 메서드 체인을 구현할 수 없다. FluentSyntax 프로젝트를 이용해 전통적인 정적 메서드 대신 확장 메서드를 이용함으로써 플루언트 구문이 가지는 장점을 알아보겠다.

```csharp
public partial class Program
{
    private static void UsingExtensionMethod()
    {
        IEnumerable<string> query =
            names
                .Where(n => n.Length > 4)
                .OrderBy(n => n[0])
                .Select(n => n.ToUpper());
        foreach (string s in query)
        {
            Console.WriteLine(s);
        }
    }
}
```

다음은 names 컬렉션이다.

```csharp
public partial class Program
{
    static List<string> names = new List<string>
    {
        "Howard", "Pat",
        "Jaclyn", "Kathryn",
        "Ben", "Aaron",
        "Stacey", "Levi",
        "Patrick", "Tara",
        "Joe", "Ruby",
```

```
        "Bruce", "Cathy",
        "Jimmy", "Kim",
        "Kelsey", "Becky",
        "Scott", "Dick"
    };
}
```

UsingExtensionMethod( ) 메서드는 컬렉션 데이터를 질의하기 위해 다음과 같이 Where,
OrderBy, Select 연산자를 이용한다.

```
IEnumerable<string> query =
    names
        .Where(n => n.Length > 4)
        .OrderBy(n => n[0])
        .Select(n => n.ToUpper());
```

이것은 문자열 컬렉션에서 네 자보다 긴 문자로 이뤄진 문자열을 골라내는 질의다. 결
과 컬렉션은 첫 번째 문자를 기준으로 오름차순으로 모두 대문자 처리된다. 다음은
UsingExtensionMethod( ) 메서드를 실행한 결과다.

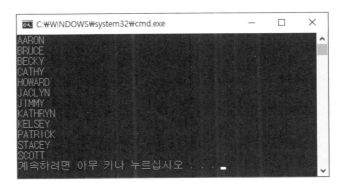

이제, 이 질의를 일반적인 정적 메서드 호출 방식으로 리팩토링하겠다. 그 전에 앞에서
이용한 질의에서 호출하는 세 메서드의 시그니처를 살펴보자.

```
public static IEnumerable<TSource> Where<TSource>(
    this IEnumerable<TSource> source,
    Func<TSource, bool> predicate
)

public static IEnumerable<TSource> OrderBy<TSource, TKey>(
    this IEnumerable<TSource> source,
    Func<TSource, TKey> keySelector
)

public static IEnumerable<TResult> Select<TSource, TResult>(
    this IEnumerable<TSource> source,
    Func<TSource, TResult> selector
)
```

보는 것처럼 모두 IEnumerable<TSource>가 첫 번째 매개 변수고 IEnumerable<TResult>를 반환하는 형태다. 이 유사성을 이용해서 첫 번째 메서드의 반환값을 두 번째 메서드의 인수로 전달하고, 두 번째 메서드의 반환값은 세 번째 메서드의 인수로 전달하는 방법을 쓸 수 있다.

Where( ) 메서드의 두 번째 매개 변수로 전달하는 조건자는 시퀀스를 필터링하는 역할을 한다. 조건자는 Func<TSource, bool> 형식의 대리자이므로 람다식을 사용할 수 있다. OrderBy( ) 메서드의 두 번째 매개 변수는 이와 비슷한 Func<TSource, TKey> 형식의 대리자로 시퀀스 요소를 오름차순으로 정렬하기 위한 키며, 물론 람다식을 쓸 수 있다. 마지막 메서드인 Select()는 두 번째 매개 변수인 선택기를 이용해서 시퀀스 내의 요소를 새로운 형태로 투영하는데, 선택기도 무명 메서드를 이용할 수 있다.

UsingExtensionMethod( )에서 사용하는 이들 메서드 시그니처에 기반해 다음과 같이 질의를 수정할 수 있다.

```
IEnumerable<string> query = Enumerable.Select(
```

```
    Enumerable.OrderBy(Enumerable.Where(names, n => n.Length > 4),
      n => n[0]), n => n.ToUpper());
```

UsingStaticMethod( ) 메서드는 확장 메서드 방식에서 정적 메서드 호출 방식으로 수정한 질의를 적용한 결과다.

```
public partial class Program
{
    private static void UsingStaticMethod()
    {
        IEnumerable<string> query =
            Enumerable.Select(
                Enumerable.OrderBy(
                    Enumerable.Where(
                        names, n => n.Length > 4),
                    n => n[0]),
                n => n.ToUpper());
        foreach (string s in query)
        {
            Console.WriteLine(s);
        }
    }
}
```

형태는 바뀌었지만 실행 결과는 UsingExtensionMethod( )와 정확히 일치한다.

LINQ 질의 식

LINQ 질의 식은 질의를 수행하는 간편한 표현 방식이다. .NET 프레임워크는 질의 식 구문에서 이용할 수 있게 질의 연산자를 의미하는 키워드를 제공하지만 모든 연산자를 대상으로 하지는 않는다. 이와 같은 질의 식을 이용하면 마치 SQL을 이용해서 데이터베이스를 질의하는 것과 비슷하게 연산자를 호출할 수 있다. 질의 식 사용으로 코드의 가독성은 올리고 더 간략하게 구현할 수 있을 것이다.

플루언트 구문을 논하는 과정에서 문자열 목록에서 네 자 이상의 문자열들에 대해 첫 번째 문자 기준으로 오름차순 정렬하고 전체를 대문자로 변환해서 가져오는 질의를 만들었다. 다음은 QueryExpressionSyntax 프로젝트에서 발췌한 것으로 기존 질의를 질의 식으로 구현한 예다.

```
public partial class Program
{
    private static void InvokingQueryExpression()
    {
        IEnumerable<string> query =
            from n in names
            where n.Length > 4
            orderby n[0]
            select n.ToUpper();
        foreach (string s in query)
        {
            Console.WriteLine(s);
        }
    }
}
```

보다시피 InvokingQueryExpression() 메서드는 플루언트 구문을 이용한 Using ExtensionMethod() 메서드를 리팩토링해서 질의 식을 이용하게 한 것이며, 실행 결과는 같다.

앞서 언급했던 것처럼 질의 식에서 이용할 수 없는 LINQ 연산자들이 있다는 것은 아쉬운데, 예를 들어 distinct 연산자는 람다식을 전달할 수 없기 때문에 사용할 수 없다. 이와 같은 연산자를 꼭 사용해야 하는 경우에는 플루언트 구문을 이용해야 한다. 다음은 쿼리식 구문에서 사용할 수 있는 키워드를 제공하는 연산자들이다.

- Where

- Select

- SelectMany

- OrderBy

- ThenBy

- OrderByDescending

- ThenByDescending

- GroupBy

- Join

- GroupJoin

 컴파일러는 컴파일 과정에 쿼리식을 플루언트 구문으로 변환한다. 쿼리식이 읽기 좋은 면이 있지만 모든 작업에 쿼리식만 이용할 수는 없다. 예를 들어, 지연 실행에 대해 논하면서 살펴본 count 연산자 등은 플루언트 구문을 사용해야 한다. 쿼리식으로 표현한 것은 플루언트 구문으로도 작성 가능하다. 그러므로 LINQ를 이용해서 개발할 때 특히, 함수형 프로그래밍이라면 플루언트 구문이 최적의 방법이라고 할 수 있다.

▌ 표준 질의 연산자

Enumerable 클래스는 System.Linq 네임스페이스에 속해 있으며 50개가 넘는 질의 연산자를 포함하는데, 이들을 **표준 질의 연산자**라고도 한다. 이 연산자들은 몇 가지 기능별로 나눠볼 수 있다. 이제부터 .NET 프레임워크의 LINQ에서 제공하는 전체 질의 연산자들을 기능별로 살펴보겠다.

필터링

필터링[filtering]이란 조건을 만족하는 것만 추출하기 위해 데이터 요소를 평가하는 작업이다. 필터링 연산자는 총 6개로 Where, Take, Skip, TakeWhile, SkipWhile, Distinct가 있다. Where는 앞 예제를 통해 플루언트 구문과 질의 식 형태로 살펴 본 것처럼 조건자를 만족하는 요소들로 구성된 하위 집합을 반환한다. Where에 대해서는 충분히 다뤘으므로 넘어가고 나머지 다섯 개에 대해 살펴보겠다.

Take 연산자는 앞에서부터 n개의 요소만 반환한다. 이와 반대로 Skip 연산자는 앞에서부터 n개의 요소를 건너뛴 나머지 요소들을 반환한다. FilteringOperation 프로젝트의 다음 코드를 보자.

```
public partial class Program
{
    public static void SimplyTakeAndSkipOperator()
    {
        IEnumerable<int> queryTake =
            intList.Take(10);
        Console.WriteLine("Take operator");
        foreach (int i in queryTake)
        {
            Console.Write(String.Format("{0}\t", i));
        }
        Console.WriteLine();
        IEnumerable<int> querySkip =
            intList.Skip(10);
        Console.WriteLine("Skip operator");
        foreach (int i in querySkip)
        {
            Console.Write(String.Format("{0}\t", i));
        }
        Console.WriteLine();
    }
}
```

코드에서 Take와 Skip 연산자를 이용하는 queryTake, querySkip 질의를 이용해서 intList를 질의하는데, 정수 목록인 intList는 다음과 같다.

```
public partial class Program
{
    static List<int> intList = new List<int>
    {
         0,  1,  2,  3,  4,
         5,  6,  7,  8,  9,
        10, 11, 12, 13, 14,
        15, 16, 17, 18, 19
    };
}
```

SimplyTakeAndSkipOperator( )를 실행한 결과는 다음과 같다.

예제에서는 Take와 Skip 연산자를 간단히 알아보기 위해 20개 요소를 가지는 작은 컬렉션을 이용했는데, 실제로는 대규모 컬렉션 또는 데이터베이스에 대한 편리한 사용자 액세스를 구현하는 데 유용하다. 예들 들어, 백만 개의 정수로 구성된 컬렉션에서 2와 7의 배수를 찾고자 한다고 생각해보자. Take와 Skip 연산자를 쓰지 않으면 엄청난 수의 결과를 쏟아 낼 것이며, 이것을 콘솔로 출력해야 한다면 결과는 더 끔찍하다. 다음 코드를 이용해 확인해보겠다.

```
public partial class Program
{
```

```csharp
    public static void NoTakeSkipOperator()
    {
        IEnumerable<int> intCollection =
            Enumerable.Range(1, 1000000);
        IEnumerable<int> hugeQuery =
            intCollection
                .Where(h => h % 2 == 0 && h % 7 == 0);
        foreach (int x in hugeQuery)
        {
            Console.WriteLine(x);
        }
    }
}
```

hugeQuery는 이름처럼 다량의 데이터를 가지고 있다. 이 메서드를 실행하면 모든 요소를 반복하는데 10초 가량 소요된다. Count 연산자를 이용하면 71428개의 요소가 포함돼 있다는 것을 확인할 수 있다.

이제 foreach 반복 외부에 Take와 Skip 연산자를 적용한 코드를 살펴보자.

```csharp
public partial class Program
{
    public static void TakeAndSkipOperator()
    {
        IEnumerable<int> intCollection =
            Enumerable.Range(1, 1000000);
        IEnumerable<int> hugeQuery =
            intCollection
                .Where(h => h % 2 == 0 && h % 7 == 0);
        int pageSize = 10;
        for (int i = 0; i < hugeQuery.Count() / pageSize; i++)
        {
            IEnumerable<int> paginationQuery =
                hugeQuery
```

```
                    .Skip(i * pageSize)
                    .Take(pageSize);
            foreach (int x in paginationQuery)
            {
                Console.WriteLine(x);
            }
            Console.WriteLine(
                "Press Enter to continue, " +
                "other key will stop process!");
            if (Console.ReadKey().Key != ConsoleKey.Enter)
                break;
        }
    }
}
```

이처럼 TakeAndSkipOperator( ) 메서드에 단 몇 줄을 추가함으로써 다음과 같이 훨씬 효과적인 결과 출력이 가능하다.

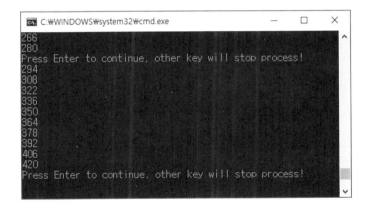

화면에서 보듯이 콘솔에 전체 결과가 한번에 다 출력되는 것이 아니라 10개씩만 보여준다. 나머지 결과를 계속 확인하려면 엔터 키를 누르면 되는데, Take와 Skip을 이용해 페이지 매김을 구현한 간단한 예다.

Take와 Skip에 이어 살펴볼 연산자는 TakeWhile과 SkipWhile이다. TakeWhile 연산자를 이용하면 조건자의 판단 결과가 false가 될 때까지 입력 컬렉션 요소를 열거하며, 조건자가 true면 계속해서 입력 컬렉션을 열거할 것이다. 다음 코드에서 TakeWhile과 SkipWhile 연산자의 활용 방법을 살펴보자.

```
public partial class Program
{
    public static void TakeWhileAndSkipWhileOperators()
    {
        int[] intArray = { 10, 4, 27, 53, 2, 96, 48 };
        IEnumerable<int> queryTakeWhile =
            intArray.TakeWhile(n => n < 50);
        Console.WriteLine("TakeWhile operator");
        foreach (int i in queryTakeWhile)
        {
            Console.Write(String.Format("{0}\t", i));
        }
        Console.WriteLine();
        IEnumerable<int> querySkipWhile =
            intArray.SkipWhile(n => n < 50);
        Console.WriteLine("SkipWhile operator");
        foreach (int i in querySkipWhile)
        {
            Console.Write(String.Format("{0}\t", i));
        }
        Console.WriteLine();
    }
}
```

이 메서드를 호출한 결과는 다음과 같다.

TakeWhile의 조건자가 n < 50이므로 53에 도달할 때까지 요소를 출력하고, SkipWhile 에서는 같은 조건자를 이용했으므로 53에 도달했을 때부터 출력을 시작한다.

이제 Distinct 연산자를 살펴볼 차례다. 이 연산자는 입력 시퀀스에서 요소의 중복을 제거한 시퀀스를 반환한다. 다음 코드를 보자.

```
public partial class Program
{
    public static void DistinctOperator()
    {
        string words = "TheQuickBrownFoxJumpsOverTheLazyDog";
        IEnumerable<char> queryDistinct = words.Distinct();
        string distinctWords = "";
        foreach (char c in queryDistinct)
        {
            distinctWords += c.ToString();
        }
        Console.WriteLine(distinctWords);
    }
}
```

이 코드는 문자열에서 중복된 문자를 제거하기 위해 Distinct 연산자를 이용한다. 이 메서드를 실행하면 다음과 같이 중복된 문자들이 제거된 문자열을 볼 수 있다.

투영

투영^{projection}이란 하나의 개체를 다른 형태로 변환하는 것을 뜻한다. 투영 연산자에는 Select와 SelectMany 두 가지가 있다. Select 연산자가 주어진 람다식을 기반으로 개별 입력 요소를 변환하는 반면, SelectMany 연산자는 개별 입력 요소를 변환한 다음 결과 시퀀스를 모두 연결함으로써 하나의 시퀀스로 평면화한다.

앞에서 LINQ 지연 실행을 논하는 과정에 다음과 같이 Select 연산자를 적용한 바 있다.

```
IEnumerable<Member> memberQuery =
    from m in memberList
    where m.MemberSince.Year > 2014
    orderby m.Name
    select m;
```

여기서는 질의 식 형태를 이용하므로 select 키워드를 써서 where 키워드로 필터링한 결과를 투영한다. 앞서 배웠듯이 Select 연산자는 개체를 변환할 수 있다. 다음 코드는 Member 클래스 형식의 요소를 RecentMember 클래스 형식으로 변환하는 방법을 보여준다.

```
IEnumerable<RecentMember> memberQuery =
    from m in memberList
    where m.MemberSince.Year > 2014
    orderby m.Name
    select new RecentMember
    {
        FirstName = m.Name.GetFirstName(),
        LastName = m.Name.GetLastName(),
        Gender = m.Gender,
        MemberSince = m.MemberSince,
        Status = "Valid"
    };
```

RecentMember 클래스는 다음과 같다.

```
public class RecentMember
{
    public string FirstName { get; set; }
    public string LastName { get; set; }
    public string Gender { get; set; }
    public DateTime MemberSince { get; set; }
    public string Status { get; set; }
}
```

이 질의를 이용해서 입력 요소를 다른 형식으로 변환해서 결과를 반환하는 전체 소스 코드를 살펴보자.

```
public partial class Program
{
    public static void SelectOperator()
    {
        List<Member> memberList = new List<Member>()
        {
            new Member
            {
                ID = 1,
                Name = "Eddie Morgan",
                Gender = "Male",
                MemberSince = new DateTime(2016, 2, 10)
            },
            new Member
            {
                ID = 2,
                Name = "Millie Duncan",
                Gender = "Female",
                MemberSince = new DateTime(2015, 4, 3)
            },
```

```csharp
    new Member
    {
        ID = 3,
        Name = "Thiago Hubbard",
        Gender = "Male",
        MemberSince = new DateTime(2014, 1, 8)
    },
    new Member
    {
        ID = 4,
        Name = "Emilia Shaw",
        Gender = "Female",
        MemberSince = new DateTime(2015, 11, 15)
    }
};
IEnumerable<RecentMember> memberQuery =
    from m in memberList
    where m.MemberSince.Year > 2014
    orderby m.Name
    select new RecentMember
    {
        FirstName = m.Name.GetFirstName(),
        LastName = m.Name.GetLastName(),
        Gender = m.Gender,
        MemberSince = m.MemberSince,
        Status = "Valid"
    };
foreach (RecentMember rm in memberQuery)
{
    Console.WriteLine(
        "First Name  : " + rm.FirstName);
    Console.WriteLine(
        "Last Name   : " + rm.LastName);
    Console.WriteLine(
        "Gender      : " + rm.Gender);
    Console.WriteLine
```

```
                    ("Member Since: " +
                    rm.MemberSince.ToString("dd/MM/yyyy"));
                Console.WriteLine(
                    "Status        : " + rm.Status);
                Console.WriteLine();
            }
        }
}
```

예제는 foreach 반복기를 이용해서 질의를 열거하면서 Console.WirteLine( ) 메서드를 이용해서 요소를 출력한다.

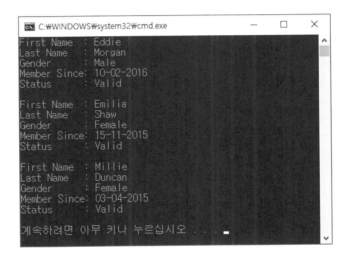

출력 결과를 통해 Member 형식이 RecentMember 형식으로 바뀐 것을 확인할 수 있다. 한편, 다음처럼 예제의 질의를 플루언트 구문으로 구현할 수도 있다.

```
IEnumerable<RecentMember> memberQuery =
    memberList
        .Where(m => m.MemberSince.Year > 2014)
        .OrderBy(m => m.Name)
```

```
        .Select(m => new RecentMember
        {
            FirstName = m.Name.GetFirstName(),
            LastName = m.Name.GetLastName(),
            Gender = m.Gender,
            MemberSince = m.MemberSince,
            Status = "Valid"
        });
```

이제 SelectMany 연산자로 넘어가자. 이 연산자를 이용하면 하나 이상의 시퀀스를 투영해 결과를 단일 시퀀스에 담아낼 수 있다. 다음은 두 개의 컬렉션을 투영하는 코드다.

```
public partial class Program
{
    public static void SelectManyOperator()
    {
        List<string> numberTypes = new List<string>()
        {
            "Multiplied by 2",
            "Multiplied by 3"
        };
        List<int> numbers = new List<int>()
        {
            6, 12, 18, 24
        };
        IEnumerable<NumberType> query =
            numbers.SelectMany(
                num => numberTypes,
                (n, t) => new NumberType
                {
                    TheNumber = n,
                    TheType = t
                });
        foreach (NumberType nt in query)
```

```
            {
                Console.WriteLine(
                    String.Format(
                        "Number: {0,2} - Types: {1}",
                        nt.TheNumber,
                        nt.TheType));
            }
        }
    }
}
```

이 코드는 numberTypes와 numbers 컬렉션의 요소들로 가능한 모든 조합을 추출해서 NumberType 형식의 시퀀스로 반환한다. NumberType은 다음과 같다.

```
public class NumberType
{
    public int TheNumber { get; set; }
    public string TheType { get; set; }
}
```

따라서 SelectManyOperator( ) 메서드를 실행하면 다음 결과를 얻는다.

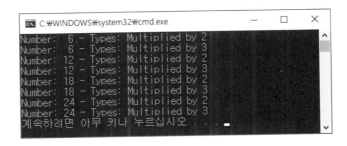

실제로 이 예제의 이면에서는 다음과 같은 SelectMany 연산자의 구현에 따라 두 컬렉션의 조합을 만들어내기 위해 컬렉션들을 반복한다.

```
public static IEnumerable<TResult> SelectMany<TSource, TResult>(
    this IEnumerable<TSource> source,
    Func<TSource, IEnumerable<TResult>> selector)
{
    foreach (TSource element in source)
    foreach (TResult subElement in selector (element))
    yield return subElement;
}
```

한편, 예제의 플루언트 구문은 다음처럼 질의 식으로 대체할 수 있으며, 실행 결과는 물론 동일하다.

```
IEnumerable<NumberType> query =
    from n in numbers
    from t in numberTypes
    select new NumberType
    {
        TheNumber = n,
        TheType = t
    };
```

 from 키워드는 질의 식에서 두 가지 의미를 갖는다. 구문을 시작하면서 사용하면 원래의 범위 변수와 입력 시퀀스를 도입하는 역할을 하며, 그 외의 위치에서 사용하면 SelectMany 연산자로 변환된다.

조인

조인[joining]이란 직접적인 객체 모델 관계를 갖지 않는 서로 다른 원본 시퀀스들을 하나의 출력 시퀀스로 짜맞추는 작업이다. 단, 각각의 원본 시퀀스 요소들 간에 비교 가능한 같은 값을 포함하고 있어야 한다. LINQ에는 Join과 GroupJoin이라는 두 가지 조인 연산자가 있다.

Join 연산자는 룩업 기법을 이용해서 두 시퀀스의 요소를 비교해 일치시키고 하나의 평면적 결과 집합으로 반환한다. Joining 프로젝트를 이용해 자세히 살펴보도록 하겠다. 먼저, JoinOperator() 메서드를 보자.

```
public partial class Program
{
    public static void JoinOperator()
    {
        Course hci = new Course{
            Title = "Human Computer Interaction",
            CreditHours = 3};
        Course iis = new Course{
            Title = "Information in Society",
            CreditHours = 2};
        Course modr = new Course{
            Title = "Management of Digital Records",
            CreditHours = 3};
        Course micd = new Course{
            Title = "Moving Image Collection Development",
            CreditHours = 2};
        Student carol = new Student{
            Name = "Carol Burks",
            CourseTaken = modr};
        Student river = new Student{
            Name = "River Downs",
            CourseTaken = micd};
        Student raylee = new Student{
            Name = "Raylee Price",
            CourseTaken = hci};
        Student jordan = new Student{
            Name = "Jordan Owen",
```

```
            CourseTaken = modr};
        Student denny = new Student{
            Name = "Denny Edwards",
            CourseTaken = hci};
        Student hayden = new Student{
            Name = "Hayden Winters",
            CourseTaken = iis};
        List<Course> courses = new List<Course>{
            hci, iis, modr, micd};
        List<Student> students = new List<Student>{
            carol, river, raylee, jordan, denny, hayden};
        var query = courses.Join(
            students,
            course => course,
            student => student.CourseTaken,
            (course, student) =>
                new {StudentName = student.Name,
                    CourseTaken = course.Title});
        foreach (var item in query)
        {
            Console.WriteLine(
                "{0} - {1}",
                item.StudentName,
                item.CourseTaken);
        }
    }
}
```

여기서 사용하는 Student와 Course 클래스는 다음과 같다.

```
public class Student
{
    public string Name { get; set; }
    public Course CourseTaken { get; set; }
}
```

```
public class Course
{
    public string Title { get; set; }
    public int CreditHours { get; set; }
}
```

다음은 JoinOperator( )를 실행한 결과다.

앞 코드는 courses와 students라는 두 개의 시퀀스에 Join 연산자를 적용해서 무명 형식의 결과 한 개를 얻는다. 이 조인 작업은 다음과 같이 쿼리식으로 표현할 수도 있다.

```
var query =
    from c in courses
    join s in students on c.Title equals s.CourseTaken.Title
    select new
    {
        StudentName = s.Name,
        CourseTaken = c.Title
    };
```

JoinOperator( ) 메서드에 쿼리식을 적용해도 같은 결과를 얻을 수 있다.

GroupJoin 연산자는 Join 연산자와 같은 기법을 이용하지만, 계층적 결과 집합을 반환한다는 점이 다르다. 다음 예제를 통해 GroupJoin 연산자에 대해 살펴보겠다.

```
public partial class Program
{
    public static void GroupJoinOperator()
    {
        Course hci = new Course{
            Title = "Human Computer Interaction",
            CreditHours = 3};
        Course iis = new Course{
            Title = "Information in Society",
            CreditHours = 2};
        Course modr = new Course{
            Title = "Management of Digital Records",
            CreditHours = 3};
        Course micd = new Course{
            Title = "Moving Image Collection Development",
            CreditHours = 2};
        Student carol = new Student{
            Name = "Carol Burks",
            CourseTaken = modr};
        Student river = new Student{
            Name = "River Downs",
            CourseTaken = micd};
        Student raylee = new Student{
            Name = "Raylee Price",
            CourseTaken = hci};
        Student jordan = new Student{
            Name = "Jordan Owen",
            CourseTaken = modr};
        Student denny = new Student{
            Name = "Denny Edwards",
            CourseTaken = hci};
        Student hayden = new Student{
            Name = "Hayden Winters",
            CourseTaken = iis};
        List<Course> courses = new List<Course>{
```

```
            hci, iis, modr, micd};
        List<Student> students = new List<Student>{
            carol, river, raylee, jordan, denny, hayden};
    var query = courses.GroupJoin(
        students,
        course => course,
        student => student.CourseTaken,
        (course, studentCollection) =>
            new {
                CourseTaken = course.Title,
                Students =
                    studentCollection
                        .Select(
                            student =>
                                student.Name)
            });
    foreach (var item in query)
    {
        Console.WriteLine("{0}:", item.CourseTaken);
        foreach (string stdnt in item.Students)
        {
            Console.WriteLine("  {0}", stdnt);
        }
    }
}
}
```

이 코드는 Join 연산자 예제와 비슷한데, 질의 부분이 다르다. GroupJoin 연산자에서는 두 시퀀스를 조인해서 하나의 키를 기준으로 새로운 시퀀스로 만들어낸다. 다음은 GroupJoinOperator( ) 메서드를 실행한 결과다.

콘솔 출력에서 보는 것처럼 과목 별 수강생들을 그룹화하고 열거한 결과임을 알 수 있다.

정렬

정렬^{ordering}이란 기본 비교자를 이용해서 결과 시퀀스를 정렬하는 작업을 말한다. 예를 들어, 문자열 형식의 시퀀스인 경우, 기본 비교자는 A에서 Z에 이르는 알파벳 순서에 따라 정렬한다. 다음 Ordering 프로젝트의 코드를 살펴보자.

```
public partial class Program
{
    public static void OrderByOperator()
    {
        IEnumerable<string> query =
            nameList.OrderBy(n => n);

        foreach (string s in query)
        {
            Console.WriteLine(s);
        }
    }
}
```

이 메서드의 쿼리에서 이용하는 시퀀스는 다음과 같다.

```
public partial class Program
{
    static List<string> nameList = new List<string>()
    {
        "Blair", "Lane", "Jessie", "Aiden",
        "Reggie", "Tanner", "Maddox", "Kerry"
    };
}
```

그럼 OrderByOperator( ) 메서드를 실행한 결과를 보자.

보다시피 기본 비교자를 이용하면 알파벳 순서로 정렬한 결과를 얻을 수 있다. 다음은 정렬을 위해 사용한 질의다.

```
IEnumerable<string> query =
    nameList.OrderBy(n => n);
```

플루언트 구문을 쿼리식으로 바꾸면 다음과 같다.

```
IEnumerable<string> query =
    from n in nameList
```

```
        orderby n
        select n;
```

방금 살펴본 것처럼 기본 비교자를 이용할 수도 있지만 별도의 비교자를 키 선택자로 이용해서 원하는 기준에 따라 시퀀스를 정렬할 수 있다. 다음 코드는 IComparer<T> 인터페이스를 이용해서 이전 예제의 입력 시퀀스를 개별 요소의 마지막 문자를 기준으로 정렬한다.

```csharp
public partial class Program
{
    public static void OrderByOperatorWithComparer()
    {
        IEnumerable<string> query =
            nameList.OrderBy(
                n => n,
                new LastCharacterComparer());

        foreach (string s in query)
        {
            Console.WriteLine(s);
        }
    }
}
```

여기서 사용하는 비교자인 LastCharacterComparer는 IComparer<string> 인터페이스를 상속하며 구현은 다음과 같다.

```csharp
public class LastCharacterComparer : IComparer<string>
{
    public int Compare(string x, string y)
    {
        return string.Compare(
```

```
            x[x.Length - 1].ToString(),
            y[y.Length - 1].ToString());
    }
}
```

이제 `OrderByOperatorWithComparer( )`를 실행하면 다음 결과를 얻을 수 있다.

콘솔에 출력된 시퀀스를 보면 마지막 문자를 정렬 키로 하는 사용자 지정 비교자가 훌륭하게 동작한다는 것을 알 수 있다. 이와 같은 사용자 지정 비교자를 질의 식에서 쓸 수 없다는 것은 아쉬운 부분이다.

시퀀스를 정렬할 때, 하나 이상의 비교자를 조건으로 지정할 수 있는데, `OrderBy` 메서드를 호출한 다음에 `ThenBy` 확장 메서드를 이용해서 두 번째 조건을 거는 방법이다. 다음 코드를 보자.

```
public partial class Program
{
    public static void OrderByThenByOperator()
    {
        IEnumerable<string> query = nameList
            .OrderBy(n => n.Length)
            .ThenBy(n => n);
        foreach (string s in query)
        {
            Console.WriteLine(s);
```

```
        }
    }
}
```

OrderByThenByOperator( )는 시퀀스에 포함된 요소를 우선 길이를 기준으로 정렬한 다음, 결과를 알파벳 순서로 정렬한다. 실행 결과는 다음과 같다.

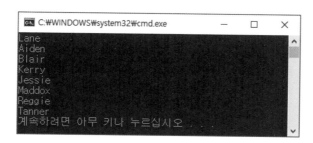

질의 식을 이용하는 경우에도 다음과 같이 두 개의 정렬 조건을 적용할 수 있다.

```
IEnumerable<string> query =
    from n in nameList
    orderby n.Length, n
    select n;
```

OrderByThenByOperator( ) 메서드에 위 질의 식을 적용해도 같은 결과를 얻을 수 있다. 다만, 질의 식을 이용하는 경우 보다시피 ThenBy 키워드를 사용하지 않고, 쉼표로 조건을 구분한다.

한편, ThenBy 메서드에서도 사용자 지정 비교자를 사용할 수 있다. 다음 코드를 보자.

```
public partial class Program
{
    public static void OrderByThenByOperatorWithComparer( )
    {
```

```
        IEnumerable<string> query = nameList
                .OrderBy(n => n.Length)
                .ThenBy(n => n, new LastCharacterComparer());
        foreach (string s in query)
        {
            Console.WriteLine(s);
        }
    }
}
```

앞 코드에서는 OrderByOperatorWithComparer() 메서드에서 사용한 바 있는 Last
CharacterComparer 클래스를 다시 이용한다. 다음은 OrderByThenByOperatorWithComp
arer() 메서드 호출 결과다.

정렬에는 오름차순뿐만 아니라 내림차순 정렬도 있다. 플루언트 구문에서 내림차순 정렬
은 OrderByDescending()과 ThenByDescending() 메서드가 담당하며, 사용 방법은 오름
차순 정렬 방식과 같다. 질의 식을 이용하는 경우에는 descending 키워드를 이용해야 하
는데, 다음과 같이 orderby 키워드의 조건을 정의한 직후에 이 키워드를 사용하면 된다.

```
public partial class Program
{
    public static void OrderByDescendingOperator()
    {
        IEnumerable<string> query =
```

```
        from n in nameList
        orderby n descending
        select n;
    foreach (string s in query)
    {
        Console.WriteLine(s);
    }
    }
}
```

사실, 예제에서 descending 키워드를 사용한 것처럼 오름차순 정렬 시에는 ascending 키워드를 같은 위치에 적용할 수 있다. 하지만 LINQ에서 오름차순 정렬을 기본으로 하므로 ascending은 생략할 수 있다. 다음은 OrderByDescendingOperator() 메서드를 호출한 결과다.

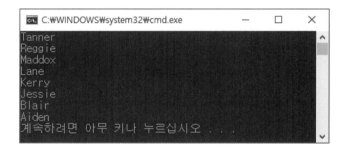

그룹화

그룹화grouping는 TKey 키 값에 따라 그룹화된 IGrouping<TKey, TElement> 형식의 개체들로 구성된 시퀀스를 생성한다. 예를 들어, 그룹화를 이용하면 특정 디렉터리 내의 파일들을 파일 이름의 첫 번째 글자를 기준으로 하는 시퀀스로 만들 수 있다. 다음 코드는 Grouping 프로젝트에 포함된 것으로 Visual Studio 2015 커뮤니티 에디션의 설치 파일들이 있는 G:\packages에 있는 모든 파일들을 검색한다. 폴더 이름과 드라이브 문자는 실행 환경에 따라 수정하면 된다.

```
public partial class Program
{
    public static void GroupingByFileNameExtension()
    {
        IEnumerable<string> fileList =
            Directory.EnumerateFiles(
                @"G:\packages", "*.*",
                SearchOption.AllDirectories);
        IEnumerable<IGrouping<string, string>> query =
            fileList.GroupBy(f =>
                Path.GetFileName(f)[0].ToString());
        foreach (IGrouping<string, string> g in query)
        {
            Console.WriteLine();
            Console.WriteLine(
                "File start with the letter: " +
                g.Key);
            foreach (string filename in g)
                Console.WriteLine(
                    "..." + Path.GetFileName(filename));
        }
    }
}
```

이 코드는 G:\packages 디렉터리(하위 디렉터리 포함)에서 모든 파일을 찾고 파일 이름의 첫 번째 문자를 기준으로 그룹화 한다. foreach에서 질의를 열거할 때 g.Key를 이용하는 것을 볼 수 있는데, 이것이 문자열 목록을 그룹화하는 키 선택자다. GroupingByFile NameExtension() 메서드를 호출하면 다음과 같은 결과를 볼 수 있다.

질의 식에서는 GroupBy 확장 메서드 대신 group과 by를 사용할 수 있다. 다음은 앞 코드의 질의를 질의 식으로 변경한 것이다.

```
IEnumerable<IGrouping<string, string>> query =
    from f in fileList
    group f by Path.GetFileName(f)[0].ToString();
```

이 질의 식을 이용하면 같은 결과를 얻을 수 있다. 한편, LINQ의 그룹화는 정렬을 해주지 않으므로 그룹화 결과를 정렬하고자 한다면 OrderBy 연산자를 이용하면 된다.

이 질의 식에서는 group 절이 질의를 종료하고 있기 때문에 추가로 select 절이 필요하지 않다. 하지만 group 절 이후에 질의 연속 절을 추가한다면 select 절이 필요하다. 예를 들어, 다음과 같이 정렬을 위한 질의 절을 추가한 경우를 보자.

```
public partial class Program
{
    public static void GroupingByInto()
    {
        IEnumerable<string> fileList =
```

```
            Directory.EnumerateFiles(
                @"G:\packages", "*.*",
                SearchOption.AllDirectories);
        IEnumerable<IGrouping<string, string>> query =
            from f in fileList
            group f
                by Path.GetFileName(f)[0].ToString()
                into g
            orderby g.Key
            select g;
        foreach (IGrouping<string, string> g in query)
        {
            Console.WriteLine(
                "File start with the letter: " +
                g.Key);
        }
    }
}
```

코드를 보면 질의 연속 절과 결과 시퀀스를 정렬하기 위한 orderby 연산자를 기존 질의에 추가했다. 여기서 사용된 질의 연속 절은 into 키워드다. into 키워드를 이용하면 그룹화 결과를 저장하고 이것을 다시 조작할 수 있다. 이 코드의 실행 결과는 다음과 같다.

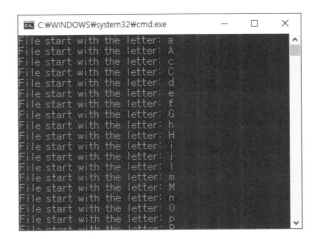

이번에는 키 값을 추출하고자 하므로 개별 그룹의 요소는 출력하지 않고 있다. 결과에서 보듯, 그룹화 결과를 저장한 다음 키를 오름차순으로 정렬했기 때문에 콘솔에도 키 값들이 오름차순으로 출력된다.

집합 연산

집합 연산은 동일 컬렉션 혹은 별도의 컬렉션 내에서 일치하는 요소의 존재 여부에 기반한 결과 집합을 반환하는 것을 말한다. LINQ에서 제공하는 집합 연산자에는 Concat, Union, Intersect, Except 네 가지가 있다. 이들 집합 연산자는 쿼리식에서 쓸 수 있는 키워드가 없다.

그럼 Concat과 Union부터 시작해보겠다. Concat 연산자를 이용하면 첫 번째 시퀀스의 모든 요소에 두 번째 시퀀스의 모든 요소를 연결한 전체 시퀀스를 결과로 얻을 수 있다. Union은 Concat 연산자처럼 시퀀스를 연결하지만 중복된 요소는 하나만 남김으로써 시퀀스 내 요소의 중복을 제거한다. SetOperation 프로젝트에 있는 다음 코드에서 Concat과 Union 연산자의 차이점을 알아보자.

```
public partial class Program
{
    public static void ConcatUnionOperator()
    {
        IEnumerable<int> concat = sequence1.Concat(sequence2);
        IEnumerable<int> union = sequence1.Union(sequence2);
        Console.WriteLine("Concat");
        foreach (int i in concat)
        {
            Console.Write(".." + i);
        }
        Console.WriteLine();
        Console.WriteLine();
        Console.WriteLine("Union");
```

```
        foreach (int i in union)
        {
            Console.Write(".." + i);
        }
        Console.WriteLine();
        Console.WriteLine();
    }
}
```

사용되는 두 시퀀스는 다음과 같다.

```
public partial class Program
{
    static int[] sequence1 = { 1, 2, 3, 4, 5, 6 };
    static int[] sequence2 = { 3, 4, 5, 6, 7, 8 };
}
```

ConcatUnionOperator( ) 메서드를 실행하면 다음과 같이 앞서 설명한 Concat과 Union의
특성에 따른 결과를 확인할 수 있다.

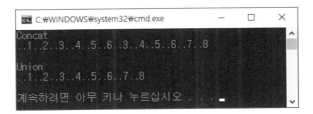

다음으로 살펴볼 집합 연산자는 Intersect와 Except다. Intersect는 양쪽 시퀀스에 모
두 존재하는 요소들로 구성된 시퀀스를 반환하며, Except는 첫 번째 시퀀스의 요소 가운
데 두 번째 시퀀스에 없는 요소들만 반환한다. 다음 코드를 통해 이들 연산자의 차이점을
정확히 살펴보겠다.

```
public partial class Program
{
    public static void IntersectExceptOperator()
    {
        IEnumerable<int> intersect = sequence1.Intersect(sequence2);
        IEnumerable<int> except1 = sequence1.Except(sequence2);
        IEnumerable<int> except2 = sequence2.Except(sequence1);
        Console.WriteLine("Intersect of Sequence 1 and Sequence2");
        foreach (int i in intersect)
        {
            Console.Write(".." + i);
        }
        Console.WriteLine();
        Console.WriteLine();
        Console.WriteLine(
            "Sequence1 Except Sequence2");
        foreach (int i in except1)
        {
            Console.Write(".." + i);
        }
        Console.WriteLine();
        Console.WriteLine();
        Console.WriteLine(
            "Sequence2 Except Sequence1");
        foreach (int i in except2)
        {
            Console.Write(".." + i);
        }
        Console.WriteLine();
        Console.WriteLine();
    }
}
```

다음은 IntersectExceptOperator()를 실행한 결과다.

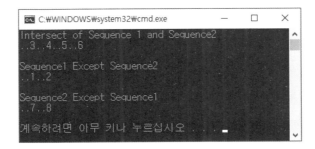

입력 시퀀스는 ConcatUnionOperator( )와 같으며, 보다시피 Intersect는 중복된 요소들만 반환하고 반대로 Except는 고유한 요소들만 반환한다.

변환 메서드

변환 메서드^{conversion method}는 컬렉션의 형식을 변환하기 위한 것이다. 이번 절에서는 LINQ에서 제공하는 OfType, Cast, ToArray, ToList, ToDictionary, ToLookup 변환 메서드에 대해 살펴보겠다.

OfType과 Cast 메서드는 IEnumerable을 IEnumerable<T>로 바꾼다는 면에서 비슷한 기능을 한다. 이들의 차이점은 OfType이 변환에 부적합한 형식의 요소를 제거하는 반면 Cast는 예외를 발생 시킨다는 것이다. ConversionMethods 프로젝트의 다음 코드를 살펴보자.

```
public partial class Program
{
    public static void OfTypeCastSimple()
    {
        ArrayList arrayList = new ArrayList();
        arrayList.AddRange(new int[] { 1, 2, 3, 4, 5 });
        IEnumerable<int> sequenceOfType = arrayList.OfType<int>();
        IEnumerable<int> sequenceCast = arrayList.Cast<int>();
        Console.WriteLine(
```

```
            "OfType of arrayList");
        foreach (int i in sequenceOfType)
        {
            Console.Write(".." + i);
        }
        Console.WriteLine();
        Console.WriteLine();
        Console.WriteLine(
            "Cast of arrayList");
        foreach (int i in sequenceCast)
        {
            Console.Write(".." + i);
        }
        Console.WriteLine();
        Console.WriteLine();
    }
}
```

앞 코드는 OfType과 Cast 변환을 이용하는 간단한 예제이며, 사용된 시퀀스는 int 형식의 요소만 가지는 배열로 간단히 변환할 수 있다. 예제를 실행한 결과는 다음과 같다.

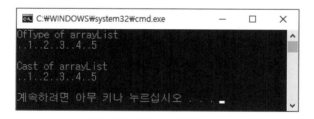

 .NET Core에서는 ArrayList를 System.Collections.NonGeneric.dll에서 정의하므로 https://www.nuget.org/packages/System.Collections.NonGeneric/에서 NuGet 패키지를 내려 받아야 한다.

이제 앞 코드에 몇 줄 더 추가해보자.

```csharp
public partial class Program
{
    public static void OfTypeCastComplex()
    {
        ArrayList arrayList = new ArrayList();
        arrayList.AddRange(
            new int[] { 1, 2, 3, 4, 5 });
        arrayList.AddRange(
            new string[] { "Cooper", "Shawna", "Max" });
        IEnumerable<int> sequenceOfType =
            arrayList.OfType<int>();
        IEnumerable<int> sequenceCast =
            arrayList.Cast<int>();
        Console.WriteLine(
            "OfType of arrayList");
        foreach (int i in sequenceOfType)
        {
            Console.Write(".." + i);
        }
        Console.WriteLine();
        Console.WriteLine();
        Console.WriteLine(
            "Cast of arrayList");
        foreach (int i in sequenceCast)
        {
            Console.Write(".." + i);
        }
        Console.WriteLine();
        Console.WriteLine();
    }
}
```

OfTypeCastComplex 메서드에서는 arrayList에 문자열 요소를 삽입하는 부분이 추가
됐다. 이 메서드를 실행하면 OfType 변환은 잘 처리돼 int 요소들을 반환하지만 Cast 변
환 과정에서는 int 형식이 아닌 문자열 형식의 요소가 있기 때문에 예외가 발생한다.

나머지 변환 메서드 중 ToArray( )와 ToList( )는 각각 입력 시퀀스를 배열과 제네릭
리스트로 변환한다. 또, ToDictionary( )와 ToLookup( )도 변환 기능을 제공하는데,
ToDictionary( )는 지정된 키 선택자 함수를 이용해서 입력 시퀀스를 Dictionary<TKey,
TValue>로 변환하며, ToLookup( )은 키 선택자와 요소 선택자 함수들을 이용해서 시퀀스
를 Lookup<TKey, TElement>로 변환한다.

요소 연산

요소 연산이란 인덱스나 조건자를 이용해서 시퀀스가 포함하는 개별 요소를 추출하는
작업을 말한다. LINQ에서 제공하는 요소 연산자에는 First, FirstOrDefault, Last,
Single, SingleOrDefault, ElementAt, DefaultIfEmpty가 있다. 지금부터 예제를 통해
요소 연산자들의 기능을 알아보겠다.

ElementOperation 프로젝트에서 발췌한 다음 코드는 요소 연산자의 기능을 보여준다.

```
public partial class Program
{
    public static void FirstLastOperator( )
    {
        Console.WriteLine(
            "First Operator: {0}",
            numbers.First( ));
        Console.WriteLine(
            "First Operator with predicate: {0}",
            numbers.First(n => n % 4 == 0));
        Console.WriteLine(
            "Last Operator: {0}",
```

```
            numbers.Last());
        Console.WriteLine(
            "Last Operator with predicate: {0}",
            numbers.Last(n => n % 4 == 0));
    }
}
```

이 메서드에서 사용하는 numbers 배열은 다음과 같다.

```
public partial class Program
{
    public static int[] numbers = {
        1, 2, 3,
        4, 5, 6,
        7, 8, 9
    };
}
```

더 진행하기에 앞서 FirstLastOperator() 메서드의 실행 결과부터 확인해보자.

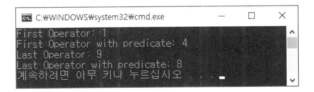

실행 결과를 보면, First는 시퀀스의 첫 번째 요소를 반환하고 Last는 마지막 요소를 반환한다는 것을 알 수 있다. 또한 람다식을 이용해서 First와 Last 연산자에 필터링을 추가로 적용할 수 있다. 예제에서는 4로 나눠지는 숫자를 필터링한다.

아쉽게도 First와 Last 연산자는 빈 값을 반환하지 않고 예외를 발생시킨다. 다음 코드를 이용해서 First 연산자가 빈 시퀀스를 반환하는 경우를 확인해보겠다.

```
public partial class Program
{
    public static void FirstOrDefaultOperator()
    {
        Console.WriteLine(
            "First Operator with predicate: {0}",
            numbers.First(n => n % 10 == 0));
        Console.WriteLine(
            "First Operator with predicate: {0}",
            numbers.FirstOrDefault(n => n % 10 == 0));
    }
}
```

이 코드를 실행하면 시퀀스에 10으로 나누어 떨어지는 숫자가 없기 때문에 예외가 발생한다.[1] 이 문제점을 해결하려면 FirstOrDefault 연산자를 이용할 수 있는데, 예제의 경우, 정수 형식의 시퀀스를 이용하고 있으므로 정수의 기본 값인 0을 반환한다.[2]

다음으로 살펴볼 요소 연산자는 Single과 SingleOrDefault다.

```
public partial class Program
{
    public static void SingleOperator()
    {
        Console.WriteLine(
            "Single Operator for number can be divided by 7: {0}",
            numbers.Single(n => n % 7 == 0));
        Console.WriteLine(
            "Single Operator for number can be divided by 2: {0}",
            numbers.Single(n => n % 2 == 0));
        Console.WriteLine(
```

---

1 첫 번째 Console.WriteLine() 호출문. – 옮긴이
2 두 번째 Console.WriteLine() 호출문. – 옮긴이

```
        "SingleOrDefault Operator: {0}",
        numbers.SingleOrDefault(n => n % 10 == 0));
    Console.WriteLine(
        "SingleOrDefault Operator: {0}",
        numbers.SingleOrDefault(n => n % 3 == 0));
    }
}
```

이 코드를 실행하면 다음 위치에서 예외가 발생한다.

```
Console.WriteLine(
    "Single Operator for number can be divided by 2: {0}",
    numbers.Single(n => n % 2 == 0));
```

또한 다음 위치에서도 에러가 발생한다.

```
Console.WriteLine(
    "SingleOrDefault Operator: {0}",
    numbers.SingleOrDefault(n => n % 3 == 0));
```

Single 연산자는 일치하는 요소를 한 개만 가질 수 있기 때문에 2, 4, 6, 8 네 개가 일치하는 첫 번째 Single 호출 시 예외가 발생하며, 마찬가지로 두 번째 SingleDefault 호출 시에도 3, 6, 9 세 개가 일치하기 때문에 예외가 발생한다.

요소 연산 가운데 ElementAt과 ElementAtOrDefault 연산자는 시퀀스에서 n번째 요소를 얻고자 할 때 이용할 수 있다. 다음 코드를 보자.

```
public partial class Program
{
    public static void ElementAtOperator()
    {
```

```
            Console.WriteLine(
                "ElementAt Operator: {0}",
                numbers.ElementAt(5));
            //Console.WriteLine(
            //    "ElementAt Operator: {0}",
            //    numbers.ElementAt(11));
            Console.WriteLine(
                "ElementAtOrDefault Operator: {0}",
                numbers.ElementAtOrDefault(11));
    }
}
```

First와 Last 연산자처럼 ElementAt도 반드시 값을 반환해야 한다. 따라서 주석 처리된 라인들을 실행하면 해당 인덱스에 값이 없기 때문에 예외가 발생할 것이다. 하지만 ElementAt 대신 ElementAtOrDefault를 이용하면 예외를 피할 수 있으며, int 형식의 기본 값을 반환한다.

요소 연산에서 마지막으로 알아볼 DefaultIfEmpty 연산자는 입력 시퀀스가 비어 있으면 기본 값을 반환한다. 다음은 DefaultIfEmpty 연산자를 사용한 예제다.

```
public partial class Program
{
    public static void DefaultIfEmptyOperator()
    {
        List<int> numbers = new List<int>();
        //Console.WriteLine(
        //    "DefaultIfEmpty Operator: {0}",
        //    numbers.DefaultIfEmpty());
        foreach (int number in numbers.DefaultIfEmpty())
        {
            Console.WriteLine(
                "DefaultIfEmpty Operator: {0}", number);
        }
```

```
    }
}
```

`DefaultIfEmpty` 연산자는 `IEnumerable<T>`를 반환하므로 요소가 하나 밖에 없지만 열거하는 방식을 이용해야 한다. 앞 코드의 주석 처리된 라인처럼 numbers 변수에서 직접 액세스하면 변수의 값이 아니라 형식을 반환하므로, 대신 numbers에 대한 질의를 열거해야 `IEnumerable<T>` 형식의 변수에 저장된 값을 구할 수 있다.

■ 요약

LINQ는 다양한 형식의 컬렉션에 질의할 수 있는 간편하고 일관된 방법이다. 지연된 실행의 개념을 구현하므로 질의는 생성 시점이 아니라 열거 과정에 실행된다. 대부분의 질의 연산자가 지연 실행을 지원하지만 다음과 같은 예외적인 연산자들도 있다.

- `Count`와 `First`처럼 스칼라 값 혹은 요소를 한 개만 반환하는 연산자
- 질의 결과를 변환하는 변환 연산자(`ToList`, `ToArray`, `ToDictionary`, `ToLookup`)

즉, `Select` 메서드(`IEnumerable<X>` → `Select` → `IEnumerable<Y>`)처럼 시퀀스를 반환하는 메서드들은 지연 실행을 구현하며, 단일 개체를 반환하는 `First`와 같은 메서드(`IEnumerable<X>` → `First` → `Y`)는 지연 실행을 구현하지 않는다.

LINQ 질의에는 플루언트 구문과 질의 식이라는 두 가지 형태의 구문이 있다. 전자는 시퀀스 열거 시에 실행할 논리를 담고 있는 람다식을 매개 변수로 취하며, 후자는 LINQ 질의를 수행하기에 보다 간편한 구문을 제공한다는 것이 대표적인 특징이다. .NET 프레임워크에서는 쿼리식에서 이용할 수 있게 대부분의 질의 연산자를 대신할 키워드를 제공한다. 질의 식을 이용하면 적은 코드로 가독성 향상을 꾀할 수 있다. 표현 방식은 다르지만 플루언트 구문과 질의 식의 기능은 같으며, 질의 식에서 사용하는 모든 키워드에 대응되는 확장 메서드들은 `Enumerable` 클래스에서 정의하고 있다.

LINQ까지 이해하면 함수형 프로그래밍을 위한 준비는 충분하다. 6장에서는 사용자에게 보다 친숙한 응용 프로그램이 가져야 할 덕목인 반응성을 높이는데 필수적인 비동기 프로그래밍에 대해 살펴보겠다.

06

비동기 프로그래밍으로 함수형 프로그래밍의 반응성 개선하기

뛰어난 반응성은 응용 프로그램에 필수적이다. 이런 반응형 응용 프로그램은 성능적인 강점과 함께 사용자에게 친숙한 인터페이스를 제공하는데, 그러기 위해서는 프로그램 내에서 코드 실행 과정을 비동기 방식으로 수행할 필요가 있다. 7장에서는 반응형 응용 프로그램에 관해 다음과 같은 주제로 살펴보겠다.

- 스레드와 스레드 풀을 이용해 반응형 응용 프로그램 만들기
- 비동기 프로그래밍 모델 패턴
- 태스크 기반 비동기 패턴
- async, await 키워드를 이용한 비동기 프로그래밍
- 함수형 접근법에 비동기 메서드 적용하기

▌ 반응형 응용 프로그램 개발

.NET 프레임워크 발표 당시에는 순차적으로 실행되는 프로그램 흐름을 따랐다. 이런 실행 흐름은 다음 작업을 실행하기 전에 무조건 현재 진행 중인 작업이 끝나야 한다는 단점을 갖는다. 이로 인해 프로그램이 멈춘 것처럼 보이는 등 사용자에게 좋지 않은 인상을 주기 쉽다.

.NET 프레임워크는 이 문제점을 해소하려는 목적으로 운영체제가 독자적으로 스케줄링할 수 있는 최소 실행 단위인 스레드를 도입했다. **비동기**^asynchronous **프로그래밍**이란 독립된 스레드가 특정 작업을 처리하게 함으로써 원래의 스레드가 멈추는 것을 막고 다른 작업들을 처리할 수 있게 하는 것이다.

동기식 프로그램 실행

먼저 모든 작업을 동기적으로 수행하는 프로그램을 만들어보는 것부터 시작하자. 다음은 SynchronousOperation 프로젝트의 코드로 **동기식**^synchronous 작업이 어떻게 이뤄지는지 보여준다.

```
public partial class Program
{
    public static void SynchronousProcess()
    {
        Stopwatch sw = Stopwatch.StartNew();
        Console.WriteLine(
            "Start synchronous process now...");
        int iResult = RunSynchronousProcess();
        Console.WriteLine(
            "The Result = {0}", iResult);
        Console.WriteLine(
            "Total Time = {0} second(s)!",
            sw.ElapsedMilliseconds / 1000);
```

```
    }
    public static int RunSynchronousProcess()
    {
        int iReturn = 0;
        iReturn += LongProcess1();
        iReturn += LongProcess2();
        return iReturn;
    }
    public static int LongProcess1()
    {
        Thread.Sleep(5000);
        return 5;
    }
    public static int LongProcess2()
    {
        Thread.Sleep(7000);
        return 7;
    }
}
```

앞 코드에서 RunSynchronousProcess() 메서드는 LongProcess1()과 LongProcess2()를
실행하며, 결과는 다음과 같다.

LongProcess1()과 LongProcess2()는 서로 독립적이며 각각 특정한 처리 시간이 걸
린다. 예제에서는 이들 메서드를 동기식으로 실행하므로 두 메서드를 실행하는 데 총 12
초가 필요한데, LongProcess1()을 처리하는 데 5초, LongProcess2는 7초가 필요하다.

스레드 사용하기

다음과 같이 앞 코드에서 일부를 리팩토링하고 **스레드**^{thread}를 추가하면 반응성을 개선할 수 있다. 코드는 ApplyingTherads 프로젝트를 참고한다.

```csharp
public partial class Program
{
    public static void AsynchronousProcess()
    {
        Stopwatch sw = Stopwatch.StartNew();
        Console.WriteLine(
            "Start asynchronous process now...");
        int iResult = RunAsynchronousProcess();
        Console.WriteLine(
            "The Result = {0}",
            iResult);
        Console.WriteLine(
            "Total Time = {0} second(s)!",
            sw.ElapsedMilliseconds / 1000);
    }
    public static int RunAsynchronousProcess()
    {
        int iResult1 = 0;
        // LongProcess1()을 위한 스레드 생성
        Thread thread = new Thread(
            () =>
                iResult1 = LongProcess1());
        // 스레드 시작
        thread.Start();
        // LongProcess2() 실행
        int iResult2 = LongProcess2();
        // 스레드가 끝나기를 대기한다
        thread.Join();
        // 전체 결과 반환
        return iResult1 + iResult2;
```

```
    }
    public static int LongProcess1()
    {
        Thread.Sleep(5000);
        return 5;
    }
    public static int LongProcess2()
    {
        Thread.Sleep(7000);
        return 7;
    }
}
```

코드를 보면 RunSynchronousProcess( ) 메서드를 RunAsynchronousProcess( )로 리팩토
링했다. RunAsynchronousProcess( )를 실행한 결과는 다음과 같다.

RunSynchronousProcess( )보다 RunAsynchronousProcess( )가 더 빠르다는 것을 알 수
있다. 또, LongProcess1( ) 메서드를 실행하기 위해 새로운 스레드를 만드는데, 이 스레
드는 Start( ) 메서드를 호출할 때까지 시작되지 않는다. 다음은 이 스레드를 만들고 시
작하는 코드다.

```
// LongProcess1()을 위한 스레드 생성
Thread thread = new Thread(
    () =>
        iResult1 = LongProcess1());
// 스레드 시작
thread.Start();
```

스레드가 시작되면 LongProcess2( )와 같은 다른 작업을 실행할 수 있다. 이 작업이 끝나면 스레드를 이용해서 시작했던 작업이 끝났는지 대기하기 위해 스레드 인스턴스에서 제공하는 Join( ) 메서드를 호출할 수 있다. 이 과정에 해당하는 코드는 다음과 같다.

```
// LongProcess2( ) 실행
int iResult2 = LongProcess2( );
// 스레드가 끝나기를 대기한다
thread.Join( );
```

Join( ) 메서드는 스레드의 실행이 끝날 때까지 현재 스레드를 차단하며, 대기하던 스레드 작업이 끝나면 Join( ) 메서드가 반환하면서 현재 스레드에 대한 차단이 해제된다.

스레드 풀을 이용한 스레드 생성

앞서 살펴본 것처럼 스레드를 직접 만드는 방법 외에 System.Threading.ThreadPool 클래스를 이용해서 몇 개의 스레드를 미리 만들어두고 사용하는 것도 가능하다. 이 클래스는 **스레드 풀**의 스레드를 이용하고자 할 때 사용한다. 스레드 풀을 이용할 때는 주로 QueueUserWorkItem( ) 메서드를 이용하는데, 이 메서드는 스레드 풀의 큐에 실행 요청을 추가하며, 스레드 풀^{thread pool} 내에 사용할 수 있는 스레드가 있다면 큐에 있는 요청이 즉시 실행될 것이다. UsingThreadPool 프로젝트의 코드를 이용해 스레드 풀을 이용하는 방법을 살펴보자.

```
public partial class Program
{
    public static void ThreadPoolProcess( )
    {
        Stopwatch sw = Stopwatch.StartNew( );
        Console.WriteLine(
            "Start ThreadPool process now...");
```

```
        int iResult = RunInThreadPool();
        Console.WriteLine("The Result = {0}",
            iResult);
        Console.WriteLine("Total Time = {0} second(s)!",
            sw.ElapsedMilliseconds / 1000);
    }
    public static int RunInThreadPool()
    {
        int iResult1 = 0;
        // LongProcess1()을 스레드 풀에 있는
        // 유휴 상태의 스레드에 할당
        ThreadPool.QueueUserWorkItem((t) =>
                iResult1 = LongProcess1());
        // LongProcess2() 실행
        int iResult2 = LongProcess2();
        // 스레드 종료를 대기한 다음 결과 반환
        return iResult1 + iResult2;
    }
    public static int LongProcess1()
    {
        Thread.Sleep(5000);
        return 5;
    }
    public static int LongProcess2()
    {
        Thread.Sleep(7000);
        return 7;
    }
}
```

긴 처리 시간을 필요로 하는 작업을 처리하기 위해 새로 스레드를 만드는 대신, Queue
UserWorkItem() 메서드를 이용하면 스레드 풀이 관리하는 큐에 새 작업 항목을 추가할
수 있다. 이렇게 스레드 풀에 추가한 작업이 처리되는 유형은 세 가지 정도가 있다.

- 스레드 풀에 사용 가능한 유휴 상태의 스레드가 한 개 이상 있어서 작업을 즉시 실행한다.
- 사용 가능한 유휴 스레드는 없지만 스레드 개수가 아직 MaxThreads 속성 값에 도달하지 않아 스레드 풀이 새로 스레드를 만들고, 이 스레드로 하여금 해당 작업을 즉시 처리하게 한다.
- 유휴 스레드도 없고 스레드 풀의 전체 스레드 개수가 MaxThreads 속성 값에 도달한 상황이라면 사용 가능한 스레드가 생길 때까지 작업은 대기한다.

다음은 ThreadPoolProcess( ) 메서드를 실행한 결과다.

예제의 경우, 스레드 풀을 이용한 방법은 이전 절에서 새로 스레드를 만들어서 처리했던 것과 비슷한 처리 시간을 보인다.

▌ 비동기 프로그래밍 모델 패턴

APM 즉, **비동기 프로그래밍 모델**Asynchronous Programming Model은 IAsyncResult 인터페이스를 설계 패턴으로 하는 비동기 작업으로 IAsyncResult 패턴이라고 부르기도 한다. APM을 지원하기 위해 프레임워크는 BeginXx와 EndXx 형태의 메서드를 제공하며, 여기서 Xx는 작업 이름이다. 예를 들어, FileStream 클래스의 BeginRead와 EndRead는 파일에서 바이트 데이터를 비동기 방식으로 읽어들인다.

동기식인 Read( ) 메서드와 이들 비동기 메서드는 선언부에서 차이를 확인할 수 있다.

```
public int Read(
    byte[] array,
    int offset,
    int count
)
public IAsyncResult BeginRead(
    byte[] array,
    int offset,
    int numBytes,
    AsyncCallback userCallback,
    object stateObject
)
public int EndRead(
    IAsyncResult asyncResult
)
```

Read( ) 메서드는 array, offset, numBytes라는 세 개의 매개 변수를 가진다. 한편,
BeginRead( ) 메서드는 두 개의 매개 변수를 추가로 요구한다. userCallback은 비동기
읽기가 끝났을 때 호출할 메서드이며, 사용자가 제공하는 stateObject는 현재의 비동기
읽기 요청을 다른 요청들과 구별하기 위한 개체다.

동기식 Read( ) 메서드

APM 프로젝트의 코드를 이용해서 비동기식 BeginRead( )와 동기식 Read( ) 메서드를 확
실히 구별해보자.

```
public partial class Program
{
    public static void ReadFile()
    {
        FileStream fs =
```

```
        File.OpenRead(
            @"..\..\..\LoremIpsum.txt");
        byte[] buffer = new byte[fs.Length];
        int totalBytes =
            fs.Read(buffer, 0, (int)fs.Length);
        Console.WriteLine("Read {0} bytes.", totalBytes);
        fs.Dispose();
    }
}
```

이 코드는 LoremIpsum.txt 파일(APM 프로젝트에 포함)을 동기 방식으로 읽으므로 읽기가
끝날 때까지 다른 작업을 실행할 수 없다. 다음은 ReadFile( )을 호출한 결과다.

BeginRead( )와 EndRead( )

이제 다음 코드를 보면서 Read( )를 이용한 동기식 읽기와 BeginRead( ), EndRead( )를 이
용한 비동기 읽기 과정을 비교해보겠다.

```
public partial class Program
{
    public static void ReadAsyncFile()
    {
        FileStream fs =
            File.OpenRead(
                @"..\..\..\LoremIpsum.txt");
        byte[] buffer = new byte[fs.Length];
        IAsyncResult result =
```

```
            fs.BeginRead(
                buffer, 0, (int)fs.Length, OnReadComplete, fs);
        // 파일을 읽는 동안 다른 작업 진행
        int i = 0;
        do
        {
            Console.WriteLine("Timer Counter: {0}", ++i);
        }
        while (!result.IsCompleted);
        fs.Dispose();
    }
    private static void OnReadComplete(IAsyncResult result)
    {
        FileStream fStream = (FileStream)result.AsyncState;
        int totalBytes = fStream.EndRead(result);
        Console.WriteLine("Read {0} bytes.", totalBytes);
        fStream.Dispose();
    }
}
```

이 코드는 ReadAsyncFile( )과 OnReadComplete( ) 메서드로 구성된다. ReadAsyncFile( )
메서드는 LoremIpsum.txt 파일을 비동기 방식으로 읽는데, 작업이 끝남과 동시에
OnReadComplete( ) 메서드를 호출한다. 다음은 작업이 비동기적으로 처리되는지 확인하
기 위해 추가로 삽입된 코드다.

```
// 파일을 읽는 동안 다른 작업 진행
int i = 0;
do
{
    Console.WriteLine("Timer Counter: {0}", ++i);
}
while (!result.IsCompleted);
```

이 do-while 순환문은 비동기 작업이 끝나면서 IAsyncResult의 IsComplete 속성이 true로 설정될 때까지 반복한다. 비동기 작업은 BeginRead() 메서드를 호출하는 시점에 시작된다.

```
IAsyncResult result =
    fs.BeginRead
      (buffer, 0, (int)fs.Length, OnReadComplete, fs);
```

BeginRead() 호출이 이뤄지면 파일을 읽는 동안 이후의 작업을 계속해서 진행하며, 읽기 작업이 끝나면 OnReadComplete() 메서드가 호출된다.

ReadAsyncFile() 메서드를 실행한 결과는 다음과 같다.

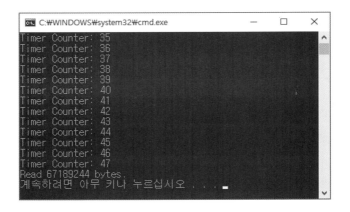

실행 결과를 통해 파일을 읽는 동안 do-while 순환문이 정상적으로 처리되며, 읽기 작업은 47회째 순환에서 끝났음을 알 수 있다.[1]

---

1   실행 환경에 따라 Timer Counter는 차이가 있을 수 있다. - 옮긴이

LINQ를 이용한 BeginRead( ) 메서드 호출

OnReadComplete( ) 메서드는 다음과 같이 LINQ를 이용해서 무명 메서드로 교체할 수 있다.

```
public partial class Program
{
    public static void ReadAsyncFileAnonymousMethod( )
    {
        FileStream fs =
            File.OpenRead(
                @"..\..\..\LoremIpsum.txt");
        byte[] buffer = new byte[fs.Length];
        IAsyncResult result = fs.BeginRead(buffer, 0, (int)fs.Length,
                asyncResult =>
                {
                    int totalBytes = fs.EndRead(asyncResult);
                    Console.WriteLine("Read {0} bytes.", totalBytes);
                },
                null);
        // 파일을 읽는 동안 다른 작업 진행
        int i = 0;
        do
        {
            Console.WriteLine("Timer Counter: {0}", ++i);
        }
        while (!result.IsCompleted);
        fs.Dispose();
    }
}
```

보다시피 BeginRead( ) 메서드 호출 부분이 다음과 같이 바뀌었다.

```
IAsyncResult result = fs.BeginRead(buffer, 0, (int)fs.Length,
    asyncResult =>
    {
      int totalBytes = fs.EndRead(asyncResult);
      Console.WriteLine("Read {0} bytes.", totalBytes);
    },
    null);
```

코드를 보면, OnReadComplete() 메서드는 무명 메서드로 대체돼 더 이상 사용하지 않는다. 콜백 함수에서 생성하던 FileStream 인스턴스는 람다식의 무명 메서드에서 클로저를 이용해 액세스 가능하므로 더 이상 만들 필요가 없다. 이렇게 변경한 ReadAsyncFileAnonymousMethod()는 ReadAsyncFile()과 같은 결과를 보여주며, CPU 속도에 의존하는 반복 횟수$^{Timer\ Count}$는 달라질 수 있다.

IAsyncResult는 비동기 작업의 완료 여부를 확인하는 데 사용되는 IsCompleted 속성 외에도 다음과 같은 세 가지 속성을 더 가지고 있다.

- AsyncState: 비동기 작업을 한정 짓거나 이에 관한 정보를 담기 위해 사용자가 정의하는 개체를 얻고자 할 때 사용한다.
- AsyncWaitHandle: 비동기 작업의 완료 상태를 나타내는 대기 핸들(공유 자원에 배타적인 액세스를 대기하기 위해 운영 체제가 제공하는 개체)을 얻는다.
- CompletedSynchronously: 비동기 작업이 동기적으로 완료되었는지 여부를 확인할 때 사용한다.

한편, APM은 몇 가지 단점을 가지는데, 취소가 불가능하다는 것도 여기 포함된다. 다시 말해 BeginRead()를 호출한 시점부터 콜백이 실행될 때까지 백그라운드에서 처리되는 비동기 작업을 취소할 방법이 없다. 만일 LoremIpsum.txt 파일의 크기가 기가바이트 수준이라면 이 거대한 파일을 다 읽을 때까지 기다려야 할 것이다.

현재 APM 패턴은 더 이상 사용되지 않으므로 새로 개발하는 경우에는 권장하지 않는다.

■ 태스크 기반 비동기 패턴

태스크 기반 비동기 패턴[TAP]은 임의의 비동기 작업을 구현하기 위해 사용하는 하나의 패턴이다. 이 패턴은 비동기 작업들을 하나의 메서드로 나타내고 작업과의 상호작용을 위해 사용하는 API와 작업 상태를 결합해 하나의 개체로 만드는 것이며, 이 개체는 System.Threading.Tasks 네임스페이스의 Task와 Task<TResult> 형식이다.

Task와 Task〈TResult〉 클래스

Task와 Task<TResult> 클래스는 .NET 프레임워크 4.0에서 비동기 작업을 위해 도입했다. 이들은 스레드 풀의 스레드를 이용하지만 태스크를 생성하는 방법에 있어서는 유연함을 보여준다. Task 클래스는 메서드를 태스크로 실행하고 결과를 반환할 필요가 없는 경우에 이용하며, 값을 반환해야 한다면 Task<TResult>를 이용한다.

 Task와 Task〈TResult〉에 대한 완벽한 참고 자료는 MSDN https://msdn.microsoft.com/en-us/library/dd321424(v=vs.110).aspx를 참고한다.

간단한 TAP 모델 적용하기

TAP를 이용해서 비동기 방식으로 파일을 읽는 예제 코드를 보면서 TAP에 대한 논의를 계속하겠다. 소스 코드는 TAP 프로젝트를 참고한다.

```csharp
public partial class Program
{
    public static void ReadFileTask()
    {
        bool IsFinish = false;
        FileStream fs = File.OpenRead(
                @"..\..\..\LoremIpsum.txt");
        byte[] readBuffer = new byte[fs.Length];
        fs.ReadAsync(readBuffer, 0, (int)fs.Length)
            .ContinueWith(task =>
            {
                if (task.Status == TaskStatus.RanToCompletion)
                {
                    IsFinish = true;
                    Console.WriteLine(
                        "Read {0} bytes.",
                        task.Result);
                }
                fs.Dispose();
            });
        // 파일을 읽는 동안 다른 작업 진행
        int i = 0;
        do
        {
            Console.WriteLine("Timer Counter: {0}", ++i);
        }
        while (!IsFinish);
        Console.WriteLine("End of ReadFileTask() method");
    }
}
```

FileStream 클래스의 ReadAsync() 메서드가 반환하는 Task<int>는 예제의 경우, 파일에서 읽어들인 바이트 수를 나타낸다. ReadAsync() 메서드를 호출한 다음에는 1장, 'C#으로 함수형 스타일 맛보기'에서 배운 메서드 체인 기법을 활용해 ContinueWith() 확장 메서드를 호출하는데, 이때 비동기 작업이 완료된 다음에 실행할 Action<Task<T>>를 지정한다.

태스크가 완료된 후에 ContinueWith( )를 호출함으로써 이 대리자는 동기적으로 즉시 실행될 것이다. 다음은 ReadFileTask( ) 메서드를 실행한 결과다.

WhenAll( ) 확장 메서드

앞 절에서는 간단한 TAP를 적용해봤다. 이제 두 개의 파일을 각각 비동기적으로 읽고, 이들 비동기 작업이 모두 완료된 경우에만 다음 작업을 진행하는 예제를 살펴보기로 하자.

```
public partial class Program
{
    public static void ReadTwoFileTask( )
    {
        bool IsFinish = false;
        Task readFile1 =
            ReadFileAsync(
                @"..\..\..\LoremIpsum.txt");
```

```csharp
        Task readFile2 =
            ReadFileAsync(
                @"..\..\..\LoremIpsum2.txt");
        Task.WhenAll(readFile1, readFile2)
            .ContinueWith(task =>
            {
                IsFinish = true;
                Console.WriteLine(
                    "All files have been read successfully.");
            });
        // 파일을 읽는 동안 다른 작업 진행
        int i = 0;
        do
        {
            Console.WriteLine("Timer Counter: {0}", ++i);
        }
        while (!IsFinish);
        Console.WriteLine("End of ReadTwoFileTask() method");
    }
public static Task<int> ReadFileAsync(string filePath)
{
    FileStream fs = File.OpenRead(filePath);
    byte[] readBuffer = new byte[fs.Length];
    Task<int> readTask =
        fs.ReadAsync(
            readBuffer,
            0,
            (int)fs.Length);
    readTask.ContinueWith(task =>
    {
        if (task.Status == TaskStatus.RanToCompletion)
            Console.WriteLine(
                "Read {0} bytes from file {1}",
                task.Result,
                filePath);
        fs.Dispose();
```

```
        });
        return readTask;
    }
}
```

`Task.WhenAll()` 메서드는 매개 변수로 전달하는 두 개의 태스크를 감싸서 하나의 비동기 작업으로 처리할 수 있게 하며, 이 메서드가 반환하는 태스크는 두 개의 비동기 작업의 조합이다. 결과적으로 두 파일 읽기 작업에 대한 완료 여부를 대기할 필요 없이 파일 읽기가 정상적으로 완료됐을 때 진행할 연속 작업을 추가하고 있다.

`ReadTwoFileTask()` 메서드를 실행한 결과는 다음과 같다.

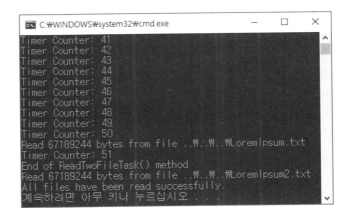

APM 패턴의 치명적인 단점은 백그라운드 작업을 취소할 수 없다는 점이었다. 이제 앞 코드를 리팩토링해서 TAP의 태스크를 취소할 수 있게 해보겠다. 다음은 취소 기능이 적용된 코드다.

```
public partial class Program
{
    public static void ReadTwoFileTaskWithCancellation()
    {
        bool IsFinish = false;
```

```csharp
// 취소 토큰 정의
CancellationTokenSource source =
    new CancellationTokenSource();
CancellationToken token = source.Token;

Task readFile1 =
    ReadFileAsync(
        @"..\..\..\LoremIpsum.txt");
Task readFile2 =
    ReadFileAsync(
        @"..\..\..\LoremIpsum2.txt");

Task.WhenAll(readFile1, readFile2)
    .ContinueWith(task =>
    {
        IsFinish = true;
        Console.WriteLine(
            "All files have been read successfully.");
    }
    , token
    );

// 파일을 읽는 동안 다른 작업 진행
int i = 0;
do
{
    Console.WriteLine("Timer Counter: {0}", ++i);
    if (i > 10)
    {
        source.Cancel();
        Console.WriteLine(
            "All tasks are cancelled at i = " +
            i);
        break;
    }
}
```

```
        while (!IsFinish);

        Console.WriteLine(
            "End of ReadTwoFileTaskWithCancellation() method");
    }
}
```

이 코드에는 취소 프로세스 연계를 위한 CancellationTokenSource와 Cancellation Token이 추가됐다. 이 토큰은 Task.WhenAll() 메서드에 전달되며 태스크 실행 중에 source.Cancel() 메서드를 이용해서 태스크를 취소할 수 있다.

코드를 실행한 결과는 다음과 같다.

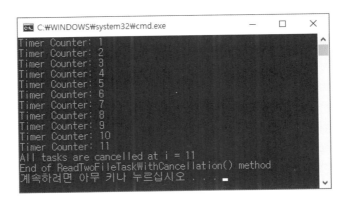

결과를 보면, Timer Counter가 11에 도달 했을 때, 정확하게 취소가 이뤄졌음이 확인된다.

TAP 모델로 APM 감싸기

프레임워크에서 TAP 모델을 이용한 비동기 작업을 지원하지 않는 경우, 원한다면 Task. FromAsync 메서드를 이용해서 APM의 BeginXx와 EndXx 메서드를 TAP 모델로 감쌀 수 있다. 다음 코드를 보자.

```csharp
public partial class Program
{
    public static bool IsFinish;
    public static void WrapApmIntoTap()
    {
        IsFinish = false;
        ReadFileAsync(
            @"..\..\..\LoremIpsum.txt");
        // 파일을 읽는 동안 다른 작업 진행
        int i = 0;
        do
        {
            Console.WriteLine("Timer Counter: {0}", ++i);
        }
        while (!IsFinish);
        Console.WriteLine(
            "End of WrapApmIntoTap() method");
    }
    private static Task<int> ReadFileAsync(string filePath)
    {
        FileStream fs = File.OpenRead(filePath);
        byte[] readBuffer = new Byte[fs.Length];
        Task<int> readTask =
            Task.Factory.FromAsync(
                (Func<byte[],
                    int,
                    int,
                    AsyncCallback,
                    object,
                    IAsyncResult>)
                    fs.BeginRead,
                (Func<IAsyncResult, int>)
                    fs.EndRead,
                readBuffer,
                0,
```

```
                (int)fs.Length,
                null);
        readTask.ContinueWith(task =>
        {
          if (task.Status == TaskStatus.RanToCompletion)
          {
            IsFinish = true;
            Console.WriteLine(
                      "Read {0} bytes from file {1}",
                      task.Result,
                      filePath);
          }
          fs.Dispose();
        });
        return readTask;
      }
}
```

이 코드에서는 APM 패턴인 BeginRead( )와 EndRead( ) 메서드를 TAP 모델 내에서 다음과 같이 사용하고 있다.

```
Task<int> readTask =
    Task.Factory.FromAsync(
        (Func<byte[],
            int,
            int,
            AsyncCallback,
            object,
            IAsyncResult>)
            fs.BeginRead,
        (Func<IAsyncResult, int>)
            fs.EndRead,
        readBuffer,
        0,
```

```
        (int)fs.Length,
        null);
```

다음은 WrapApmIntoTap( ) 메서드를 실행한 결과다.

콘솔에 출력된 결과를 보면 TAP 모델 내에서 BeginRead( )와 EndRead( ) 메서드를 이용해서 LoremIpsum.txt 파일을 정상적으로 읽어내고 있다는 것을 알 수 있다.

■ async, await 키워드를 이용한 비동기 프로그래밍

async와 await 키워드는 C# 5.0에서 등장해 C# 비동기 프로그래밍의 핵심으로 자리 잡았다. TAP를 기반으로 하는 이들은 언어 자체와 결합하면서 사용상의 간편함과 훌륭한 가독성을 보인다. 한편 여기서도 Task와 Task<TResult> 클래스는 여전히 비동기 프로그래밍의 핵심을 이루는 역할을 이어가며, 앞 절에서 살펴본 것처럼 Task.Run( ) 메서드를 이용해서 Task나 Task<TResult> 형식의 인스턴스를 생성한다.

AsyncAwait 프로젝트의 다음 코드를 이용해 async와 await 키워드를 사용하는 방법을 살펴보자.

```
public partial class Program
{
    static bool IsFinish;
    public static void AsyncAwaitReadFile()
    {
        IsFinish = false;
        ReadFileAsync();
        // 파일을 읽는 동안 다른 작업 진행
        int i = 0;
        do
        {
            Console.WriteLine("Timer Counter: {0}", ++i);
        }
        while (!IsFinish);
        Console.WriteLine("End of AsyncAwaitReadFile() method");
    }
    public static async void ReadFileAsync()
    {
        FileStream fs =
            File.OpenRead(
                @"..\..\..\LoremIpsum.txt");
        byte[] buffer = new byte[fs.Length];
        int totalBytes =
            await fs.ReadAsync(
                buffer,
                0,
                (int)fs.Length);
        Console.WriteLine("Read {0} bytes.", totalBytes);
        IsFinish = true;
        fs.Dispose();
    }
}
```

이 코드는 앞 절에서 살펴본 예제를 리팩토링한 것이다. await 키워드를 사용한 부분은
다음과 같다.

```
int totalBytes =
    await fs.ReadAsync(
        buffer,
        0,
        (int)fs.Length);
```

async 키워드는 메서드 이름 앞에 사용된다. 예제의 경우를 보면 다음과 같다.

```
public static async void ReadFileAsync()
{
    // 구현
}
```

이와 같이 await 키워드는 async 키워드를 사용한 메서드 내에서만 쓸 수 있다. async 키워드를 적용한 메서드를 호출한 스레드는 await에 도달(예제의 경우, await fs.ReadAsync())하면, 메서드 실행에서 벗어나 다른 작업을 수행하는 한편, 비동기 코드는 별도의 스레드(Task.Run() 메서드 등 이용)에서 실행된다. 하지만 await 키워드 뒤에 있는 모든 것은 해당 비동기 작업이 끝나야 실행된다. 다음은 AsyncAwaitReadFile() 메서드를 실행한 결과다.

TAP 모델 기반이므로 마찬가지 비동기 실행 결과를 확인할 수 있다.

▌ 함수형 프로그래밍의 비동기 함수

이제 함수형 프로그래밍의 메서드 체인에 async, await 키워드를 적용해보겠다. 다음 세 가지 작업을 연결해야 하는 상황을 고려해보자.

```
public async static Task<int> FunctionA(
    int a) => await Task.FromResult(a * 1);
public async static Task<int> FunctionB(
    int b) => await Task.FromResult(b * 2);
public async static Task<int> FunctionC(
    int c) => await Task.FromResult(c * 3);
```

이를 위해 Task<T>에 MapAsync라는 확장 메서드를 만들어야 한다.

```
public static class ExtensionMethod
{
    public static async Task<TResult> MapAsync<TSource, TResult>(
        this Task<TSource> @this,
        Func<TSource, Task<TResult>> fn) => await fn(await @this);
}
```

MapAsync() 메서드를 이용하면 메서드를 async로 정의하고, async 메서드가 반환하는 태스크를 취하며, 대리자 호출을 대기할 수 있게 해 준다. 다음은 이 메서드를 이용해서 세 개의 태스크를 연결한 모습이며, 소스 코드는 AsyncChain 프로젝트를 참고한다.

```
public partial class Program
{
    public async static Task<int> FunctionA(
        int a) => await Task.FromResult(a * 1);
    public async static Task<int> FunctionB(
        int b) => await Task.FromResult(b * 2);
    public async static Task<int> FunctionC(
```

```
            int c) => await Task.FromResult(c * 3);
    public async static void AsyncChain()
    {
        int i = await FunctionC(10)
            .MapAsync(FunctionB)
            .MapAsync(FunctionA);
        Console.WriteLine("The result = {0}", i);
    }
}
public static class ExtensionMethod
{
    public static async Task<TResult> MapAsync<TSource, TResult>(
        this Task<TSource> @this,
        Func<TSource, Task<TResult>> fn) => await fn(await @this);
}
```

AsyncChain( )을 실행한 결과는 다음과 같다.

█ 요약

비동기 프로그래밍은 반응성이 좋은 응용 프로그램을 개발하기 위한 방법이다. 이를 구현하기 위해 먼저 Thread와 ThreadPool을 적용해봤다. 작업을 실행하기 위해 새로운 스레드를 만들거나 스레드 풀의 스레드를 재사용할 수 있다.

비동기 프로그래밍 모델 패턴은 IAsyncResult 인터페이스를 기반으로 하는 비동기 작업이다. 이 패턴에서는 Begin과 End로 시작하는 두 개의 메서드를 이용하는데, 앞에서 살펴본 BeginRead( )와 EndRead( )를 예로 들 수 있다. BeginRead( )를 호출하면 비동기 작업이 시작되고, EndRead( ) 메서드에서 작업이 종료되므로 여기서 작업 결과를 확인할 수 있다.

.NET 프레임워크는 비동기 프로그래밍 모델 패턴과 함께 비동기 작업을 실행하기 위한 태스크 기반 비동기 패턴도 제공한다. 이 패턴의 개념은 비동기 작업들을 하나의 메서드로 나타내고 작업과의 상호작용을 위해 사용되는 API와 작업 상태를 결합함으로써 하나의 개체로 나타내는 것이며, 이 개체는 System.Threading.Tasks 네임스페이스의 Task와 Task<TResult> 형식이다. 그리고 이 패턴에서는 이면에서 실행 중인 태스크를 취소할 수 있다.

C#은 여기서 한 발 더 나아가 비동기 처리 기법을 더욱 완벽하게 해주는 async와 await 키워드를 도입했다. 이들은 태스크 기반 비동기 패턴을 활용하기 때문에 Task와 Task<TResult> 클래스가 핵심적인 역할을 담당한다. 이번 장의 마지막 부분에서는 async와 await 키워드를 이용한 확장 메서드를 활용해 세 개의 태스크를 메서드 체인으로 연결해봤다.

7장의 주제는 함수형 프로그래밍에서 코드를 간략하게 만들기 위해 사용하는 재귀 호출이다. 7장에서는 재귀 호출을 사용하는 방법과 이를 통해 어떻게 코드를 단순화할 수 있는지 배운다.

07

재귀 호출

함수형 프로그래밍이 처음 세상에 나왔을 때, 많은 함수형 언어가 시퀀스를 반복할 수 있는 순환 기능을 제공하지 않아 재귀 호출 구조를 만들 수밖에 없었다. C#에는 for나 while과 같은 반복 기능이 있지만, 함수형 접근 방식의 측면에서 재귀 호출이 가지는 의미를 이해하고 넘어가는 것이 좋다. 재귀 호출을 이용하면 상대적으로 코드가 단순해질 수 있다. 다음은 7장에서 살펴볼 주제다.

- 재귀 호출의 동작 방식
- 반복을 재귀 호출로 리팩토링하기
- 꼬리 재귀에서 누적기 전달형과 연속 전달형 구분하기
- 직접 재귀와 간접 재귀 이해하기
- Aggregate LINQ 연산자를 이용해서 함수형 접근 방식의 재귀 호출 구현하기

■ 재귀 호출에 대해

재귀^{recursion} 함수란 자신을 호출하는 함수를 말하는데, while이나 for와 같은 순환처럼 재귀 함수도 하나씩 작은 부분을 처리한 결과를 결합해 하나의 복잡한 문제를 해결해 나가는 방법이다. 하지만 for나 while은 작업이 끝날 때까지 반복을 계속하는 반면, 재귀 호출은 작업 자체를 잘게 쪼개서 처리한 결과를 결합하는 방법으로 더 큰 문제를 해결한다는 차이가 있다. 반복에 비해 재귀가 더 짧게 구현 가능한 경우가 많기 때문에 함수형 접근 방식에 적합하지만, 설계와 테스트는 더 어려운 편이다.

사실 1장, 'C#으로 함수형 스타일 맛보기'에서 함수형 프로그래밍의 개념을 소개하면서 재귀 함수를 언급한 적이 있다. 이때 명령형과 함수형 접근 방식으로 구현한 계승을 구하는 GetFactorial() 함수를 분석했었다. 기억을 되살리는 의미로 SimpleRecursion 프로젝트에 포함된 GetFactorial() 함수를 살펴보자.

```
public partial class Program
{
    private static int GetFactorial(int intNumber)
    {
        if (intNumber == 0)
        {
            return 1;
        }
        return intNumber * GetFactorial(intNumber - 1);
    }
}
```

1장에서 정의한 것처럼 양의 정수 N의 계승은 N보다 작거나 같은 모든 양의 정수의 곱을 의미한다. 다음과 같이 5의 계승을 계산하는 함수가 있다고 생각해보자.

```
public partial class Program
{
```

```
    private static void GetFactorialOfFive()
    {
        int i = GetFactorial(5);
        Console.WriteLine("5! is {0}", i);
    }
}
```

이 메서드를 호출한 결과는 다음과 같다.

GetFactorial() 메서드는 다음처럼 재귀를 끝낸다.

```
if (intNumber == 0)
{
    return 1;
}
```

이 코드가 계승을 구하는 재귀 호출의 기본 케이스인데, 재귀 호출은 기본 케이스를 갖는 것이 일반적이다. 기본 케이스는 재귀의 종료를 정의하며, 예제의 경우에는 개별 재귀 호출이 실행될 때마다 intNumber의 값이 바뀌며 최종적으로 intNumber가 0이 되면 호출을 멈춘다.

재귀 호출의 동작 방식

재귀 호출이 어떻게 동작하는지 이해하기 위해 예제에서 5의 계승을 찾는 과정을 intNumber의 상태 변화를 보면서 살펴보자.

```
int i = GetFactorial(5)
  (intNumber = 5) != 0
  return (5 * GetFactorial(4))
    (intNumber = 4) != 0
    return (4 * GetFactorial(3))
      (intNumber = 3) != 0
      return (3 * GetFactorial(2))
        (intNumber = 2) != 0
        return (2 * GetFactorial(1))
          (intNumber = 1) != 0
          return (1 * GetFactorial(0))
            (intNumber = 0) == 0
            return 1
          return (1 * 1 = 1)
        return (2 * 1 = 2)
      return (3 * 2 = 6)
    return (4 * 6 = 24)
  return (5 * 24 = 120)
i = 120
```

이 흐름은 재귀 호출의 동작을 명쾌하게 보여주며, 앞서 이야기했던 것처럼 기본 케이스가 재귀 호출의 끝을 정의하는 것을 확인할 수 있다. 한편, 함수 호출을 제거하고 반복하는 형태의 구현이 더 효율적인 경우에 컴파일러가 재귀 호출을 반복으로 변환하기도 한다.

 프로그램 논리에 재귀 호출을 적용할 때는 세심한 주의를 기울여야 한다. 기본 케이스를 놓치거나 엉뚱한 값을 사용하는 바람에 무한 루프에 빠질 수 있기 때문이다. 예를 들어, GetFactorial() 메서드에 intNumber 〈 0인 값을 전달하면 프로그램이 무한 루프에 빠진다.

반복을 재귀 호출로 리팩토링하기

재귀는 가독성을 높여주며 함수형 프로그래밍에서는 필수적이다. 이번에는 for 루프 반복을 재귀 메서드로 리팩토링해보겠다. RefactoringIterationToRecursion 프로젝트의 다음 코드를 보자.

```
public partial class Program
{
    public static int FindMaxIteration(
        int[] intArray)
    {
        int iMax = 0;
        for (int i = 0; i < intArray.Length; i++)
        {
            if (intArray[i] > iMax)
            {
                iMax = intArray[i];
            }
        }
        return iMax;
    }
}
```

FindMaxIteration() 메서드는 숫자로 이뤄진 배열에서 가장 큰 값을 찾는다. 이 메서드는 다음과 같이 호출된다.

```
public partial class Program
{
    static void Main(string[] args)
    {
        int[] intDataArray =
            {8, 10, 24, -1, 98, 47, -101, 39 };
        int iMaxNumber = FindMaxIteration(intDataArray);
```

```
        Console.WriteLine(
            "Max Number (using FindMaxRecursive) = " +
            iMaxNumber);
    }
}
```

다음은 Main( ) 메서드를 실행한 결과다.

이제 FindMaxIteration( ) 메서드를 재귀 함수로 리팩토링한 FindMaxRecursive( )를 살펴보자.

```
public partial class Program
{
    public static int FindMaxRecursive(
        int[] intArray,
        int iStartIndex = 0)
    {
        if (iStartIndex == intArray.Length - 1)
        {
            return intArray[iStartIndex];
        }
        else
        {
            return Math.Max(intArray[iStartIndex],
                FindMaxRecursive(intArray, iStartIndex + 1));
        }
    }
}
```

재귀 호출의 종료를 판단하기 위해 이 메서드에 적용된 기본 케이스는 다음과 같다.

```
if (iStartIndex == intArray.Length - 1)
{
    return intArray[iStartIndex];
}
```

Main( ) 메서드에서 이 메서드를 호출하도록 수정하여 실행하면 반복을 사용한 경우와 같은 결과를 얻을 수 있다.

결과에 도달하는 재귀 호출 과정은 다음과 같다.

```
Array = { 8, 10, 24, -1, 98, 47, -101, 39 };
Array.Length - 1 = 7
int iMaxNumber = FindMaxRecursive(Array, 0)
  (iStartIndex = 0) != 7
  return Max(8, FindMaxRecursive(Array, 1))
    (iStartIndex = 1) != 7
    return Max(10, FindMaxRecursive(Array, 2))
      (iStartIndex = 2) != 7
      return Max(24, FindMaxRecursive(Array, 3))
        (iStartIndex = 3) != 7
        return Max(-1, FindMaxRecursive(Array, 4))
          (iStartIndex = 4) != 7
          return Max(98, FindMaxRecursive(Array, 5))
            (iStartIndex = 5) != 7
            return Max(47, FindMaxRecursive(Array, 6))
              (iStartIndex = 6) != 7
              return Max(-101, FindMaxRecursive(Array, 7))
```

```
                  (iStartIndex = 7) == 7
                     return 39
                 return Max(-101, 39) = 39
               return Max(47, 39) = 47
            return Max(98, 47) = 98
         return Max(-1, 98) = 98
      return Max(24, 98) = 98
   return Max(10, 98) = 98
 return Max(8, 98) = 98
iMaxNumber = 98
```

이 흐름으로부터 FindMaxRecursive( )를 호출할 때마다 최댓값의 변화를 확인할 수 있으며, 최종적으로 주어진 배열의 최댓값은 98임을 증명할 수 있다.

▌ 꼬리 재귀

앞서 살펴본 GetFactorial( ) 메서드에서는 계승을 계산하기 위해 전통적인 재귀 형태를 이용했다. 이 방식은 재귀 호출을 먼저 수행하고 값을 반환하며, 이후에 결과를 계산한다. 이 재귀 모델을 이용하는 경우, 재귀 호출이 끝날 때까지 결과를 얻을 수 없다.

이 같은 전통적인 재귀 모델과 더불어 **꼬리 재귀**^{tail recursion}라는 또 다른 형태가 있다. 꼬리 재귀에서는 꼬리 즉, 마지막 재귀 호출이 함수가 수행하는 마지막 작업이다. TailRecursion 프로젝트에서 다음 코드를 살펴보자.

```
public partial class Program
{
    public static void TailCall(int iTotalRecursion)
    {
        Console.WriteLine("Value: " + iTotalRecursion);
        if (iTotalRecursion == 0)
```

```
        {
            Console.WriteLine("The tail is executed");
            return;
        }
        TailCall(iTotalRecursion - 1);
    }
}
```

앞 코드에서 꼬리의 실행은 iTotalRecursion이 0에 도달했을 때, 다음과 같이 이뤄진다.

```
if (iTotalRecursion == 0)
{
    Console.WriteLine("The tail is executed");
    return;
}
```

다음은 iTotalRecursion 인수에 5를 전달해서 TailCall( ) 메서드를 실행한 결과다.

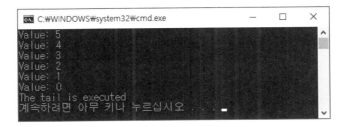

이제, 재귀 호출이 발생할 때마다 일어나는 상태 변화를 확인해보겠다.

```
TailCall(5)
  (iTotalRecursion = 5) != 0
  TailCall(4)
    (iTotalRecursion = 4) != 0
    TailCall(3)
```

```
          iTotalRecursion = 3) != 0
        TailCall(2)
          iTotalRecursion = 2) != 0
          TailCall(1)
            iTotalRecursion = 1) != 0
            TailCall(0)
              iTotalRecursion = 0) == 0
                꼬리에서 정의된 프로세스 실행
            TailCall(1) => 처리 사항 없음
        TailCall(2) => 처리 사항 없음
      TailCall(3) => 처리 사항 없음
    TailCall(4) => 처리 사항 없음
TailCall(5) => 처리 사항 없음
```

이와 같은 재귀 흐름에 따라 꼬리의 프로세스는 최종 재귀 호출 시에만 실행되며, 그후에는 다른 재귀 호출에서 어떠한 처리도 하지 않는다. 즉, 이 흐름은 결론적으로 다음과 같다고 할 수 있다.

```
TailCall(5)
  (iTotalRecursion = 5) != 0
  TailCall(4)
    (iTotalRecursion = 4) != 0
    TailCall(3)
      iTotalRecursion = 3) != 0
      TailCall(2)
        iTotalRecursion = 2) != 0
        TailCall(1)
          iTotalRecursion = 1) != 0
          TailCall(0)
            iTotalRecursion = 0) == 0
              꼬리에서 정의된 프로세스 실행
종료!
```

이제, 꼬리 재귀의 흐름에 대해 확실히 살펴봤다. 꼬리 재귀의 핵심은 제한된 자원인 스택 사용량을 최소화하는 것이다. 꼬리 재귀를 이용하면 다음 단계가 반환됐을 때를 위해 마지막 상태 값을 기억할 필요가 없다. 이어서 꼬리 재귀의 두 가지 유형인 **누적기 전달형** Accumulator-Passing Style, APS과 **연속 전달형** Continuation-Passing Style, CPS에 대해 살펴보겠다.

누적기 전달형

누적기 전달형 재귀는 먼저 연산을 처리하고 재귀 호출을 실행하면서 현 단계의 결과를 다음 재귀 단계로 전달하는 방식이다. 다음은 AccumulatorPassingStyle 프로젝트의 코드로 GetFactorial( ) 메서드를 누적기 전달형 꼬리 재귀 방식으로 리팩토링한 것이다.

```
public partial class Program
{
    public static int GetFactorialAPS(int intNumber,
        int accumulator = 1)
    {
        if (intNumber == 0)
        {
            return accumulator;
        }
        return GetFactorialAPS(intNumber - 1,
            intNumber * accumulator);
    }
}
```

GetFactorial( )과 비교하면 GetFactorialAPS( ) 메서드에는 accumulator라는 두 번째 매개 변수가 추가됐다. accumulator의 기본 값이 1인 것은 0의 계승이 1이기 때문이다. 값 하나만 반환하던 것과 달리 이제 재귀 호출이 발생할 때마다 계승을 계산한 값을 반환한다. 좀 더 자세히 살펴보기 위해 GetFactorialAPS( )를 호출하는 코드를 만들어보자.

```
public partial class Program
{
    private static void GetFactorialOfFiveUsingAPS()
    {
        int i = GetFactorialAPS(5);
        Console.WriteLine(
            "5! (using GetFactorialAPS) is {0}", i);
    }
}
```

이 메서드를 호출한 결과는 다음과 같다.

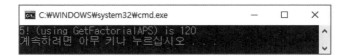

다음은 GetFactorialAPS( )가 호출될 때마다 발생하는 상태 변화를 순서대로 나열한 것
이다.

```
int i = GetFactorialAPS(5, 1)
  accumulator = 1
  (intNumber = 5) != 0
  return GetFactorialAPS(4, 5 * 1)
    accumulator = 5 * 1 = 5
    (intNumber = 4) != 0
    return GetFactorialAPS(3, 4 * 5)
      accumulator = 4 * 5 = 20
      (intNumber = 3) != 0
      return GetFactorialAPS(2, 3 * 20)
        accumulator = 3 * 20 = 60
        (intNumber = 2) != 0
        return GetFactorialAPS(1, 2 * 60)
          accumulator = 2 * 60 = 120
          (intNumber = 1) != 0
```

```
        return GetFactorialAPS(0, 1 * 120)
          accumulator = 1 * 120 = 120
          (intNumber = 0) == 0
            return accumulator
          return 120
        return 120
      return 120
    return 120
  return 120
i = 120
```

보다시피 호출할 때마다 계산이 이뤄지므로 다음처럼 intNumber가 0에 도달하는 마지막 함수 호출에서 결과를 얻는다.

```
return GetFactorialAPS(0, 1 * 120)
  accumulator = 1 * 120 = 120
  (intNumber = 0) == 0
  return accumulator
return 120
```

여기서 GetFactorialAPS( )가 값을 반환하지 않게 다시 리팩토링한 GetFactorialAPS2( )를 보면 꼬리 재귀에서 APS가 어떻게 동작하는지 더욱 명확해진다.

```
public partial class Program
{
    public static void GetFactorialAPS2(
        int intNumber, int accumulator = 1)
    {
        if (intNumber == 0)
        {
            Console.WriteLine("The result is " + accumulator);
            return;
        }
```

```
        GetFactorialAPS2(intNumber - 1, intNumber * accumulator);
    }
}
```

다음은 이 메서드를 호출하는 GetFactorialOfFiveUsingAPS2( ) 메서드다.

```
public partial class Program
{
    private static void GetFactorialOfFiveUsingAPS2( )
    {
        Console.WriteLine("5! (using GetFactorialAPS2)");
        GetFactorialAPS2(5);
    }
}
```

실행 결과는 다음과 같다.

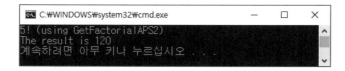

GetFactorialAPS2( )의 상태 변경 과정은 다음과 같이 이전에 비해 더욱 명료하다.

```
GetFactorialAPS2(5, 1)
  accumulator = 1
  (intNumber = 5) != 0
  GetFactorialAPS2(4, 5 * 1)
    accumulator = 5 * 1 = 5
    (intNumber = 4) != 0
    GetFactorialAPS2(3, 4 * 5)
      accumulator = 4 * 5 = 20
      (intNumber = 3) != 0
```

```
GetFactorialAPS2(2, 3 * 20)
    accumulator = 3 * 20 = 60
    (intNumber = 2) != 0
    GetFactorialAPS2(1, 2 * 60)
        accumulator = 2 * 60 = 120
        (intNumber = 1) != 0
        GetFactorialAPS2(0, 1 * 120)
            accumulator = 1 * 120 = 120
            (intNumber = 0) == 0
            accumulator 값 출력
```

종료!

이 재귀 호출 과정은 GetFactorialAPS2( ) 메서드를 호출할 때마다 accumulator를 계산한다는 것을 보여준다. 이 유형의 재귀 호출을 이용하면 함수가 자기 자신을 호출할 때자신의 시작 위치를 기억할 필요가 없기 때문에 더 이상 스택 공간을 쓰지 않아도 된다.

연속 전달형

연속 전달형[CPS]은 꼬리 호출을 이용해서 재귀를 구현한다는 점에서 APS와 같지만 작업 과정에 명시적인 연속을 사용한다는 차이가 있다. CPS 함수의 반환값은 연속 함수에 전달된다.

ContinuationPassingStyle 프로젝트의 GetFactorialCPS( )는 GetFactorial( ) 메서드를 CPS 방식으로 리팩토링한 것이다.

```
public partial class Program
{
    public static void GetFactorialCPS(int intNumber, Action<int> actCont)
    {
        if (intNumber == 0)
            actCont(1);
        else
```

```
            GetFactorialCPS(intNumber - 1, x => actCont(intNumber * x));
    }
}
```

이처럼 누적기를 사용하는 대신 Action<T> 형식의 무명 메서드를 연속으로 이용한다. GetFactorialCPS( )의 호출 부는 다음과 같다.

```
public partial class Program
{
    private static void GetFactorialOfFiveUsingCPS()
    {
        Console.Write("5! (using GetFactorialCPS) is ");
        GetFactorialCPS(5, x => Console.WriteLine(x));
    }
}
```

다음은 이 메서드를 실행한 결과다.

실행 결과는 다음과 같이 GetFactorialAPS2( )나 GetFactorial( )과 일치한다. 하지만 재귀 과정을 보면 살짝 다른 면이 있다.

```
GetFactorialCPS(5, Console.WriteLine(x))
  (intNumber = 5) != 0
  GetFactorialCPS(4, (5 * x))
    (intNumber = 4) != 0
    GetFactorialCPS(3, (4 * x))
      (intNumber = 3) != 0
      GetFactorialCPS(2, (3 * x))
```

```
        (intNumber = 2) != 0
        GetFactorialCPS(1, (2 * x))
          (intNumber = 1) != 0
          GetFactorialCPS(0, (1 * x))
            (intNumber = 0) != 0
            GetFactorialCPS(0, (1 * 1))
          (1 * 1 = 1)
        (2 * 1 = 2)
      (3 * 2 = 6)
    (4 * 6 = 24)
  (5 * 24 = 120)
Console.WriteLine(120)
```

개별 재귀 호출의 결과는 이제 연속 프로세스에 전달되며, 예제의 경우에는 `Console.WriteLine()` 함수다.

직접 재귀와 간접 재귀

앞에서 재귀 호출 방식에 대해 살펴봤다. 사실, 지금까지 본 것은 단일 메서드이면서 기본 케이스가 실행될 때까지 끊임없이 자신을 호출하는 형태인 직접 재귀 호출이다. 재귀 호출 유형에는 이 밖에도 간접 재귀 호출이 있다. **간접 재귀**^{Indirect recursion}는 최소 두 개의 함수가 관여하는데, 설명의 편의를 위해 이들을 함수 A, B라고 하겠다. 간접 재귀에서는 함수 A가 B를 호출하고, 함수 B가 다시 A를 호출한다. 이와 같은 구조를 재귀 호출로 볼 수 있는 근거는 함수 B가 A를 호출할 때, 함수 A는 이미 B를 호출하면서 활성화되었기 때문이다. 즉, 함수 B가 A를 호출했을 때, 함수 A의 호출이 아직 완료되지 않은 상태로 남아 있다. `IndirectRecursion` 프로젝트의 다음 예제를 살펴보자.

```
public partial class Program
{
    private static bool IsOdd(int targetNumber)
```

```
    {
        if (targetNumber == 0)
        {
            return false;
        }
        else
        {
            return IsEven(targetNumber - 1);
        }
    }
    private static bool IsEven(int targetNumber)
    {
        if (targetNumber == 0)
        {
            return true;
        }
        else
        {
            return IsOdd(targetNumber - 1);
        }
    }
}
```

여기서 IsOdd( )와 IsEven( ) 메서드는 비교 결과가 false인 경우에 상대방을 호출한다. IsOdd( ) 메서드는 targetNumber가 0이 아니면 IsEven( )을 호출하며, IsEven( ) 역시 같은 조건에 대해 IsOdd( )를 호출한다. 각 함수 내의 논리는 간단하다. 예를 들어, IsOdd( ) 메서드는 이전 숫자인 targetNumber-1이 짝수인지 확인하는 방법으로 targetNumber가 홀수인지 판단한다. 이와 비슷하게 IsEven( ) 메서드는 이전 숫자가 홀수인지 여부에 따라 targetNumber의 짝수 여부를 결정한다. 두 메서드 모두 0이 될 때까지 targetNumber에서 1을 빼는 작업을 계속하고, 0은 짝수이므로 이 시점에 targetNumber가 홀수인지 짝수인지 쉽게 결정할 수 있다. 그럼, 5가 짝수인지 확인하기 위해 CheckNumberFive( ) 메서드를 추가해보자.

```
public partial class Program
{
    private static void CheckNumberFive()
    {
        Console.WriteLine("Is 5 even number? {0}", IsEven(5));
    }
}
```

다음은 이 메서드를 실행한 결과다.

이제 재귀 호출 흐름을 이용해 좀 더 자세히 살펴보자.

```
IsEven(5)
  (targetNumber = 5) != 0
  IsOdd(4)
    (targetNumber = 4) != 0
    IsEven(3)
      (targetNumber = 3) != 0
      IsOdd(2)
        (targetNumber = 2) != 0
        IsEven(1)
          (targetNumber = 1) != 0
          IsOdd(0)
            (targetNumber = 0) == 0
            결과 = 거짓(false)
```

호출 과정을 보면 5가 짝수인지 확인하기 위해 4로 넘어가서 홀수인지를 확인하고, 이런
식으로 0에 도달한다. 0에 이르면 쉽게 짝수인지 여부를 확인할 수 있다.

▌ LINQ Aggregate를 이용한 함수형 재귀 호출

지금까지 살펴본 계승 공식에 LINQ의 Aggregate를 적용하면 재귀 함수를 함수형 접근
방식으로 리팩토링할 수 있다. LINQ Aggregate를 이용하면 주어진 시퀀스를 누적한 다
음 누적기로부터 재귀 결과를 얻을 수 있다. 이 코드는 1장에서 이미 살펴본 바 있는데,
다시 보면서 Aggregate에 대해 알아보겠다. 다음 RecursionUsingAggregate 프로젝트의
코드를 보자.

```
public partial class Program
{
    private static void GetFactorialAggregate(int intNumber)
    {
        IEnumerable<int> ints =
            Enumerable.Range(1, intNumber);
        int factorialNumber =
            ints.Aggregate((f, s) => f * s);
        Console.WriteLine("{0}! (using Aggregate) is {1}",
            intNumber, factorialNumber);
    }
}
```

다음은 GetFactorialAggregate( )에 5를 전달한 결과다.

이처럼 Aggregate를 이용해 일반적인 재귀 함수를 이용한 것과 같은 결과를 얻을 수
있다.

Aggregate 메서드

앞에서 Aggregate 메서드가 주어진 시퀀스를 누적할 것이라고 했는데, Aggregate Example 프로젝트의 코드를 보면서 Aggregate 메서드의 동작 원리에 대해 알아보자.

```
public partial class Program
{
    private static void AggregateInt()
    {
        List<int> listInt =
            new List<int>() { 1, 2, 3, 4, 5, 6 };
        int addition = listInt.Aggregate(
            (sum, i) => sum + i);
        Console.WriteLine("The sum of listInt is " + addition);
    }
}
```

이 코드는 1부터 6까지 정수를 포함하는 int 형식의 리스트를 만들고, Aggregate를 이용해서 이 리스트(listInt) 내 항목들의 합을 구한다. 다음은 이 코드의 흐름이다.

```
(sum, i) => sum + i
sum = 1
sum = 1 + 2
sum = 3 + 3
sum = 6 + 4
sum = 10 + 5
sum = 15 + 6
sum = 21
addition = sum
```

AggregateInt() 메서드를 실행한 결과는 다음과 같다.

Aggregate 메서드는 숫자의 합을 구하는 것에 그치지 않고 문자도 다룰 수 있다. 다음은
Aggregate 메서드를 이용해서 문자열 시퀀스를 더하는 예다.

```
public partial class Program
{
    private static void AggregateString()
    {
        List<string> listString =
            new List<string>()
                {
                    "The", "quick", "brown", "fox", "jumps",
                    "over", "the", "lazy", "dog"
                };
        string stringAggregate = listString.Aggregate(
                (strAll, str) => strAll + " " + str);
        Console.WriteLine(stringAggregate);
    }
}
```

이 코드를 실행한 결과는 다음과 같다.

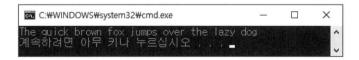

다음은 MSDN에서 찾을 수 있는 Aggregate 메서드 선언부다.

```
public static TSource Aggregate<TSource>(
```

```
  this IEnumerable<TSource> source,
  Func<TSource, TSource, TSource> func
)
```

이 선언에 따라 AggregateUsage( )의 흐름은 다음으로 나타낼 수 있다.

```
(strAll, str) => strAll + " " + str
strAll = "The"
strAll = strAll + " " + str
strAll = "The" + " " + "quick"
strAll = "The quick" + " " + "brown"
strAll = "The quick brown" + " " + "fox"
strAll = "The quick brown fox" + " " + "jumps"
strAll = "The quick brown fox jumps" + " " + "over"
strAll = "The quick brown fox jumps over" + " " + "the"
strAll = "The quick brown fox jumps over the" + " " + "lazy"
strAll = "The quick brown fox jumps over the lazy" + " " + "dog"
strAll = "The quick brown fox jumps over the lazy dog"
stringAggregate = str
```

이와 같은 처리 흐름에 따라 Aggregate 메서드는 listString의 모든 문자열을 연결하며, int 형식뿐만 아니라 string 형식에서도 훌륭하게 동작한다.

▌ 요약

함수형 프로그래밍 측면에서는 시퀀스를 반복하기 위해 C#에서 제공하는 for나 while 순환을 이용하는 것보다 재귀를 이용하는 것이 좋다. 이번 장에서는 재귀 호출의 동작 방식을 알아봤고, 반복 형태를 재귀 형태로 바꿔보기도 했다. 한편, 재귀 호출은 호출 체인의 끝을 정의하는 기본 케이스를 갖는다.

전통적인 재귀 모델에서는 호출이 가장 먼저 이뤄지고 값을 반환한 다음에 결과를 계산한다. 따라서 결과는 재귀 호출이 끝날 때까지 출력할 수 없다. 한편, 꼬리 재귀 방식에서는 재귀 호출 다음에 어떠한 행위도 뒤따르지 않는다. 꼬리 재귀에는 APS와 CPS라는 두 가지 형태가 있다.

직접 재귀에 더해 살펴본 간접 재귀는 적어도 두 개의 메서드로 구성된다. 다음으로 Aggregate LINQ 연산자를 이용해 재귀를 함수형 접근 방식에 적용하는 방법을 살펴보면서, Aggregate 연산자의 동작 원리를 자세히 살펴보았다.

8장에서는 최적화 기법들을 이용해 보다 효율적인 코드를 작성하는 방법을 알아보겠다. 가장 효과적인 시점에 코드를 실행하고 중복 실행을 방지하기 위해 지연과 캐시 기법을 사용해볼 것이다.

08

지연과 캐시 기법을 이용한 코드 최적화

7장에서는 시퀀스를 반복하고자 할 때 이용할 수 있는 재귀 호출에 대해 살펴봤다. 지금부터 살펴볼 코드 최적화는 좋은 프로그램을 개발하기 위해 필수적인 기술이라 할 수 있다. 함수형 접근 방식의 측면에서 지연과 캐시 기법은 코드 효율성을 높이고 더 나은 성능을 꾀할 수 있는 최적화 기법이다. 8장에서는 효율적인 코드 개발을 위한 지연과 캐시 기법에 대해 다음 항목들을 주제로 진행할 것이다.

- 지연 구현하기: 지연 열거, 지연 평가, 엄격하지 않은 평가, 지연 초기화
- 지연의 장점
- 사전 연산과 메모화를 이용해서 값 비싼 자원 캐시하기

▌ 지연이란

일상에서 지연이란, 무엇인가 해야 할 일을 하지 않아 늦어지는 상황을 떠올리게 한다. 또는 그저 게을러서 뭔가를 미루는 것일 수도 있다. 함수형 프로그래밍에서 말하는 지연도 일상에서 경험하는 것과 비슷하며, 이와 같은 지연 개념에 따라 특정 코드의 실행을 연기한다. 5장, 'LINQ를 이용해 컬렉션 조회하기'에서 LINQ는 컬렉션 데이터 조회에 지연 실행을 구현하고 있다는 사실을 배웠는데, 그에 따라 질의는 열거 시점에 실행된다. 이제부터 함수형 접근 방식에서 활용 가능한 지연 개념에 대해 알아보겠다.

지연 열거

배열과 List<T>는 .NET 프레임워크에서 지원하는 컬렉션 데이터를 **열거**enumeration하는 기법 중 하나다. 배열은 암시적으로 먼저 크기를 정의한 다음 사용하기에 앞서 메모리를 할당해야 하는 사전 평가를 채용하고 있으며, List<T>도 배열과 비슷한 개념을 기반으로 한다. List<T>는 배열 메커니즘을 사용하지만 크기를 쉽게 조정할 수 있다는 차이가 있다.

마찬가지로 컬렉션 데이터를 열거하는 IEnumerable<T>는 이들과 달리 지연 평가를 이용한다. 사실 배열과 List<T>도 IEnumerable<T> 인터페이스를 구현하지만 데이터로 채워져야 하기 때문에 사전 평가가 이뤄져야 한다. IEnumerable<T>는 5장에서 LINQ를 다룰 때 사용했다.

IEnumerable<T>는 다음과 같이 IEnumerable 인터페이스를 구현한다.

```
public interface IEnumerable<out T> : IEnumerable
```

IEnumerable<T>는 GetEnumerator( )라는 단 하나의 메서드를 포함하는데, 다음과 같이 정의된다.

```
IEnumerator<T> GetEnumerator()
```

GetEnumerator() 메서드는 보다시피 IEnumerator<T> 형식을 반환한다. 이 데이터 형식은 세 개의 메서드와 하나의 속성을 갖는다. 다음은 이들에 대한 간단한 설명이다.

- Current: 열거자의 현재 위치에 있는 컬렉션 요소를 가져온다.
- Reset(): 열거자를 초기 위치인 컬렉션의 첫 번째 요소 앞으로 설정한다. 보통 초기 위치의 인덱스 값은 −1이다.
- MoveNext(): 열거자를 컬렉션의 다음 요소로 이동시킨다.
- Dispose(): 관리되지 않는 자원을 해제하거나 재설정하는 메서드로 IDisposable 인터페이스로부터 상속받은 것이다.

이제부터 무한한 수를 생성하는 피보나치 알고리즘을 이용해서 설명을 계속하겠다. 이 알고리즘은 이전의 두 요소를 더해서 현재 요소를 생성하는 방법으로 시퀀스를 만든다. 수학적으로는 다음과 같은 공식으로 표현할 수 있다.

$$F_n = F_{n-1} + F_{n-2}$$

이 수열의 첫 번째 두 숫자는 0과 1 혹은 1과 1로 구성할 수 있다.

이 알고리즘을 이용해서 IEnumerable 인터페이스의 지연 평가를 살펴보겠다. 먼저, LazyEnumeration 프로젝트에서 IEnumerable<Int64>를 구현하는 FibonacciNumbers라는 클래스를 보자.

```
public partial class Program
{
    public class FibonacciNumbers
        : IEnumerable<Int64>
    {
        public IEnumerator<Int64> GetEnumerator()
```

```
        {
            return new FibEnumerator();
        }
        IEnumerator IEnumerable.GetEnumerator()
        {
            return GetEnumerator();
        }
    }
}
```

FibonacciNumbers 클래스는 IEnumerable<T> 인터페이스를 구현하므로, 컬렉션 데이터를 열거하기 위한 GetEnumerator() 메서드를 가진다. 그리고 IEnumerable<T>는 IEnumerator<T>를 구현하므로 여기에 대응하기 위해 다음과 같이 FibEnumerator 클래스를 만들 수 있다.

```
public partial class Program
{
    public class FibEnumerator
        : IEnumerator<Int64>
    {
        public FibEnumerator()
        {
            Reset();
        }
        // 현재 요소를 얻는다.
        public Int64 Current { get; private set; }
        // 마지막 요소를 얻는다.
        Int64 Last { get; set; }
        object IEnumerator.Current
        {
            get
            {
                return Current;
            }
```

```csharp
}
public void Dispose()
{
    ; // 아무것도 하지 않음
}
public bool MoveNext()
{
    if (Current == -1)
    {
        // 피보나치 알고리즘
        // F0 = 0
        Current = 0;
    }
    else if (Current == 0)
    {
        // 피보나치 알고리즘
        // F1 = 1
        Current = 1;
    }
    else
    {
        // 피보나치 알고리즘
        // Fn = F(n-1) + F(n-2)
        Int64 next = Current + Last;
        Last = Current;
        Current = next;
    }
    // 무한한 시퀀스이므로
    // MoveNext()는 항상 true다.
    return true;
}
public void Reset()
{
    // 초기화
    Current = -1;
}
```

```
        }
}
```

이렇게 IEnumerator<T>를 구현하는 FibEnumerator 클래스가 완성됐다. 앞서 설명한 대로 이 클래스는 Reset( ), MoveNext( ), Dispose( ) 메서드와 Current 속성을 구현하고 있다. Last 속성을 추가해서 마지막의 현재 숫자를 저장한다.

이제, FibonacciNumbers 클래스를 만들고 활용하는 GetFibonnacciNumbers( ) 함수를 살펴보자.

```
public partial class Program
{
    private static void GetFibonnacciNumbers(
        int totalNumber)
    {
        FibonacciNumbers fibNumbers =
            new FibonacciNumbers();
        foreach (Int64 number in
            fibNumbers.Take(totalNumber))
        {
            Console.Write(number);
            Console.Write("\t");
        }
        Console.WriteLine();
    }
}
```

FibonacciNumbers 클래스는 숫자들을 무한히 열거하기 때문에 무한 루프에 빠지는 것을 방지하기 위해 Take( ) 메서드를 이용해야 한다.

```
foreach (Int64 number in
    fibNumbers.Take(totalNumber))
```

예를 들어, 40개의 숫자를 열거해야 하는 경우, GetFibonnacciNumbers()에 40을 인수로 전달하면 된다.

```
GetFibonnacciNumbers(40)
```

다음은 이렇게 40개를 출력한 결과다.

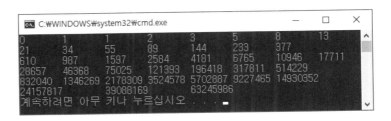

이와 같은 결과를 얻을 수 있는 것은 IEnumerable이 지연 평가를 채용하고 있기 때문이다. 즉, MoveNext() 메서드는 결과 계산이 필요한 경우에만 호출된다. 만약 이와 같은 지연 처리 없이 항상 호출된다면 이 코드는 무한 루프에 빠질 것이다.

지연 평가

지연 평가^{lazy evalutation}의 손쉬운 예로 부울 구문 두 개의 조합에 따라 조건을 판단하는 경우를 들 수 있다. SimpleLazyEvaluation 프로젝트의 다음 코드를 보자.

```
public partial class Program
{
    private static MemberData GetMember()
    {
        MemberData member = null;
        try
        {
            if (member != null || member.Age > 50)
```

```
            {
                Console.WriteLine("IF Statement is TRUE");
                return member;
            }
            else
            {
                Console.WriteLine("IF Statement is FALSE");
                return null;
            }
        }
        catch (Exception e)
        {
            Console.WriteLine("ERROR: " + e.Message);
            return null;
        }
    }
}
```

MemberData 클래스는 다음과 같다.

```
public class MemberData
{
    public string Name { get; set; }
    public string Gender { get; set; }
    public int Age { get; set; }
}
```

그리고 GetMember( ) 메서드를 실행하면 다음 결과가 화면에 출력된다.

||(OR) 연산자는 적어도 하나의 표현식이 참인 경우, 전체를 참으로 판단하고자 할 때 사용한다. 여기서 다음 코드를 보자.

```
if (member != null || member.Age > 50)
```

이 경우, 컴파일러는 member != null이 false인 것을 확인하고 나면 member.Age > 50을 평가한다. 하지만, member가 null이므로 Age 속성에 접근이 불가하며, 결과적으로 예외로 이어진다.

이제 이 조건문을 다음과 같이 &&(AND)를 사용하게 리팩토링해보자.

```
if (member != null && member.Age > 50)
```

이를 적용한 GetMemberANDOperator() 메서드는 다음과 같다.

```
public partial class Program
{
    private static MemberData GetMemberANDOperator()
    {
        MemberData member = null;
        try
        {
            if (member != null && member.Age > 50)
            {
                Console.WriteLine("IF Statement is TRUE");
                return member;
            }
            else
            {
                Console.WriteLine("IF Statement is FALSE");
                return null;
            }
```

```
        }
        catch (Exception e)
        {
            Console.WriteLine("ERROR: " + e.Message);
            return null;
        }
    }
}
```

다음은 GetMemberANDOperator( )를 실행한 결과다.

이제 if 문은 정상적으로 평가되어 FALSE를 출력한다. member.Age > 50은 절대 평가되지 않으며 따라서 예외도 발생하지 않는다. 이것은 첫 번째 식인 member != null이 false므로 컴파일러는 나머지 식을 볼 필요가 없다고 판단해 member.Age > 50을 평가하지 않고 지연시켜 && 논리 연산의 결과를 false로 결론내기 때문이다. 지연을 이용하면 하나의 식만으로 결론을 판단할 수 있을 때, 다른 식을 무시할 수 있다.

엄격하지 않은 평가

지연 평가와 **엄격하지 않은**Nonstrict 평가가 같다고 생각할 수 있는데, 그렇지 않다. 왜냐하면, 지연 평가에서는 불필요한 식이 완전히 무시되지만 엄격하지 않은 평가에서는 변형된 평가를 적용하기 때문이다. 그럼, NonStrictEvaluation 프로젝트에 포함된 다음 코드를 이용해 **엄격한**Strict 평가와 엄격하지 않은 평가를 비교해보자.

```
public partial class Program
{
```

```
    private static int OuterFormula(int x, int yz)
    {
        Console.WriteLine(
            String.Format(
                "Calculate {0} + InnerFormula ({1})",
                x,
                yz));
        return x + yz;
    }
    private static int InnerFormula(int y, int z)
    {
        Console.WriteLine(
            String.Format(
                "Calculate {0} * {1}",
                y,
                z
                ));
        return y * z;
    }
}
```

이 코드는 x + (y * z)를 계산하기 위한 것이다. InnerFormula() 함수는 y와 z의 곱을 계산하며, OuterFormula()는 y * z의 결과에 x를 더한다. 엄격한 평가 방식을 따르면 먼저 (y * z) 식을 계산해서 얻은 결과를 x에 더한다. StrictEvaluation() 함수는 이 과정을 보여준다.

```
public partial class Program
{
    private static void StrictEvaluation()
    {
        int x = 4;
        int y = 3;
        int z = 2;
        Console.WriteLine("Strict Evaluation");
```

```
        Console.WriteLine(
            String.Format(
                "Calculate {0} + ({1} * {2})", x, y, z));
        int result = OuterFormula(x, InnerFormula(y, z));
        Console.WriteLine(
            String.Format(
                "{0} + ({1} * {2}) = {3}", x, y, z, result));
        Console.WriteLine();
    }
}
```

코드를 보면 OuterFormula( ) 함수는 다음과 같다.

```
int result = OuterFormula(x, InnerFormula(y, z));
```

다음은 엄격한 평가 방식에 따른 처리 결과를 보여준다.

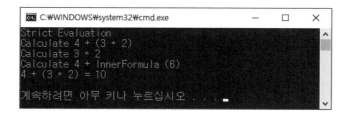

결과를 통해 알 수 있듯이 4 + (3 * 2)를 계산하기 위해 (3 * 2)를 먼저 계산한 다음 4를 더한다.

이제 엄격하지 않은 평가와 비교해보자. 엄격하지 않은 평가 방식에서는 + 연산자가 먼저 처리되고 다음으로 내부 공식인 (y * z)가 처리된다. 즉, 평가 순서가 바깥에서 안쪽으로 향한다. 이에 따라 OuterFormula( ) 함수를 OuterFormulaNonStrict( )로 다음과 같이 리팩토링할 수 있다.

```
public partial class Program
{
    private static int OuterFormulaNonStrict(
        int x,
        Func<int, int, int> yzFunc)
    {
        int y = 3;
        int z = 2;
        Console.WriteLine(
            String.Format(
                "Calculate {0} + InnerFormula ({1})",
                x,
                y * z
                ));
        return x + yzFunc(3, 2);
    }
}
```

보다시피 두 번째 매개 변수를 Func<int, int, int> 대리자로 바꿨다. OuterFormulaNon
Strict( )를 호출하는 NonStrictEvaluation( ) 함수는 다음과 같다.

```
public partial class Program
{
    private static void NonStrictEvaluation()
    {
        int x = 4;
        int y = 3;
        int z = 2;
        Console.WriteLine("Non-Strict Evaluation");
        Console.WriteLine(
            String.Format(
                "Calculate {0} + ({1} * {2})", x, y, z));
        int result = OuterFormulaNonStrict(x, InnerFormula);
        Console.WriteLine(
```

```
        String.Format(
            "{0} + ({1} * {2}) = {3}", x, y, z, result));
    Console.WriteLine();
    }
}
```

코드에서는 OuterFormulaNonStrict()의 두 번째 매개 변수에 InnerFormula() 함수를
다음처럼 전달한다.

```
int result = OuterFormulaNonStrict(x, InnerFormula);
```

이 식은 엄격하지 않은 평가가 이뤄지는데, 과정을 확인하기 위해 NonStrictEvalua
tion()을 실행한 결과는 다음과 같다.

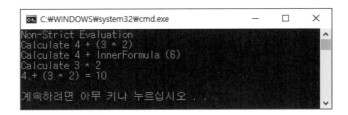

콘솔에 출력된 결과를 통해 식의 평가 순서가 외부에서 내부로 이어진다는 것을 알 수
있다. OuterFormulaNonStrict() 함수가 InnerFormula() 처리 결과 도출에 앞서 호출
된다. OuterFormula()와 OuterFormulaNonStrict()를 연속으로 실행해보면 차이를 더
욱 쉽게 알 수 있다.

결과를 비교해보면, 엄격한 평가에서는 (3 *2)를 계산한 결과를 (4 + InnerFormula())
식에 대입한다. 반면, 엄격하지 않은 평가의 경우, (4 + InnerFormula()) 식이 (3 * 2)
에 앞서 실행된다.

지연 초기화

지연 초기화lazy initialization는 사용 시점까지 개체 생성을 연기하는 최적화 기법이다. 즉, 멤
버에 대한 액세스가 이뤄지기 전에는 초기화되지 않는 개체를 정의하는 셈이다. 이를 위
해 C#에서는 C# 4.0에 이르러 Lazy<T> 클래스를 도입했다. 다음 코드는 지연 초기화를
알아보기 위한 예제로 전체 코드는 LazyInitialization 프로젝트를 참고한다.

```
public partial class Program
{
    private static void LazyInitName(string NameOfPerson)
    {
        Lazy<PersonName> pn =
            new Lazy<PersonName>(
                () =>
                    new PersonName(NameOfPerson));
        Console.WriteLine(
            "Status: PersonName has been defined.");
```

```
            if (pn.IsValueCreated)
            {
                Console.WriteLine(
                    "Status: PersonName has been initialized.");
            }
            else
            {
                Console.WriteLine(
                    "Status: PersonName hasn't been initialized.");
            }
            Console.WriteLine(
                String.Format(
                    "Status: PersonName.Name = {0}",
                    (pn.Value as PersonName).Name));
            if (pn.IsValueCreated)
            {
                Console.WriteLine(
                    "Status: PersonName has been initialized.");
            }
            else
            {
                Console.WriteLine(
                    "Status: PersonName hasn't been initialized.");
            }
        }
}
```

여기서 사용하는 PersonName 클래스는 다음과 같다.

```
public class PersonName
{
    public string Name { get; set; }
    public PersonName(string name)
    {
        Name = name;
```

```
        Console.WriteLine(
            "Status: PersonName constructor has been called."
            );
    }
}
```

LazyImitName( )은 다음과 같이 Lazy<T> 클래스를 이용해 PersonName 개체의 초기화를 지연하고 있다.

```
Lazy<PersonName> pn =
    new Lazy<PersonName>(
        ( ) =>
            new PersonName(NameOfPerson));
```

이렇게 하면 다음과 같이 직접적으로 클래스를 이용해서 변수를 정의하는 일반적인 방식과 달리 pn 변수를 정의한 후에도 초기화가 이뤄지지 않는다.

```
PersonName pn =
    new PersonName(NameOfPerson);
```

앞서 언급했듯이 초기화는 개체의 멤버에 대한 액세스와 함께 진행된다. Lazy<T>는 인스턴스의 값을 가져오기 위한 Value 속성을 제공하는 한편, IsValueCreated 속성을 통해 Lazy<T>인스턴스의 값이 생성됐는지를 확인할 수 있게 한다. LazyInitName( ) 함수에서는 다음과 같이 Value 속성을 사용하고 있다.

```
Console.WriteLine(
String.Format(
        "Status: PersonName.Name = {0}",
        (pn.Value as PersonName).Name));
```

pn 변수를 이용해서 인스턴스화한 PersonName 클래스의 Name 속성에 액세스하기 위해 (pn.Value as PersonName).Name 형태의 구문을 이용한다. IsValueCreated 속성을 이용하면 PersonName 클래스의 초기화가 끝났는지 확인할 수 있다.

```
if (pn.IsValueCreated)
{
    Console.WriteLine(
        "Status: PersonName has been initialized.");
}
else
{
    Console.WriteLine(
        "Status: PersonName hasn't been initialized.");
}
```

이제 다음 코드처럼 Matthew Maxwell을 인수로 LazyInitName() 함수를 호출해보자.

```
LazyInitName("Matthew Maxwell");
```

실행 결과는 다음과 같다.

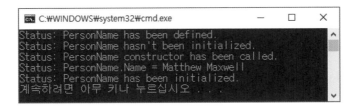

결과 화면을 보면 총 다섯 줄의 정보가 보인다. 첫 번째 라인은 PersonName이 정의된 시점에 출력된다. 그런 다음 PersonName의 초기화가 완료됐는지 알아보기 위해 IsValueCreated 속성을 확인하는데, 결과는 FALSE로 아직 초기화되지 않았으므로 두 번

318

째 라인이 출력된다. 이어지는 두 개의 라인은 지연 초기화에서 확인되는 흥미로운 부분이다. PersonName의 Name 속성 값을 가져오기 위해 Lazy<T>의 Value 속성에 액세스하려 하면, 코드 내부적으로 Name 속성 액세스에 앞서 PersonName의 생성자를 호출한다. 이것이 세 번째와 네 번째 라인이 출력되는 이유다. 이후에 IsValueCreated 속성을 다시 확인하면 PersonName은 초기화 되어 pn 변수가 PersonName인스턴스를 가지고 있다는 것을 알 수 있다.

지연의 장단점

지금까지 살펴 본 지연은 다음과 같은 장점이 있다.

- 불필요한 기능을 위한 초기화 시간을 절약할 수 있다.
- 함수형 접근 방식에서는 명령형 방식에 비해 실행 순서의 중요성이 떨어지는 경우가 있으므로 프로그램을 더 효과적으로 실행할 수 있다.
- 지연을 이용해 보다 효율적인 코드를 작성할 수 있다.

지연을 이용할 때 발생하는 단점도 숙지해두자.

- 프로그램 흐름을 예측하기 어렵고 제어가 어려워 질 수 있다.
- 지연을 구현하는 코드의 복잡성에 따른 성능 하락이 발생할 수 있다.

▌ 값비싼 자원 캐시하기

때로는 만드는 데 비용이 많이 드는 자원을 사용해야 한다. 이것이 한 번에 그친다면 크게 신경 쓰지 않을 수도 있지만 끊임없이 반복된다면 심각한 문제로 이어진다. 함수형 접근 방식에서는 이를 해결하기 위해 같은 입력 값에 대해 캐시된 비싼 자원을 이용할 수 있다. 지금부터 사전 연산과 메모화를 이용해 자원을 캐시하는 방법에 대해 살펴보겠다.

사전 연산

사전 연산^{initial computation}은 캐시 기법의 하나로 조회 테이블을 이용하기 위해 초기 연산을 수행하는 방법이다. 이 조회 테이블은 특정 작업을 실행할 때 반복적인 연산이 발생하는 것을 피하기 위한 것이다. 이제 코드를 통해 사전 연산을 적용한 것과 적용하지 않은 것을 비교해보겠다. 다음 Precomputation 프로젝트의 코드를 살펴보자.

```
public partial class Program
{
    private static void WithoutPrecomputation()
    {
        Console.WriteLine("WithoutPrecomputation()");
        Console.Write(
            "Choose number from 0 to 99 twice ");
        Console.WriteLine(
            "to find the power of two result: ");
        Console.Write("First Number: ");
        int iInput1 = Convert.ToInt32(Console.ReadLine());
        Console.Write("Second Number: ");
        int iInput2 = Convert.ToInt32(Console.ReadLine());
        int iOutput1 = (int)Math.Pow(iInput1, 2);
        int iOutput2 = (int)Math.Pow(iInput2, 2);
        Console.WriteLine(
            "2 the power of {0} is {1}",
            iInput1,
            iOutput1);
        Console.WriteLine(
            "2 the power of {0} is {1}",
            iInput2,
            iOutput2);
    }
}
```

WithoutPrecomputation( ) 함수는 0~99 사이의 두 입력 값의 제곱을 계산한다. 예를 들어, 19와 85를 입력하면 실행 결과는 다음과 같다.

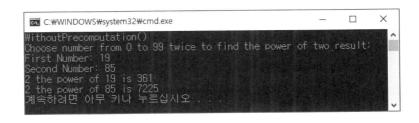

원하는 결과가 정상적으로 출력된다. 이 함수에서는 먼저 두 개의 입력 값을 다음과 같이 입력받는다.

```
Console.Write("First Number: ");
int iInput1 = Convert.ToInt32(Console.ReadLine());
Console.Write("Second Number: ");
int iInput2 = Convert.ToInt32(Console.ReadLine());
```

다음으로, System 네임스페이스의 Math.Pow( ) 메서드를 이용해서 n승을 계산한 값을 계산한다.

```
int iOutput1 = (int)Math.Pow(iInput1, 2);
int iOutput2 = (int)Math.Pow(iInput2, 2);
```

다음은 WithoutPrecomputation( )에 사전 연산 기법을 적용해 같은 숫자에 대한 반복적인 제곱 계산이 필요 없게 리팩토링한 것이다.

```
public partial class Program
{
    private static void WithPrecomputation()
    {
```

```
        int[] powerOfTwos = new int[100];
        for (int i = 0; i < 100; i++)
        {
            powerOfTwos[i] = (int)Math.Pow(i, 2);
        }
        Console.WriteLine("WithPrecomputation()");
        Console.Write(
            "Choose number from 0 to 99 twice ");
        Console.WriteLine(
            "to find the power of two result: ");
        Console.Write("First Number: ");
        int iInput1 = Convert.ToInt32(Console.ReadLine());
        Console.Write("Second Number: ");
        int iInput2 = Convert.ToInt32(Console.ReadLine());
        int iOutput1 = FindThePowerOfTwo(powerOfTwos, iInput1);
        int iOutput2 = FindThePowerOfTwo(powerOfTwos, iInput2);
        Console.WriteLine(
            "2 the power of {0} is {1}",
            iInput1,
            iOutput1);
        Console.WriteLine(
            "2 the power of {0} is {1}",
            iInput2,
            iOutput2);
    }
}
```

코드를 보면 앞 부분에서 다음과 같이 powerOfTwos라는 조회 테이블을 만든다.

```
int[] powerOfTwos = new int[100];
for (inti = 0; i< 100; i++)
{
    powerOfTwos[i] = (int)Math.Pow(i, 2);
}
```

입력 가능한 숫자의 범위가 0~99이므로 조회 테이블은 이 범위의 모든 값에 대한 거듭제곱 값을 저장한다. 이처럼 WithPrecomputation( )에는 제곱 결과를 저장하고 있는 컬렉션이 추가되어 있는데, 여기서 원하는 값을 찾기 위해 FindThePowerOfTwo( ) 함수를 이용한다.

```
int iOutput1 = FindThePowerOfTwo(powerOfTwos, iInput1);
int iOutput2 = FindThePowerOfTwo(powerOfTwos, iInput2);
```

FindThePowerOfTwo( )는 조회 테이블, 즉 powerOfTwos에서 선택된 숫자를 찾는다. 다음은 FindThePowerOfTwo( ) 함수다.

```
public partial class Program
{
    private static intFindThePowerOfTwo (
        int[] precomputeData,
        int baseNumber )
    {
        returnprecomputeData[baseNumber];
    }
}
```

FindThePowerOfTwo( ) 함수는 조회 테이블에서 baseNumber 매개 변수 값의 인덱스에 위치한 값을 반환한다. WithPrecomputation( ) 함수의 실행 결과는 다음과 같다.

입력 값은 다시 한 번 19와 85를 이용했으며, 결과는 보는 바와 같이 `WithoutPrecomputation( )`과 일치한다. 이제 0부터 99까지 제곱한 값이 저장된 조회 테이블을 이용함으로써 반복적인 조회가 필요한 경우, 다시 계산할 필요 없이 조회 테이블에서 결과를 찾으면 되므로 보다 효율적인 코드가 되었다.

하지만 `FindThePowerOfTwo( )`는 호출이 발생할 때마다 조회 테이블을 반복하는 것은 함수형 접근 방식이라 하기 어렵다. 이것을 함수형으로 개선하기 위해 1장에서 배웠던 커링을 이용해보겠다. 다음 코드를 살펴보자.

```
public partial class Program
{
    private static void WithPrecomputationFunctional()
    {
        int[] powerOfTwos = new int[100];
        for (int i = 0; i < 100; i++)
        {
            powerOfTwos[i] = (int)Math.Pow(i, 2);
        }
        Console.WriteLine("WithPrecomputationFunctional()");
        Console.Write(
            "Choose number from 0 to 99 twice ");
        Console.WriteLine(
            "to find the power of two result: ");
        Console.Write("First Number: ");
        int iInput1 = Convert.ToInt32(Console.ReadLine());
        Console.Write("Second Number: ");
        int iInput2 = Convert.ToInt32(Console.ReadLine());
        var curried = CurriedPowerOfTwo(powerOfTwos);
        int iOutput1 = curried(iInput1);
        int iOutput2 = curried(iInput2);
        Console.WriteLine(
            "2 the power of {0} is {1}",
            iInput1,
```

```
        iOutput1);
    Console.WriteLine(
        "2 the power of {0} is {1}",
        iInput2,
        iOutput2);
    }
}
```

WithPrecomputationFunctional( )은 WithPrecomputation( ) 함수와 달리 Curried PowerOfTwo( ) 함수를 이용하고 있다.

```
var curried = CurriedPowerOfTwo(powerOfTwos);
int iOutput1 = curried(iInput1);
int iOutput2 = curried(iInput2);
```

CurriedPowerOfTwo( ) 함수를 이용하면 전달하는 인수를 쪼개고 커링된 변수가 조회 테이블을 처리할 수 있으며, 조회 테이블에 대해 반복할 필요 없이 원하는 만큼 호출할 수 있다. 참고로 이를 가능하게 하는 CurriedPowerOfTwo( )는 다음과 같이 구현된다.

```
public partial class Program
{
    public static Func<int, int>
        CurriedPowerOfTwo(int[] intArray)
            => i => intArray[i];
}
```

다음은 WithPrecomuptationFunctional( ) 함수를 실행한 결과다.

```
C:\WINDOWS\system32\cmd.exe                               —    □    ×
WithPrecomputationFunctional()
Choose number from 0 to 99 twice to find the power of two result:
First Number: 19
Second Number: 85
2 the power of 19 is 361
2 the power of 85 is 7225
계속하려면 아무 키나 누르십시오 . . .
```

결과는 앞서 살펴본 두 함수(WithoutPrecomputation( ), WithPrecomputation( ))의 것과 같으며, 사전 연산 기법을 함수형 접근 방식에 성공적으로 접목한 리팩토링 예라 할 수 있다.

메모화

코드 최적화를 위해 사전 연산 외에도 **메모화**memoization 기법을 적용할 수 있다. 메모화는 특정 입력 값에 대한 함수의 처리 결과를 기억하는 과정이라고 할 수 있다. 즉, 특정 함수에 입력 값을 전달할 때마다 프로그램이 결과를 기억해 두고 이후 입력 값이 같다면 함수를 다시 실행하지 않고 저장된 곳에서 결과를 얻는다.

5장에서 살펴본 GetFactorial( ) 함수에 메모화 기법을 적용해보자. 원래의 GetFactorial( ) 함수는 다음과 같다.

```csharp
public partial class Program
{
    private static int GetFactorial(int intNumber)
    {
        if (intNumber == 0)
        {
            return 1;
        }
        return intNumber * GetFactorial(intNumber - 1);
    }
}
```

GetFactorial() 함수에 메모화를 적용하려면 GetFactorial()이 결과 값을 반환할 때마다 이 값을 저장해야 한다. 그에 따라 수정한 모습은 다음과 같다(Memoization 프로젝트 참고).

```
public partial class Program
{
    private static Dictionary<int, int>
        memoizeDict = new Dictionary<int, int>();
    private static int GetFactorialMemoization(int intNumber)
    {
        if (intNumber == 0)
        {
            return 1;
        }
        if (memoizeDict.ContainsKey(intNumber))
        {
            return memoizeDict[intNumber];
        }
        int i = intNumber * GetFactorialMemoization(
            intNumber - 1);
        memoizeDict.Add(intNumber, i);
        return i;
    }
}
```

코드에서 GetFactorialMemoization()을 호출할 때마다 모든 결과를 저장하기 위해 사용하는 딕셔너리 개체 memoizeDict는 다음과 같이 정의한다.

```
private static Dictionary<int, int>
    memoizeDict = new Dictionary<int, int>();
```

GetFactorialMemoization()이 갖는 또 다른 차이점은 이전에 호출한 적이 있는 인수에 대해서는 결과를 이미 가지고 있다는 것이다. 다음 예시를 살펴보자.

```
private static int GetFactorialMemoization(int intNumber)
{
    if (intNumber == 0)
    {
        return 1;
    }
    if (memoizeDict.ContainsKey(intNumber))
    {
        return memoizeDict[intNumber];
    }
    int i = intNumber * GetFactorialMemoization(
        intNumber - 1);
    memoizeDict.Add(intNumber, i);
    return i;
}
```

코드를 보면, 먼저 처리한 적이 있는 인수인지를 확인한다. 만약 그렇다면 함수를 호출할 필요 없이 딕셔너리에서 결과를 찾아 반환한다. 새로운 값이 전달됐다면 함수를 호출하고 결과를 딕셔너리에 저장한다. 메모화를 이용하면 이처럼 같은 인수로 반복적으로 호출이 발생하는 것을 방지함으로써 코드 최적화를 꾀할 수 있다. 예를 들어, 10을 인수로 GetFactorialMemoization()을 호출하고, 이후에 10을 인수로 다시 호출하는 경우 처리 시간을 대폭 절약할 수 있다. 이 예의 경우, 재귀 함수이므로 10을 전달하면 1부터 9도 호출이 일어난다. 따라서 10개의 인수에 대한 결과 값이 딕셔너리에 저장되며, 이들을 이용한 이후의 호출에서 효과를 볼 수 있다.

그럼 GetFactorial()과 GetFactorialMemoization()의 성능을 비교해보자. 9216을 인수로 5회씩 호출하겠다. 먼저 GetFactorial()을 호출하는 RunFactorial() 함수다.

```
public partial class Program
{
    private static void RunFactorial()
    {
```

```
Stopwatch sw = new Stopwatch();
int factorialResult = 0;
Console.WriteLine(
    "RunFactorial() function is called");
Console.WriteLine(
    "Get factorial of 9216");
for (int i = 1; i <= 5; i++)
{
    sw.Restart();
    factorialResult = GetFactorial(9216);
    sw.Stop();
    Console.WriteLine(
        "Time elapsed ({0}): {1,8} ns",
        i,
        sw.ElapsedTicks *
            1000000000 /
                Stopwatch.Frequency);
    }
  }
}
```

RunFactorial()의 실행 결과는 다음과 같다.

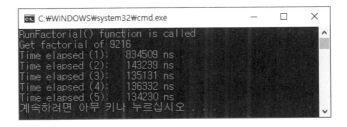

최초 호출 시에는 834,509 ns가 소요되고 이후에는 대략 134,000~143,000 ns 정도 걸렸다. 즉, 처리 시간은 꾸준히 비슷하게 소요된다는 것을 알 수 있다. 다음으로 GetFactorialMemoization()을 이용하는 RunFactorialMemoization() 함수를 살펴보자.

```csharp
public partial class Program
{
    private static void RunFactorialMemoization()
    {
        Stopwatch sw = new Stopwatch();
        int factorialResult = 0;
        Console.WriteLine(
            "RunFactorialMemoization() function is called");
        Console.WriteLine(
            "Get factorial of 9216");
        for (int i = 1; i <= 5; i++)
        {
            sw.Restart();
            factorialResult = GetFactorialMemoization(9216);
            sw.Stop();
            Console.WriteLine(
                "Time elapsed ({0}): {1,8} ns",
                i,
                sw.ElapsedTicks *
                    1000000000 /
                    Stopwatch.Frequency);
        }
    }
}
```

RunFactorialMemoization()을 호출한 결과는 다음과 같다.

최초 호출 시에 추가 시간이 필요하지만 이후의 호출에서 엄청난 성능 향상을 확인할 수 있다.

▋ 요약

8장에서는 지연을 이용해서 효율적인 코드를 작성하는 방법을 배웠다. 지연 열거는 무한 루프를 반복해야 하는 경우에 효과적인데, IEnumerator의 MoveNext()는 요구하는 경우에만 호출되므로 오버플로에 이르지 않게 할 수 있다. 또한, 지연 평가를 이용하면 부울식에서 필요 없는 식을 평가할 필요 없이 결과를 얻을 수 있으므로 더 빠른 코드를 만들 수 있다.

엄격하지 않은 평가에서는 프로그래밍에서의 함수를 수학 함수처럼 취급하고 이를 이용해 함수형 접근 방식으로 문제를 해결하는 것을 살펴봤다.

다음으로 알아본 Lazy<T> 클래스는 개체의 초기화를 지연시키는데, 이것을 이용하면 개체의 멤버에 대한 액세스가 일어날 때까지 초기화되지 않는 개체를 정의할 수 있다.

코드 최적화 관점에서 사전 연산과 메모화라는 캐시 기법에 대해서도 배웠다. 사전 연산이란 조회 테이블과 같은 것을 미리 만들어 함수의 실행 결과를 조회 테이블로부터 얻는 방식이다. 또, 메모화는 함수에 전달된 인수에 대한 처리 결과를 기억하고, 이후 같은 인수에 대해서는 기억된 값을 활용하는 기법이다.

9장에서는 모나드를 살펴보고, 함수형 프로그래밍에서 활용하는 방법을 알아보겠다.

09

패턴 이용하기

8장에서 효율적인 코드 개발을 위한 최적화 기법을 알아봤다. 이번에는 프로그램의 흐름을 유지하면서 이해하기 쉽게 코드 순서를 규칙적으로 만드는 패턴에 대해 살펴보겠다. 9장의 핵심 주제는 패턴 매칭과 모나드 설계 패턴이다. 패턴 매칭은 수학적 접근 방식을 이용해서 조건을 일치시켜서 함수형 구현을 이끌어낸다. 한편, 모나드는 소프트웨어 설계 분야에서 복잡한 문제를 해결하기 위해 탄생한 패턴으로 함수형 프로그래밍과 뗄래야 뗄 수 없는 관계다. 모나드를 이용하면 기존 데이터 형식이 갖는 행위를 극대화 함으로써 데이터 형식에 보다 강력한 기능성을 부여할 수 있다. 이번 장에서는 다음 세부 주제별 논의를 통해 패턴 매칭과 모나드에 대해 자세히 다루겠다.

- 함수형 프로그래밍의 패턴 매칭에 대한 이해
- 패턴 매칭을 이용한 데이터 변환과 분기 판단

- 함수형 구현을 위한 패턴 매칭 단순화
- C# 7의 패턴 매칭 기능
- 자연스럽게 모나드를 구현하는 C# 형식들
- 모나드 형식 만들기
- 모나드의 규칙 이해

▌ 함수형 프로그래밍의 패턴 매칭

함수형 프로그래밍에서 말하는 **패턴 매칭**^{pattern matching}이란 호출해야 할 함수의 변형을 정확하게 선택하는 **디스패치**^{dispatch}의 유형이다. 패턴 매칭은 실제로 조건부 실행을 표현하기 위한 구문을 제공하는 표준 수학 표기법에서 영감을 받았다. 우선 1장에서 재귀 호출에 대한 논의를 위해 살펴본 예제 코드를 이용해서 패턴 매칭에 대한 설명을 시작해보겠다. 다음은 계승을 구하기 위한 GetFactorial() 함수다.

```
public partial class Program
{
    private static intGetFactorial(intintNumber)
    {
        if (intNumber == 0)
        {
            return 1;
        }
        return intNumber* GetFactorial(intNumber -1);
    }
}
```

이 코드에는 두 개의 정의가 있는데, intNumber 매개 변수의 패턴이 0인지 여부에 따라 디스패처가 선택된다. 이 경우는 전달하는 특정 입력 값에 의해 구역의 선택이 결정돼야 하므로 패턴 매칭의 용도는 if 조건식에 가깝다.

패턴 매칭을 이용한 데이터 변환

어떤 면에서 패턴 매칭을 데이터 변환이라고 할 수 있는데, 이에 대해 살펴보기 위해 8장의 예제를 다시 살펴보겠다. 소수 여부를 확인하기 위해 IsPrime( ) 이라는 확장 메서드를 만들었던 것을 기억할 것이다. 이번에는 이 메서드를 이용해서 패턴 매칭을 통한 데이터 변환을 살펴보겠다. IsPrime( ) 메서드는 다음과 같다.

```
public static class ExtensionMethods
{
    public static bool IsPrime(this int i)
    {
        if ((i % 2) == 0)
        {
            return i == 2;
        }
        int sqrt = (int)Math.Sqrt(i);
        for (int t = 3; t <= sqrt; t = t + 2)
        {
            if (i % t == 0)
            {
                return false;
            }
        }
        return i != 1;
    }
}
```

패턴 매칭을 이용해서 소수인지 합성수인지 혹은 그 외의 수인지 판별해 볼 텐데, 이번에는 다음 NumberFactorType( ) 함수에서 보는 것처럼 int 형식의 숫자를 텍스트로 변환할 것이다(MatchingPattern 프로젝트 참고).

```
public partial class Program
{
```

```
public static string NumberFactorType(
    int intSelectedNumber)
{
    if (intSelectedNumber < 2)
    {
        return "neither prime nor composite number";
    }
    else if (intSelectedNumber.IsPrime())
    {
        return "prime number";
    }
    else
    {
        return "composite number";
    }
}
}
```

이 코드에서는 이전 예제에서 사용했던 if 조건문에서 한 발 나아가 if…else 조건문을 사용한다. 이제 NumberFactorType()에 int 형식의 숫자를 전달해서 텍스트로 변환하는 기능을 TransformIntIntoText() 함수에서 구현해보자.

```
public partial class Program
{
    public static void TransformIntIntoText()
    {
        for (int i = 0; i < 10; i++)
        {
            Console.WriteLine(
            "{0} is {1}", i, NumberFactorType(i));
        }
    }
}
```

이 함수는 0에서 9까지의 숫자를 NumberFactorType( ) 함수에 전달해 각각의 값에 해당하는 결과를 다음과 같이 출력한다.

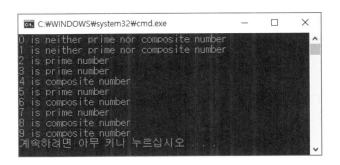

패턴 매칭을 위한 분기

앞서 살펴본 것처럼 패턴 매칭을 이용하면 데이터를 다른 형태로 변환할 수 있다. 이것은 마치 LINQ의 Select( ) 메서드나 switch~case 문과 개념상 비슷하다. 다음은 16진수 문자를 byte로 변환하는 HexCharToByte( ) 함수다.

```
public partial class Program
{
    public static byte HexCharToByte(
        char c)
    {
        byte res;
        switch (c)
        {
            case '1':
                res = 1;
                break;
            case '2':
                res = 2;
                break;
```

```c
        case '3':
            res = 3;
            break;
        case '4':
            res = 4;
            break;
        case '5':
            res = 5;
            break;
        case '6':
            res = 6;
            break;
        case '7':
            res = 7;
            break;
        case '8':
            res = 8;
            break;
        case '9':
            res = 9;
            break;
        case 'A':
        case 'a':
            res = 10;
            break;
        case 'B':
        case 'b':
            res = 11;
            break;
        case 'C':
        case 'c':
            res = 12;
            break;
        case 'D':
        case 'd':
            res = 13;
```

```
                    break;
                case 'E':
                case 'e':
                        res = 14;
                        break;
                case 'F':
                case 'f':
                        res = 15;
                        break;
                default:
                        res = 0;
                        break;
            }
            return res;
        }
    }
```

여기에 HexStringToInt( )라는 래퍼를 추가해 문자열 형태의 16진수를 int로 변환해보
겠다.

```
public partial class Program
{
    public static int HexStringToInt(
        string s)
    {
        int iCnt = 0;
        int retVal = 0;
        for (int i = s.Length - 1; i >= 0; i--)
        {
            retVal += HexCharToByte(s[i]) *
                (int)Math.Pow(0x10, iCnt++);
        }
        return retVal;
    }
}
```

이 함수는 HexCharToByte( )를 이용해서 개별 16진 문자에 해당하는 정수 값을 얻고, 16의 계승을 이용해 전체 16진수 값을 계산한다. 다음 GetIntFromHexString( )을 이용해 몇 가지 16진수 문자열을 정수로 변환해보자.

```csharp
public partial class Program
{
    private static void GetIntFromHexString( )
    {
        string[] hexStrings = {
            "FF", "12CE", "F0A0", "3BD",
            "D43", "35", "0", "652F",
            "8DCC", "4125"
        };
        for (int i = 0; i < hexStrings.Length; i++)
        {
            Console.WriteLine(
                "0x{0}\t= {1}",
                hexStrings[i],
                HexStringToInt(hexStrings[i]));
        }
    }
}
```

GetIntFromHexString( ) 함수를 실행한 결과는 다음과 같다.

화면에서 보듯 문자열 내의 개별 16진수 문자들이 정수 값으로 변환 및 합산돼 정확하게 계산되는 것을 알 수 있다.

 여기서 다룬 HexCharToByte( )는 예제를 위한 것일 뿐이며, 실제로 16진수 문자를 바이트로 변환해야 할 때 Parse나 TryParse 메서드 또는 String.Format 메서드를 이용하면 된다.

패턴 매칭 간소화

앞 절에서는 switch 문을 이용해서 패턴 매칭을 구현했다. 그러나 이 예제에서는 Hex CharToByte( ) 함수 내의 res 변수에 변경이 발생하므로 함수형 접근 방식에는 어울리지 않는다. 이제 HexCharToByte( )를 함수형 접근 방식에 따라 리팩토링해보겠다. Sim plifyingPatternMatching 프로젝트에 포함된 HexCharToByteFunctional( ) 함수를 살펴보자.

```
public partial class Program
{
    public static byte HexCharToByteFunctional(
        char c)
    {
        return c.Match()
            .With(ch => ch == '1', (byte)1)
            .With(ch => ch == '2', 2)
            .With(ch => ch == '3', 3)
            .With(ch => ch == '4', 4)
            .With(ch => ch == '5', 5)
            .With(ch => ch == '6', 6)
            .With(ch => ch == '7', 7)
            .With(ch => ch == '8', 8)
            .With(ch => ch == '9', 9)
            .With(ch => ch == 'A', 10)
```

```
                    .With(ch => ch == 'a', 10)
                    .With(ch => ch == 'B', 11)
                    .With(ch => ch == 'b', 11)
                    .With(ch => ch == 'C', 12)
                    .With(ch => ch == 'c', 12)
                    .With(ch => ch == 'D', 13)
                    .With(ch => ch == 'd', 13)
                    .With(ch => ch == 'E', 14)
                    .With(ch => ch == 'e', 14)
                    .With(ch => ch == 'F', 15)
                    .With(ch => ch == 'f', 15)
                    .Else(0)
                    .Do();
        }
}
```

HexCharToByteFunctional( )은 HexCharToByte( )를 함수형 접근 방식에 맞게 리팩토링한 것이다. 함수 내에서는 switch 문이나 if…else 조건문과 유사한 Match( ), With( ), Else( ), Do( ) 메서드를 이용하고 있다. 먼저 Match( ) 함수는 다음과 같다.

```
public static class PatternMatch
{
    public static PatternMatchContext<TIn> Match<TIn>(
        this TIn value)
    {
        return new PatternMatchContext<TIn>(value);
    }
}
```

Match( ) 함수는 새로운 형식인 PatternMatchContext 개체를 반환하는데, PatternMatch Context 클래스는 다음과 같다.

```
public class PatternMatchContext<TIn>
{
    private readonly TIn _value;
    internal PatternMatchContext(TIn value)
    {
        _value = value;
    }
    public PatternMatchOnValue<TIn, TOut> With<TOut>(
        Predicate<TIn> condition,
        TOut result)
    {
        return new PatternMatchOnValue<TIn, TOut>(_value)
            .With(condition, result);
    }
}
```

Match( ) 함수가 PatternMatchContext 인스턴스를 생성할 때, 생성자는 인수로 전달 받은 값을 _value 전용 변수에 다음과 같이 저장한다.

```
internal PatternMatchContext(TIn value)
{
    _value = value;
}
```

PatternMatchContext 클래스에는 With( )라는 _value의 값을 비교할 수 있는 메서드가 있다. 이 메서드는 다음과 같이 구현되는 PatternMatchOnValue 클래스의 With( ) 메서드를 호출한다.

```
public class PatternMatchOnValue<TIn, TOut>
{
    private readonly IList<PatternMatchCase> _cases =
        new List<PatternMatchCase>();
```

```csharp
private readonly TIn _value;
private Func<TIn, TOut> _elseCase;
internal PatternMatchOnValue(TIn value)
{
    _value = value;
}
public PatternMatchOnValue<TIn, TOut> With(
    Predicate<TIn> condition,
    Func<TIn, TOut> result)
{
    _cases.Add(new PatternMatchCase
    {
        Condition = condition,
        Result = result
    });
    return this;
}
public PatternMatchOnValue<TIn, TOut> With(
    Predicate<TIn> condition,
    TOut result)
{
    return With(condition, x => result);
}
public PatternMatchOnValue<TIn, TOut> Else(
    Func<TIn, TOut> result)
{
    if (_elseCase != null)
    {
        throw new InvalidOperationException(
            "Cannot have multiple else cases");
    }
    _elseCase = result;
    return this;
}
public PatternMatchOnValue<TIn, TOut> Else(
    TOut result)
```

```csharp
    {
        return Else(x => result);
    }
    public TOut Do()
    {
        if (_elseCase != null)
        {
            With(x => true, _elseCase);
            _elseCase = null;
        }
        foreach (var test in _cases)
        {
            if (test.Condition(_value))
            {
                return test.Result(_value);
            }
        }
        throw new IncompletePatternMatchException();
    }
    private struct PatternMatchCase
    {
        public Predicate<TIn> Condition;
        public Func<TIn, TOut> Result;
    }
}
```

PatternMatchContext 클래스의 With() 메서드는 PatternMatchOnValue 형식의 새 인스턴스를 반환하는데, 이 클래스의 생성자 역시 값을 _value 전용 멤버 변수에 저장한다.

```csharp
internal PatternMatchOnValue(TIn value)
{
    _value = value;
}
```

그 다음 With() 메서드를 호출하면서 condition이라는 무명 메서드와 결과 값을 받을 result를 다음과 같이 전달한다.

```
public PatternMatchOnValue<TIn, TOut> With(
    Predicate<TIn> condition,
    TOut result)
{
    return With(condition, x => result);
}
```

이 With() 메서드는 또 다른 With() 메서드를 호출하면서 Predicate<T>와 Func<T1, T2>를 전달하는데, 이 With() 메서드는 다음과 같이 구현된다.

```
public PatternMatchOnValue<TIn, TOut> With(
    Predicate<TIn> condition,
    Func<TIn, TOut> result)
{
    _cases.Add(new PatternMatchCase
    {
        Condition = condition,
        Result = result
    });
    return this;
}
```

이 With() 메서드는 모든 케이스를 수집하고 _cases 목록에 PatternMatchCase 형식으로 저장한다. PatternMatchCase는 다음과 같다.

```
private struct PatternMatchCase
{
    public Predicate<TIn> Condition;
    public Func<TIn, TOut> Result;
```

```
}
```

일단 모든 조건을 제공하고 나면, Else( ) 메서드를 호출한다. 이 메서드는 기본 결과 값을 가지고 있다.

```
public PatternMatchOnValue<TIn, TOut> Else(
    TOut result)
{
    return Else(x => result);
}
```

보다시피 Else( )는 또 다른 Else( ) 메서드를 호출하면서 Func<T1, T2> 형식의 인자를 전달한다. 이 두 번째 Else( )는 다음과 같이 구현된다.

```
public PatternMatchOnValue<TIn, TOut> Else(
    Func⟨TIn, TOut⟩ result)
{
    if (_elseCase != null)
    {
        throw new InvalidOperationException(
            "Cannot have multiple else cases");
    }
    _elseCase = result;
    return this;
}
```

모든 _cases와 _elseCase 변수에 대한 수집이 끝난 다음, 전체 조건들을 비교하려면 Do( ) 메서드를 호출해야 한다. Do( ) 메서드의 구현은 다음과 같다.

```
public TOut Do()
{
```

```
        if (_elseCase != null)
        {
            With(x => true, _elseCase);
            _elseCase = null;
        }
        foreach (var test in _cases)
        {
            if (test.Condition(_value))
            {
                returntest.Result(_value);
            }
        }
        throw new IncompletePatternMatchException();
}
```

Do() 메서드는 다음과 같이 _elseCase 변수가 null이 아니면 With() 메서드를 이용해서 이것을 _cases에 추가한다.

```
if (_elseCase != null)
{
    With(x => true, _elseCase);
    _elseCase = null;
}
```

그리고 나서 foreach 순환을 이용해 _cases 목록의 모든 멤버에 대한 비교를 수행하면서 적합한 _value 값을 찾아낸다.

```
foreach (var test in _cases)
{
    if (test.Condition(_value))
    {
        return test.Result(_value);
    }
```

```
}
```

Else( ) 메서드 호출은 선택사항이지만, 전체 With( ) 메서드 호출 중 하나는 반드시 일치하는 값을 가져야 한다. 그렇지 않으면 Do( ) 메서드는 IncompletePatternMatchException 예외를 발생시킨다.

```
throw new IncompletePatternMatchException();
```

지금은 딱히 이 예외에 대해 구현할 추가 사항이 없으므로 그저 Exception 클래스를 상속하는 IncompletePatternMatchException 클래스를 다음과 같이 구현하면 된다.

```
public class IncompletePatternMatchException :
    Exception
{
}
```

이제까지 HexCharToByte( ) 함수를 HexCharToByteFunctional( ) 함수로 리팩토링해 봤다. 다음은 HexStringToInt( )에서 HexCharToByteFunctional( )을 호출하게 수정한 모습이다.

```
public partial class Program
{
    public static int HexStringToInt(
        string s)
    {
        int iCnt = 0;
        int retVal = 0;
        for (int i = s.Length - 1; i >= 0; i--)
        {
            retVal += HexCharToByteFunctional(s[i]) *
            (int)Math.Pow(0x10, iCnt++);
```

```
        }
        return retVal;
    }
}
```

하지만 HexStringToInt() 함수는 함수형 접근 방식을 따르지 않고 있으므로, 역시 HexStringToIntFunctional() 메서드로 다음과 같이 리팩토링할 수 있다.

```
public partial class Program
{
    public static int HexStringToIntFunctional(
        string s)
    {
        return s.ToCharArray()
            .Reverse()
            .ToList()
            .Select((c, i) => new { c, i })
            .Sum((v) =>
                HexCharToByteFunctional(v.c) *
                (int)Math.Pow(0x10, v.i));
    }
}
```

HexStringToIntFunctional()는 먼저 문자열 s를 구성하는 문자들을 배열로 추출하고 역순으로 정렬해 문자 리스트로 변환한다. 이것은 최하위 바이트를 인덱스상 가장 앞서게 하기 위함이다. 다음으로 리스트에 포함된 개별 요소의 문자 값과 인덱스로 구성되는 새로운 클래스 인스턴스를 만들고, 인덱스와 값을 이용해서 계산된 결과를 합산한다. 이렇게 완성한 HexStringToIntFunctional()을 호출하는 GetIntFromHexStringFunctional() 함수를 살펴보자.

```
public partial class Program
{
```

```
private static void GetIntFromHexStringFunctional()
{
    string[] hexStrings = {
        "FF", "12CE", "F0A0", "3BD",
        "D43", "35", "0", "652F",
        "8DCC", "4125"
    };
    Console.WriteLine(
        "Invoking GetIntFromHexStringFunctional() function");
    for (int i = 0; i < hexStrings.Length; i++)
    {
        Console.WriteLine(
            "0x{0}\t= {1}",
            hexStrings[i],
            HexStringToIntFunctional(
                hexStrings[i]));
    }
}
}
```

코드를 보면, MatchingPattern 프로젝트의 GetIntFromHexString() 함수와 유사하며,
실행 결과는 다음과 같다.

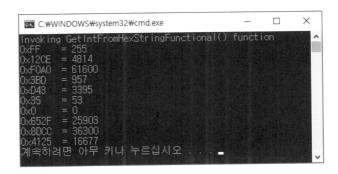

보다시피 함수형 패턴 매칭 방식으로 리팩토링이 잘 이뤄졌음을 결과로 확인할 수 있다.

Simplicity NuGet 패키지를 이용하면 보다 간단한 패턴 매칭이 가능하다. Visual Studio 의 패키지 관리자 콘솔에서 Install-Package Simplicity를 입력해서 설치할 수 있다.

C# 7의 패턴 매칭

C# 7은 패턴 매칭에 관한 기능도 포함할 계획인데, 여기는 is 연산자에 대한 확장도 있다. 이제 형식 뒤에 새로운 변수를 두고 이 변수에 is 연산자의 좌측에 피연산자를 할당해서 사용할 수 있다. 이해를 돕기 위해 MatchingPatternCSharp7 프로젝트의 다음 코드를 살펴보겠다.

```
public partial class Program
{
    private static void IsOperatorBeforeCSharp7()
    {
        object o = GetData();
        if (o is String)
        {
            var s = (String)o;
            Console.WriteLine(
                "The object is String. Value = {0}",
                s);
        }
    }
}
```

GetData()는 다음과 같다.

```
public partial class Program
{
```

```
    private static object GetData(
        bool objectType = true)
    {
        if (objectType)
            return "One";
        else
            return 1;
    }
}
```

IsOperatorBeforeCSharp7( )에서는 if 문에서 o 변수가 담고 있는 개체의 내용을 검사한 다음에 o의 값을 s 변수에 할당해야 하는데, 이것이 C# 7에서 패턴 매칭 기능을 도입하기 전에 사용할 수 있는 방법이다. 이제 이 코드와 IsOperatorInCSharp7( ) 함수를 비교해보자.

```
public partial class Program
{
    private static void IsOperatorInCSharp7()
    {
        object o = GetData();
        if (o is String s)
        {
            Console.WriteLine(
                "The object is String. Value = {0}",
                s);
        }
    }
}
```

앞서 설명했던 것처럼 if 문의 조건을 체크하면서 o 변수의 내용을 s 변수에 String 형식으로 할당하는 것을 볼 수 있다.

switch 문에서도 다음처럼 같은 기능을 사용할 수 있다.

```csharp
public partial class Program
{
    private static void SwitchCaseInCSharp7()
    {
        object x = GetData(
            false);
        switch (x)
        {
            case string s:
                Console.WriteLine(
                    "{0} is a string of length {1}",
                    x,
                    s.Length);
                break;
            case int i:
                Console.WriteLine(
                    "{0} is an {1} int",
                    x,
                    (i % 2 == 0 ? "even" : "odd"));
                break;
            default:
                Console.WriteLine(
                    "{0} is something else",
                    x);
                break;
        }
    }
}
```

이처럼 case 검사 시 x 변수의 내용을 s와 i 변수에 할당할 수 있게 돼, 변수에 다시 할당할 필요가 없어졌다.

▌ 모나드 설계 패턴 소개

C#과 같은 **객체 지향 프로그래밍** 언어에서 **모나드**^{Monad}를 설명하기란 쉬운 일이 아니지만, 객체 지향 디자인 패턴은 이를 설명하기 위한 유용한 도구가 될 수 있다. 디자인 패턴은 소프트웨어 설계에서 자주 마주치는 복잡한 문제를 해결하기 위한 재사용 가능한 해법을 제시한다. 건축 설계에서의 패턴을 떠올려보자. 우리가 살고 있는 세상의 수많은 건물들에는 문, 창문, 벽 같은 패턴이 존재한다. 건축 설계와 소프트웨어 설계의 디자인 패턴을 비교하면 이들이 같은 개념을 공유하고 있음을 알 수 있다. 소프트웨어 설계의 디자인 패턴에는 함수, 형식, 변수 등이 있다. 이와 같은 디자인 패턴은 C# 언어에서 사용 가능하며 응용 프로그램 개발에 활용한다.

디자인 패턴의 정의에 따라 모나드를 정의하자면, 모나드 패턴을 사용하는 형식이라고 할 수 있으며, 따라서 모나드 패턴은 형식을 위한 디자인 패턴이다.

사실 C#의 몇몇 형식은 태생적으로 모나드를 구현하고 있다. Nullable<T>, IEnumerable<T>, Func<T>, Lazy<T>, Task<T>가 여기에 해당한다. 이들 중 일부는 앞에서 이미 다뤘던 것들이지만, 모나드 설명을 위해 한 번 더 살펴보겠다.

이 다섯 형식들은 모두 T라는 하나의 매개 변수를 가지는 제네릭 형식이라는 것을 포함해 몇 가지 공통점을 가진다. 이들은 특정 동작과 연계된 특별한 규칙들을 제공하는 측면, 즉, 형식에 대한 증폭기와 같은 역할을 함으로써 자연스럽게 모나드를 구현한다. 이 형식들은 어떤 형식을 취해 특수한 형식으로 변환해준다.

Nullable<T>는 예를 들어, −2,147,483,648 ∼ 2,147,483,647 사이의 정수만 담을 수 있는 int 형식이 null에 대응할 수 있게 확장해준다. AmplifierOfTypes 프로젝트의 다음 코드를 살펴보자.

```
public partial class Program
{
    private static Nullable<int> WordToNumber(string word)
    {
        Nullable<int> returnValue;
        if (word == null)
        {
            return null;
        }
        switch (word.ToLower())
        {
            case "zero":
                returnValue = 0;
                break;
            case "one":
                returnValue = 1;
                break;
            case "two":
                returnValue = 2;
                break;
            case "three":
                returnValue = 3;
                break;
            case "four":
                returnValue = 4;
                break;
            case "five":
                returnValue = 5;
                break;
            default:
                returnValue = null;
```

```
            break;
    }
    return returnValue;
    }
}
```

이 코드는 string 형식으로 저장된 숫자를 int 형식으로 변환한다. 하지만 string 형식과 달리 int 형식은 null을 처리하지 못하기 때문에 제대로 처리하기 어렵다. 이에 대한 해결책으로 Nullable<int>를 반환 형식으로 사용함으로써 다음과 같이 null을 반환할 수 있다.

```
if (word == null)
{
    return null;
}
```

다음으로 WordToNumber( ) 함수를 호출하는 PrintStringNumber( )는 다음과 같다.

```
public partial class Program
{
    private static void PrintStringNumber(
        string stringNumber)
    {
        if (stringNumber == null &&
            WordToNumber(stringNumber) == null)
        {
            Console.WriteLine(
                "Word: null is Int: null");
        }
        else
        {
            Console.WriteLine(
```

```
                "Word: {0} is Int: {1}",
                stringNumber.ToString(),
                WordToNumber(stringNumber));
        }
    }
}
```

Nullable 형식의 int 데이터 형식을 사용하므로 이제 다음처럼 null 반환에 대한 처리가 가능하다.

```
if (stringNumber == null &&
    WordToNumber(stringNumber) == null)
```

이 코드는 WordToNumber( )에 null 문자열을 전달한 경우에 대응 가능하며, 다음과 같이 PrintStringNumber( )를 문제없이 호출할 수 있다.

```
public partial class Program
{
    private static void PrintIntContainingNull()
    {
        PrintStringNumber("three");
        PrintStringNumber("five");
        PrintStringNumber(null);
        PrintStringNumber("zero");
        PrintStringNumber("four");
    }
}
```

다음은 PrintIntContainingNull( )을 호출한 결과다.

이처럼 int 형식에서 null 값을 사용할 수 있게 된 것은 모나드 패턴 덕분이라 할 수 있다.

IEnumerable<T> 역시 T 형식의 기능을 확장해 준다. 예를 들어 string 형식을 열거하거나 정렬하기 위해 IEnumerable<T>를 적용하고자 한다면 다음과 같이 적용할 수 있다.

```
public partial class Program
{
    private static void AmplifyString()
    {
        IEnumerable<string> stringEnumerable
            = YieldNames();
        Console.WriteLine(
            "Enumerate the stringEnumerable");

        foreach (string s in stringEnumerable)
        {
            Console.WriteLine(
                "- {0}", s);
        }

        IEnumerable<string> stringSorted =
            SortAscending(stringEnumerable);

        Console.WriteLine();
        Console.WriteLine(
            "Sort the stringEnumerable");

        foreach (string s in stringSorted)
```

```
        {
            Console.WriteLine(
                "- {0}", s);
        }
    }
}
```

AmplifyingString() 함수를 통해 string 형식을 확장한 열거 가능한 문자열을 초기화하면서 여러 개의 값을 저장하거나 열거, 정렬할 수 있다는 것을 보여준다.

```
IEnumerable<string> stringEnumerable
    = YieldNames();
```

다음 코드는 열거 가능한 문자열을 정렬하는 방법이다.

```
IEnumerable<string> stringSorted =
    SortAscending(stringEnumerable);
```

열거 가능한 문자열을 초기화하기 위해 사용된 YieldNames() 함수는 다음과 같다.

```
public partial class Program
{
    private static IEnumerable<string> YieldNames()
    {
        yield return "Nicholas Shaw";
        yield return "Anthony Hammond";
        yield return "Desiree Waller";
        yield return "Gloria Allen";
        yield return "Daniel McPherson";
    }
}
```

다음은 정렬에 사용한 SortAscending( ) 함수다.

```
public partial class Program
{
    private static IEnumerable<string> SortAscending(
        IEnumerable<string> enumString)
    {
        return enumString.OrderBy(s => s);
    }
}
```

YieldNames( ) 함수는 다섯 개의 이름을 반환한다. 이들 이름은 IEnumerable<string> 형식의 stringEnumerable 변수에 저장된다. 이때 stringEnumerable이 여러 개의 값을 처리할 수 있게 사용되고 있음을 확인할 수 있다. 그리고 SortAscending( )에서는 stringEnumerable을 활용해서 순서에 따라 정렬한다. 다음은 AmplifyingString( ) 실행 결과다.

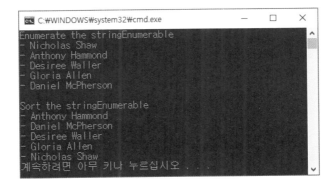

이처럼 string 형식의 기능을 확대함으로써 여러 개의 문자열 값을 열거하거나 정렬할 수 있다.

앞에서 여러 차례 살펴본 것처럼 Func<T>는 매개 변수 전달 없이 T 형식의 값을 반환하는 메서드를 캡슐화한다. 이 목적에 부합하게 다음과 같은 Func<T> 메서드를 만들어보겠다 (AmplifiedFuncType 프로젝트 참고).

```
Public partial class Program
{
    Func<int> MultipliedFunc;
}
```

MultipliedFunc는 매개 변수를 갖지 않으며 int 값을 반환하는 함수의 대리자다. 다음
코드는 Func<T> 역시 모나드를 자연스럽게 구현하고 있다는 것을 설명한다. 하지만 먼저
Nullable 형식을 이용해서 래퍼를 하나 만들겠다. MultipliedByTwo() 함수를 보자.

```
public partial class Program
{
    private static Nullable<int> MultipliedByTwo(
        Nullable<int> nullableInt)
    {
        if (nullableInt.HasValue)
        {
            int unWrappedInt =
                nullableInt.Value;
            int multipliedByTwo =
                unWrappedInt * 2;
            return GetNullableFromInt(
                multipliedByTwo);
        }
        else
        {
            return new Nullable<int>();
        }
    }
}
```

MultipliedByTwo()에서 호출하는 GetNullableFromInt()는 다음과 같이 구현된다.

```
public partial class Program
{
    private static Nullable<int> GetNullableFromInt(
        int iNumber)
    {
        return new Nullable<int>(
            iNumber);
    }
}
```

MultipliedByTwo( ) 함수는 간단하며, 곱하기 처리를 위해 래핑을 해제하고 계산 결과는
다시 래핑하는 과정을 거친다. 다음은 MultipliedByTwo( )를 호출하는 RunMultiplied
ByTwo( ) 함수다.

```
public partial class Program
{
    private static void RunMultipliedByTwo()
    {
        for (int i = 1; i <= 5; i++)
        {
            Console.WriteLine(
                "{0} multiplied by two is equal to {1}",
                i,
                MultipliedByTwo(i));
        }
    }
}
```

RunMultipliedByTwo( )를 실행한 결과는 다음과 같다.

```
C:\WINDOWS\system32\cmd.exe                               —    □    ×
RunMultipliedByTwo() implementing higher-order programming
1 multiplied by two is equal to 2
2 multiplied by two is equal to 4
3 multiplied by two is equal to 6
4 multiplied by two is equal to 8
5 multiplied by two is equal to 10
계속하려면 아무 키나 누르십시오 . . .
```

결과 화면을 보면 이 함수에서 일반적인 패턴이 보일 것이다. 래핑이 해제된 1, 2, 3, 4, 5에 2를 곱하고, 결과인 2, 4, 6, 8, 10에 대한 래핑이 이뤄진다.

이제 Func<T>에 대해 살펴보자. 다음 GetFuncFromInt() 함수는 Func<int> 형식을 반환한다.

```csharp
public partial class Program
{
    private static Func<int> GetFuncFromInt(
        int iItem)
    {
        return () => iItem;
    }
}
```

GetFuncFromInt() 함수는 int 값을 이용해 새로운 Func<T> 메서드를 생성한다. 여기서 다른 시그니처를 갖는 MultipliedByTwo() 함수를 추가로 만들어보자.

```csharp
public partial class Program
{

    private static Func<int> MultipliedByTwo(
        Func<int> funcDelegate)
    {
        int unWrappedFunc =
            funcDelegate();
```

```
        int multipliedByTwo =
            unWrappedFunc * 2;
        return GetFuncFromInt(
            multipliedByTwo);
    }
}
```

이 코드는 잘 컴파일되겠지만, 여기서 다음과 같은 코드를 고려해보자.

```
public partial class Program
{
    private static void RunMultipliedByTwoFunc()
    {
        Func<int> intFunc = MultipliedByTwo(
            () => 1 + 1);
    }
}
```

RunMultipliedByTwoFunc()를 실행하면 (1 + 1) * 2라는 공식이 아닌 고정된 값 4를 얻을 것이다. 이것은 다음과 같이 해결할 수 있다.

```
public partial class Program
{
    private static Func<int> MultipliedByTwoFunction(
        Func<int> funcDelegate)
    {
        return () =>
        {
            int unWrappedFunc =
                funcDelegate();
            int multipliedByTwo =
                unWrappedFunc * 2;
            return multipliedByTwo;
```

```
        };
    }
}
```

MultipliedByTwoFunction()의 경우, 값을 요구할 때마다 원본 함수 대리자 값
이 유지된다. 이전 코드의 경우에는 래핑이 해제된 값을 이용해서 연산이 수행된다.
Nullable<int>와 Func<int>는 래핑된 형식의 결과가 생성되는 방식 등에서 차이가
있다. Nullable 모나드를 이용하는 경우, 래핑을 해제한 값을 직접적으로 사용해서 연산
을 수행하고 마지막으로 래핑된 값을 산출할 수 있다. 반면, Func 모나드는 앞에서 설명
한 것처럼 이전 Func 모나드를 유지하기 위해 대리자를 생성해야 하기 때문에 조금 더 세
심하게 신경써야 한다.

모나드에서는 보다시피 래핑된 int에 2를 곱하면 함수가 또 다른 래핑된 int 값을 생성
할 수 있으므로 증폭이라고 부를 수 있다.

모나드 M⟨T⟩ 형식 만들기

이제부터 앞에서 살펴본 코드를 리팩토링해서 모나드를 좀 더 우아하게 구현해보겠다.
다음은 GeneratingMonadInCSharp 프로젝트의 MultipliedByTwoFunction() 함수다.

```
public partial class Program
{
    private static Nullable<int> MultipliedByTwoFunction(
        Nullable<int> iNullable,
        Func<int, int> funcDelegate)
    {
        if (iNullable.HasValue)
        {
            int unWrappedInt =
                iNullable.Value;
            int multipliedByTwo =
```

```
            funcDelegate(unWrappedInt);
        return new Nullable<int>(
            multipliedByTwo);
    }
    else
    {
        return new Nullable<int>();
    }
}
}
```

이 메서드에서는 정수 인수 하나를 전달 받아 정수를 반환하는 Func<int, int>를 사용하며, 추가로 Nullable<int> 매개 변수를 직접적으로 인수를 통해 받는다. 그리고 다음 MultipliedByTwo( ) 함수와 같이 2를 곱한 값을 얻을 수 있다.

```
public partial class Program
{
    private static Nullable<int> MultipliedByTwo(
        Nullable<int> iNullable)
    {
        return MultipliedByTwoFunction(
            iNullable,
            (int x) => x * 2);
    }
}
```

이 MultipliedByTwo( ) 함수에서는 다음과 같이 iNullable 값과 함께 무명 메서드를 정의한다.

```
return MultipliedByTwoFunction(
    iNullable,
    (int x) => x * 2);
```

MultipliedByTwo( )를 호출하는 RunMultipliedByTwo( ) 함수를 다음처럼 구현한 경우를
생각해보자.

```csharp
public partial class Program
{
    private static void RunMultipliedByTwo()
    {
        Console.WriteLine(
            "RunMultipliedByTwo() implementing " +
            "higher-order programming");
        for (int i = 1; i <= 5; i++)
        {
            Console.WriteLine(
                "{0} multiplied by two is equal to {1}",
                i,
                MultipliedByTwo(i));
        }
    }
}
```

다음은 RunMultipliedByTwo( )를 호출한 결과다.

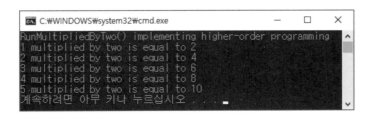

결과를 통해 AmplifiedFuncType 프로젝트의 MultipliedByTwo( )가 성공적으로 리팩토
링됐음을 알 수 있다.

모나드에 제네릭 데이터 형식 구현하기

다음과 같이 MultipliedByTwo( )를 좀 더 일반화하기 위해 제네릭을 적용할 수 있다.

```
public partial class Program
{
    private static Nullable<T> MultipliedByTwoFunction<T>(
        Nullable<T> iNullable,
        Func<T, T> funcDelegate)
            where T : struct
    {
        if (iNullable.HasValue)
        {
            T unWrappedInt = iNullable.Value;
            T multipliedByTwo = funcDelegate(unWrappedInt);
            return new Nullable<T>(multipliedByTwo);
        }
        else
        {
            return new Nullable<T>();
        }
    }
}
```

어떤 이유로 int 값을 전달하지만 결과는 double 형식을 반환하는 함수를 사용하거나 정
수를 나누는 등의 작업을 하고자 한다면, 다음과 같이 함수를 수정하면 된다.

```
public partial class Program
{
    private static Nullable<R> MultipliedByTwoFunction<V, R>(
        Nullable<V> iNullable,
        Func<V, R> funcDelegate)
            where V : struct
            where R : struct
```

```
    {
        if (iNullable.HasValue)
        {
            V unWrappedInt = iNullable.Value;
            R multipliedByTwo = funcDelegate(unWrappedInt);
            return new Nullable<R>(multipliedByTwo);
        }
        else
        {
            return new Nullable<R>();
        }
    }
}
```

MultipliedByTwoFunction()에서 Nullable은 형식에 대한 증폭이므로 다른 형식으로 바꿔볼 수 있다.

```
public partial class Program
{
    static Lazy<R> MultipliedByTwoFunction<V, R>(
        Lazy<V> lazy,
        Func<V, R> function)
            where V : struct
            where R : struct
    {
        return new Lazy<R>(() =>
        {
            V unWrappedInt = lazy.Value;
            R multipliedByTwo = function(unWrappedInt);
            return multipliedByTwo;
        });
    }
}
```

MultipliedByTwoFunction( ) 메서드는 특정 형식의 값을 전달하면 이것을 증폭된 형식의 값으로 변환하기 때문에 모나드 패턴을 사용한다고 할 수 있다. 다시 말해, 이 함수는 V를 입력 받아 R을 반환하는 함수를 증폭된 형식인 M<V>를 받아 M<R>을 반환하는 함수로 바꿔주는 패턴을 구현하고 있다. 따라서 모나드 패턴이 적용된 메서드를 다음과 같이 표현할 수 있다.

```
public partial class Program
{
    private static M<R> MonadFunction<V, R>(
        M<V> amplified,
        Func<V, R> function)
    {
        // 구현
    }
}
```

이제 함수에서 모나드 패턴을 구현할 때는 모나드 M<T> 형식을 이용할 수 있다. MultipliedByTwoFunction<V, R>( ) 메서드는 다음과 같이 추가로 개선의 여지가 있다.

```
public partial class Program
{
    private static Nullable<R>
        MultipliedByTwoFunctionSpecial<V, R>(
            Nullable<V> nullable,
            Func<V, Nullable<R>> function)
                where V : struct
                where R : struct
    {
        if (nullable.HasValue)
        {
            V unWrappedInt = nullable.Value;
            Nullable<R> multipliedByTwo = function(unWrappedInt);
```

```
            return multipliedByTwo;
        }
        else
        {
            return new Nullable<R>();
        }
    }
}
```

코드를 보면, 두 번째 매개 변수가 Func<V, R>에서 Func<V, Nullable<R>>로 바뀌었다. 이것은 Nullable<R>을 반환하기를 기대하는데 Nullable<Nullable<R>>과 같은 부적절한 결과가 발생하는 것을 방지하기 위한 것이다. 다음은 다른 형식인 Func<T>를 이용해서 구현한 예다.

```
public partial class Program
{
    private static Func<R>
        MultipliedByTwoFunctionSpecial<V, R>(
            Func<V> funcDelegate,
            Func<V, Func<R>> function)
    {
        return () =>
        {
            V unwrappedValue = funcDelegate();
            Func<R> resultValue = function(unwrappedValue);
            return resultValue();
        };
    }
}
```

Lazy<T>와 Task<T>로 모나드 구현하기

Func<T>뿐만 아니라 다음과 같이 Lazy<T>와 Task<T>도 이용할 수 있다.

```
public partial class Program
{
    private static Lazy<R>
        MultipliedByTwoFunctionSpecial<V, R>(
            Lazy<V> lazy,
            Func<V, Lazy<R>> function)
    {
        return new Lazy<R>(() =>
        {
            V unwrappedValue = lazy.Value;
            Lazy<R> resultValue = function(unwrappedValue);
            return resultValue.Value;
        });
    }

    private static async Task<R>
        MultipliedByTwoFunctionSpecial<V, R>(
            Task<V> task,
            Func<V, Task<R>> function)
    {
        V unwrappedValue = await task;
        Task<R> resultValue = function(unwrappedValue);
        return await resultValue;
    }
}
```

IEnumerable<T>를 적용해서 구현하는 것 역시 가능하다.

```
public partial class Program
{
    static IEnumerable<R>
```

```
    MultipliedByTwoFunctionSpecial<V, R>(
        IEnumerable<V> sequence,
        Func<V, IEnumerable<R>> function)
{
    foreach (V unwrappedValue in sequence)
    {
        IEnumerable<R> resultValue = function(unwrappedValue);
        foreach (R r in resultValue)
            yield return r;
    }
}
}
```

Nullable, Func, Lazy, Task, IEnumerable 등 다양한 데이터 형식을 이용한 Multiplie
dByTwoFunctionSpecial() 함수를 분석하면 모나드 형식이 M<M<R>>을 M<R>로 평탄화
flatten했음을 눈치챌 수 있다. Nullable 형식을 사용한 경우, 전달하는 Nullable 형식의
인수가 값을 가지는지 확인함으로써 Nullable<Nullable<R>>이 생성되는 것을 피해야
한다. 값이 없다면 다음과 같이 Nullable<R> 형식의 null 값을 반환한다.

```
if (nullable.HasValue)
{
    V unWrappedInt = nullable.Value;
    Nullable<R> multipliedByTwo = function(unWrappedInt);
    return multipliedByTwo;
}
else
{
    return new Nullable<R>();
}
```

Task를 이용하는 경우에 대해서는 다음과 같이 Task<Task<R>> 생성을 피하기 위해 외부
작업을 대기한 다음 내부 작업을 대기해야 한다.

```
private static async Task<R>
    MultipliedByTwoFunctionSpecial<V, R>(
        Task<V> task,
        Func<V, Task<R>> function)
{

    V unwrappedValue = await task;
    Task<R> resultValue = function(unwrappedValue);
    return await resultValue;
}
```

다른 모나드 형식 역시 같은 패턴을 따른다.

모나드 패턴 규칙

모나드 패턴은 항상 값 형식의 T를 M<T> 형식의 개체로 래핑한다.

```
public partial class Program
{
    private static M<T> MonadFunction <T>(T item)
    {
        // 구현
    }
}
```

모나드 패턴에서 V를 입력 받아 R을 반환하는 함수를 이용하는 경우, M<V> 형식의 인스턴스를 M<R> 형식의 인스턴스로 변환할 수 있다.

```
public partial class Program
{
    private static M<R> MultipliedByTwoFunction <V, R>(
        M<V> wrapped, Func<V, R> function)
```

```
    {
        // 구현
    }
}
```

모나드 패턴이 갖는 또 하나의 규칙이 있다. V를 받아 M<R>을 반환하는 함수를 이용하면, V 형식을 M<R> 형식의 인스턴스로 변환한 다음, 이것을 M<V> 인스턴스에 적용할 수 있다. 다음 코드를 참고하자.

```
public partial class Program
{
    private static Func<R>
    MultipliedByTwoFunctionSpecial<V, R>(
        Func<V> funcDelegate,
        Func<V, Func<R>> function)
    {
        // 구현
    }
}
```

▌ 요약

패턴 매칭은 다양한 함수의 변형 가운데 호출해야 할 것을 결정하는 디스패치의 한 형태다. 즉, 명확한 입력 값을 전달함으로써 정확한 선택을 결정하는 if 조건식의 개념과 흡사하다. 일치화 과정은 함수형 접근 방식을 적용함으로써 단순화할 수 있는데, LINQ를 활용해서 switch 문을 함수형으로 리팩토링하면서 확인한 바 있다.

모나드의 정의는 형식을 위한 디자인 패턴인 모나드 패턴을 사용하는 형식이다. C#의 Nullable<T>, IEnumerable<T>, Func<T>, Lazy<T>, Task<T> 형식은 태생적으로 모나드를 구현하고 있다.

이제 C#으로 함수형 프로그램을 작성하기 위해 충분한 지식을 갖췄다. 10장에서는 명령형 코드를 함수형 코드로 변환해보면서 지금까지 배운 모든 것을 이용해 함수형 접근 방식에 따라 응용 프로그램을 개발하는 방법을 알아보겠다.

10

C#으로
함수형 프로그래밍하기

10장은 이 책에서 가장 중요한 장이다. 10장에서는 함수형 접근 방식에 따라 응용 프로그램을 작성해본다. 앞서 함수형 프로그래밍의 개념들과 LINQ, 재귀, 최적화, 패턴 등에 걸쳐 함수형 프로그래밍에 대해 깊이 있게 다뤘다. 이번에는 지금까지 배운 것을 바탕으로 명령형 접근 방식으로 응용 프로그램을 개발한 다음, 함수형으로 리팩토링해보겠다.

10장에서는 윈도우 폼 응용 프로그램을 개발하면서, 폼을 생성하고 여기에 코드를 추가하는 방법을 살펴보겠다. 10장을 학습하고 나면, 명령형 방식으로 개발한 윈도우 폼 응용 프로그램을 함수형 접근 방식에 따라 리팩토링할 수 있을 것이다.

10장의 핵심 주제는 다음과 같다.

- 윈도우 폼 응용 프로그램 생성
- 폼을 만들고 코드를 추가하는 방법

- 명령형 접근 방식에서 엔진 코드 만들기
- 명령형으로 작성된 엔진 코드의 함수형 변환

▌ 함수형 윈도우 폼 개발

이제부터 윈도우 폼을 이용해서 계산기 프로그램을 만들어보겠다. 이를 위해서는 Windows Forms 프로젝트를 만들고, 여기에 폼과 숫자를 입력하기 위한 버튼 및 추가 기능들을 구현해야 한다. 결과적으로 만들 계산기는 다음과 같다.

화면 구성을 보면, 0에서 9까지 숫자를 입력하기 위한 버튼 10개와 더하기(+), 빼기(−), 곱하기(*), 나누기(/)와 같은 표준 수학 연산자가 보인다. 또 제곱근(sqrt), 백분율(%), 역수(1/x)와 같은 추가 기능 버튼도 있다. 그 외에 부호 변경(+/−), 소수점(.), 입력 초기화(CE), 모두 초기화(C), 삭제(Del) 등이 버튼으로 제공된다. 상단에는 입력한 수를 출력하는 텍스트 박스가 위치하며, 마지막으로 모든 계산기 응용 프로그램에 필수적인 "=" 버튼이 우측 아래에 있다. 이들 버튼 컨트롤의 이름은 다음 코드와 같이 명명된다.

```
namespace CalculatorImperative
{
    partial class Form1
    {
        private System.Windows.Forms.Button btn0;
        private System.Windows.Forms.Button btn1;
        private System.Windows.Forms.Button btn2;
        private System.Windows.Forms.Button btn3;
        private System.Windows.Forms.Button btn4;
        private System.Windows.Forms.Button btn5;
        private System.Windows.Forms.Button btn6;
        private System.Windows.Forms.Button btn7;
        private System.Windows.Forms.Button btn8;
        private System.Windows.Forms.Button btn9;
        private System.Windows.Forms.Button btnSwitchSign;
        private System.Windows.Forms.Button btnDecimal;
        private System.Windows.Forms.Button btnAdd;
        private System.Windows.Forms.Button btnDivide;
        private System.Windows.Forms.Button btnMultiply;
        private System.Windows.Forms.Button btnSubstract;
        private System.Windows.Forms.Button btnEquals;
        private System.Windows.Forms.Button btnSqrt;
        private System.Windows.Forms.Button btnPercent;
        private System.Windows.Forms.Button btnInverse;
        private System.Windows.Forms.Button btnDelete;
        private System.Windows.Forms.Button btnClearAll;
        private System.Windows.Forms.Button btnClearEntry;
        private System.Windows.Forms.TextBox txtScreen;
    }
}
```

컨트롤이 만들어지면 다음과 같이 컨트롤 이름, 이벤트 등을 설정해야 한다.

```
namespace CalculatorImperative
{
    partial class Form1
    {
        private void InitializeComponent()
        {
            this.btn0.Name = "btn0";
            this.btn0.Click +=
                new System.EventHandler(this.btnNumber_Click);
            this.btn1.Name = "btn1";
            // 나머지 코드는 예제 코드를 참고한다.
        }
    }
}
```

컨트롤의 위치, 폰트 등 나머지 설정은 이후 코드에 아무런 영향을 주지 않는다.

폼 이면의 코드 작성

모든 컨트롤을 폼에 위치 시켰다면, 코드를 추가할 준비가 된 것이다. 앞서 살펴본 코드 조각에서 버튼 클릭 이벤트를 처리하는 메서드는 모두 다섯 개로 btnNumber_Click(), btnFunction_Click(), btnEquals_Click(), btnClear_Click(), btnOperator_Click() 이다.

btnNumber_Click()은 0부터 9까지 숫자 버튼을 처리하기 위한 것이며, btnFunction_Click()은 btnSwitchSign, btnDecimal, btnSqrt, btnPercent, btnInverse, btnDelete 버튼을 눌렀을 때 호출된다. btnEquals_Click()은 btnEquals 버튼의 클릭 이벤트 처리 기다. btnClear_Click()은 btnClearAll 및 btnClearEntry 버튼의 클릭 이벤트를 처리 하며, btnOperator_Click()은 btnAdd, btnSubstrack, btnDivide, btnMultiply 버튼에 대응한다. 이 외에도 몇 가지 함수들이 있으며, 뒤에서 설명하겠다.

그럼 btnNumber_Click( ) 함수가 어떻게 구현되어 있는지부터 살펴보자.

```csharp
namespace CalculatorImperative
{
    public partial class Form1 : Form
    {
        private void btnNumber_Click(object sender, EventArgs e)
        {
            Button btnNum = sender as Button;
            int numValue;
            switch (btnNum.Name)
            {
                case "btn1":
                    numValue = 1;
                    break;
                case "btn2":
                    numValue = 2;
                    break;
                case "btn3":
                    numValue = 3;
                    break;
                case "btn4":
                    numValue = 4;
                    break;
                case "btn5":
                    numValue = 5;
                    break;
                case "btn6":
                    numValue = 6;
                    break;
                case "btn7":
                    numValue = 7;
                    break;
                case "btn8":
                    numValue = 8;
                    break;
```

```
                case "btn9":
                    numValue = 9;
                    break;
                default:
                    numValue = 0;
                    break;
            }
            CalcEngine.AppendNum(numValue);
            UpdateScreen();
        }
    }
}
```

btnNumber_Click( ) 함수는 어떤 숫자 버튼이 눌러졌는지 감지해서 텍스트 박스에 해당 숫자를 출력한다. CalcEngine.AppendNum( )과 UpdateScreen( )은 나중에 자세히 살펴보 겠다.

btnFunction_Click( )은 기능 버튼 가운데 하나를 누르면 호출되며, 다음과 같다.

```
namespace CalculatorImperative
{
    public partial class Form1 : Form
    {
        private void btnFunction_Click(object sender, EventArgs e)
        {
            Button btnFunction = sender as Button;
            string strValue;
            switch (btnFunction.Name)
            {
                case "btnSqrt":
                    strValue = "sqrt";
                    break;
                case "btnPercent":
                    strValue = "percent";
                    break;
```

```
                case "btnInverse":
                    strValue = "inverse";
                    break;
                case "btnDelete":
                    strValue = "delete";
                    break;
                case "btnSwitchSign":
                    strValue = "switchSign";
                    break;
                case "btnDecimal":
                    strValue = "decimal";
                    break;
                default:
                    strValue = "";
                    break;
            }
            CalcEngine.FunctionButton(strValue);
            UpdateScreen();
        }
    }
}
```

보다시피 이 메서드는 btnSqrt, btnPercent, btnInverse, btnDelete, btnSwitchSigh, btnDecimal에 대한 클릭 이벤트를 처리한다.

다음으로 연산자 버튼을 눌렀을 때 호출하는 btnOperator_Click()은 다음과 같다.

```
namespace CalculatorImperative
{
    public partial class Form1 : Form
    {
        private void btnOperator_Click(object sender, EventArgs e)
        {
            Button btnOperator = sender as Button;
            string strOperator = "";
```

```
        switch (btnOperator.Name)
        {
            case "btnAdd":
                strOperator = "add";
                break;
            case "btnSubtract":
                strOperator = "subtract";
                break;
            case "btnMultiply":
                strOperator = "multiply";
                break;
            case "btnDivide":
                strOperator = "divide";
                break;
        }
        CalcEngine.PrepareOperation(
            strOperator);
        UpdateScreen();
    }
  }
}
```

btnOperator() 함수는 덧셈, 뺄셈, 곱셈, 나눗셈 연산을 처리할 때 호출하며, CalcEngine 클래스의 PrepareOperation() 메서드를 호출한다. 이에 대해서는 뒤에서 다시 살펴보겠다.

btnClearEntry와 btnClearAll은 입력 값 하나 혹은 전체를 지우기 위한 버튼이다. 이 두 버튼을 클릭하면 btnClear_Click()이 호출되며, 구현은 다음과 같다.

```
namespace CalculatorImperative
{
    public partial class Form1 : Form
    {
        private void btnClear_Click(object sender, EventArgs e)
```

```
        {
            if (sender is System.Windows.Forms.Button)
            {
                Button btnClear = sender as Button;
                switch (btnClear.Name)
                {
                    case "btnClearAll":
                        CalcEngine.ClearAll();
                        UpdateScreen();
                        break;
                    case "btnClearEntry":
                        CalcEngine.Clear();
                        UpdateScreen();
                        break;
                }
            }
        }
    }
}
```

코드에서 보듯이 CalcEngine 클래스에도 btnClearEntry와 btnClearAll 버튼을 위한 함수가 제공되며, 각각 CalcEngine.Clear()와 CalcEngine.ClearAll()이다.

마지막 버튼은 btnEquals로 클릭 이벤트 처리기는 btnEquals_Click() 메서드다.

```
namespace CalculatorImperative
{
    public partial class Form1 : Form
    {
        private void btnEquals_Click(object sender, EventArgs e)
        {
            // 수학 연산 처리
            if (!CalcEngine.Solve())
            {
                btnClearAll.PerformClick();
```

```
            }
            UpdateScreen();
        }
    }
}
```

btnEquals 버튼을 클릭하면 CalcEngine.Solve() 메서드를 이용해서 사용자가 입력한 식을 계산하고 텍스트 박스를 갱신하는데, 계산이 실패하면 입력 값을 초기화한다.

이번에는 txtScreen 텍스트 박스를 통해 숫자를 보여주는 UpdateScreen() 메서드를 살펴보자.

```
namespace CalculatorImperative
{
    public partial class Form1 : Form
    {
        private void UpdateScreen()
        {
            txtScreen.Text = FormatDisplay(
                Convert.ToString(
                    CalcEngine.GetDisplay()));
        }
    }
}
```

UpdateScreen()에서는 txtScreen에 보여줄 내용을 형식화하기 위해 FormatDisplay() 메서드를 호출하며, 다음과 같이 구현된다.

```
namespace CalculatorImperative
{
    public partial class Form1 : Form
    {
        private string FormatDisplay(
```

```
    string str)
{
    String dec = "";
    int totalCommas = 0;
    int pos = 0;
    bool addNegative = false;

    if (str.StartsWith("-"))
    {
        str = str.Remove(0, 1);
        addNegative = true;
    }

    if (str.IndexOf(".") > -1)
    {
        dec = str.Substring(
            str.IndexOf("."),
            str.Length - str.IndexOf("."));
        str = str.Remove(
            str.IndexOf("."),
            str.Length - str.IndexOf("."));
    }

    if (Convert.ToDouble(str) <
        Math.Pow(10, 19))
    {
        if (str.Length > 3)
        {
            totalCommas =
                (str.Length - (str.Length % 3)) / 3;

            if (str.Length % 3 == 0)
            {
                totalCommas--;
            }

            pos = str.Length - 3;
```

```
                while (totalCommas > 0)
                {
                    str = str.Insert(pos, ",");
                    pos -= 3;
                    totalCommas--;
                }
            }
        }

        str += "" + dec;
        if (str.IndexOf(".") == -1)
        {
            str = str + ".";
        }

        if (str.IndexOf(".") == 0)
        {
            str.Insert(0, "0");
        }
        else if (str.IndexOf(".") ==
                str.Length - 2 &&
            str.LastIndexOf("0") ==
                str.Length - 1)
        {
            str = str.Remove(str.Length - 1);
        }

        if (addNegative)
        {
            str = str.Insert(0, "-");
        }

        return str;
    }
  }
}
```

FormatDisplay( )는 가장 먼저 음수 여부를 확인하고, 음수라면 첫 번째 문자를 제거하고 addNegative 플래그를 true로 설정한다.

```csharp
if (str.StartsWith("-"))
{
    str = str.Remove(0, 1);
    addNegative = true;
}
```

다음으로는 소수점 아래 값을 가지는 십진수 여부를 확인하기 위해 점(.)을 검색하고, 점이 발견되면 dec 변수에 소수부를 저장하고 나머지는 str 변수에 저장한다.

```csharp
if (str.IndexOf(".") > -1)
{
    dec = str.Substring(
        str.IndexOf("."),
        str.Length - str.IndexOf("."));
    str = str.Remove(
        str.IndexOf("."),
        str.Length - str.IndexOf("."));
}
```

그런 다음, 현재 수가 10^{19}보다 작은지 확인하고, 값을 다음과 같이 형식화한다.

```csharp
if (Convert.ToDouble(str) <
    Math.Pow(10, 19))
{
    if (str.Length > 3)
    {
        totalCommas =
            (str.Length - (str.Length % 3)) / 3;

        if (str.Length % 3 == 0)
```

```
        {
            totalCommas--;
        }

        pos = str.Length - 3;
        while (totalCommas > 0)
        {
            str = str.Insert(pos, ",");
            pos -= 3;
            totalCommas--;
        }
    }
}
```

형식화된 str 값은 dec 변수와 연결한다. 소수부가 없는 경우에는 끝에 점을 추가한다.

```
str += "" + dec;
if (str.IndexOf(".") == -1)
{
    str = str + ".";
}
```

소수부의 값만 있다면 "0"을 맨 앞에 붙인다.

```
if (str.IndexOf(".") == 0)
{
    str.Insert(0, "0");
}
else if (str.IndexOf(".") ==
        str.Length - 2 &&
    str.LastIndexOf("0") ==
        str.Length - 1)
{
```

```
    str = str.Remove(str.Length - 1);
}
```

끝으로, addNegative 플래그가 true면 음수 부호(−)를 맨 앞에 추가 한다.

```
if (addNegative)
{
    str = str.Insert(0, "-");
}
```

명령형 접근 방식의 계산 엔진 구현

폼의 이면 코드에 이어 CalcEngine에서 구현하는 계산기 엔진 코드를 살펴보겠다. 코드는 CalculatorImperative 프로젝트의 CalcEngine.cs 파일을 참고한다.

클래스 속성 준비

계산기 엔진 클래스에는 계산 과정에 관여하는 특정 값을 저장하기 위해 몇 가지 속성이 필요하다. 다음은 엔진에서 사용되는 속성 선언이다.

```
namespace CalculatorImperative
{
    internal class CalcEngine
    {
        // 화면에 출력될 값과 최근 입력 값을 저장할 수를 의미
        private static string m_input;

        // 부호(양수 혹은 음수)
        private static string m_sign;

        // 선택된 연산자(+, -, *, / 가운데 한 가지)
```

```
        public static String m_operator;

        // 출력된 최근 결과 값
        private static String m_lastNum;

        // 최근 입력 값
        private static String m_lastInput;

        // 숫자 입력 후, 새로운 입력 대기 여부
        public static bool m_wait;

        // 소수 값 입력 여부
        public static bool m_decimal;

        // 가장 최근 클릭한 버튼이 "="인지 여부
        private static bool m_lastHitEquals;
    }
}
```

이 여덟 개의 속성들은 계산 과정에 사용하는데, m_input 속성은 입력한 모든 값 및 형식화된 수를 저장하며, m_sign은 이 수의 부호를 저장한다. m_operator 속성은 연산자를 저장하는데, 덧셈은 +, 뺄셈은 −, 곱셈은 *, 나눗셈은 /를 이용한다. m_lastNum 속성은 계산 결과를 저장한다. m_lastInput 속성은 사용자가 입력한 가장 최근 수를 저장하며, m_wait 속성은 플래그로 수 입력이 끝나서 연산자 및 다음 수를 입력 받는 대기 상태를 나타낸다. m_decimal 속성 역시 플래그인데, 이것은 소수부를 갖는지 여부를 가리킨다. m_lastHitEquals 속성은 btnEquals가 눌러졌는지를 나타낸다.

생성자

클래스의 속성은 생성자에서 준비 과정을 거치는 것이 최선이다. 계산 엔진 클래스도 마찬가지인데, 다음 생성자 구현을 보자.

```
namespace CalculatorImperative
{
    internal class CalcEngine
    {
        static CalcEngine()
        {
            // "."은 입력이 없음을 뜻하며, 0과 의미가 같다.
            m_input = ".";

            m_sign = "+";
            m_operator = null;
            m_lastNum = null;
            m_lastInput = null;
            m_wait = false;
            m_decimal = false;
            m_lastHitEquals = false;
        }
    }
}
```

보다시피 클래스의 모든 속성을 초기화하려면 생성자인 CalcEngine( )을 호출해야
한다. m_input은 초기 값으로 점(.)을 이용하는데, 이것은 사용자 입력이 없음을 뜻한다.
static 한정자를 사용한 이유는 인스턴스를 생성하지 않고 클래스 이름으로 직접 호출
하기 위해서다.

속성 초기화

앞에서 초기화와 관련해서 ClearAll( )과 Clear( ) 메서드를 언급했다. 해당 부분의 코드
를 다시 보자.

```
switch (btnClear.Name)
{
```

```
        case "btnClearAll":
            CalcEngine.ClearAll();
            UpdateScreen();
            break;
        case "btnClearEntry":
            CalcEngine.Clear();
            UpdateScreen();
            break;
}
```

이 코드는 btnClear_Click() 메서드의 일부다. ClearAll() 메서드의 구현은 다음과 같다.

```
namespace CalculatorImperative
{
    internal class CalcEngine
    {
        // 모든 변수 초기화
        public static void ClearAll()
        {
            //계산기 초기화
            m_input = ".";
            m_lastNum = null;
            m_lastInput = null;
            m_operator = null;
            m_sign = "+";
            m_wait = false;
            m_decimal = false;
            m_lastHitEquals = false;
        }
    }
}
```

ClearAll( )은 CalcEngine 클래스의 모든 속성을 초기화한다. 이는 생성자 구현과 같으므로 생성자를 다음과 같이 수정할 수 있다.

```
namespace CalculatorImperative
{
    internal class CalcEngine
    {
        static CalcEngine()
        {
          ClearAll();
        }
    }
}
```

한편, 최근 입력 값을 초기화하기 위한 Clear( ) 메서드는 m_sign, m_input, m_decimal만 초기화하면 되며, 다음과 같이 구현된다.

```
namespace CalculatorImperative
{
    internal class CalcEngine
    {
        // 입력값 삭제를 위한 일부 초기화
        public static void Clear()
        {
            //현재 입력 값만 초기화
            m_sign = "+";
            m_input = ".";
            m_decimal = false;
        }
    }
}
```

디스플레이에 숫자 추가하기

앞에서 본 것처럼 계산기에는 입력한 값과 계산 결과를 출력하기 위한 텍스트 박스가 있다. 다음 btnNumber_Click( ) 메서드에서 호출하는 CalcEngine.AppendNum( ) 메서드를 보자.

```
namespace CalculatorImperative
{
    internal class CalcEngine
    {
        // 입력 값에 숫자 추가
        public static void AppendNum(
            double numValue)
        {
            if (numValue == Math.Round(numValue) &&
                numValue >= 0)
            {
                // 나머지는 다운로드 예제 소스 코드 참고
            }
            // 소수점이나 음수를 추가하려 하면
            // 전체 입력 값을 대체한다.
            else
            {
                // 나머지는 다운로드 예제 소스 코드 참고
            }
        }
    }
}
```

코드에서는 다음과 같이 음의 부호나 소수점을 갖는 수를 구분한다.

```
if (numValue == Math.Round(numValue) &&
    numValue >= 0)
```

확인 결과 음의 부호나 소수점이 없는 순수한 수라면, 다음으로 m_input이 비어 있거나 m_wait이 true인지 확인한다. 만약 그렇다면, 계속해서 진행할 수 있다. 소수부 플래그가 설정된 경우라면 입력한 숫자를 그대로 뒤에 붙이고, 그 외의 경우에는 점의 위치에 입력된 수를 붙인다. 다음 코드를 통해 이를 확인할 수 있다.

```
if (!IsEmpty())
{
    // 소수부가 존재 하는 경우
    if (m_decimal)
    {
        m_input += "" + numValue;
    }
    else
    {
        m_input = m_input.Insert(
            m_input.IndexOf("."), "" + numValue);
    }
}
```

이 코드에서 호출하고 있는 IsEmpty()는 m_input이 비어 있거나 m_wait 플래그가 true인지 확인하는 메서드이며, 다음과 같이 구현된다.

```
namespace CalculatorImperative
{
    internal class CalcEngine
    {
        // 사용자 입력이 없는지 확인
        private static bool IsEmpty()
        {
            if (m_input.Equals(".") || m_wait)
                return true;
            else
                return false;
```

```
        }
    }
}
```

IsEmpty( )가 true인 경우에는 다음 과정이 뒤따른다.

```
if (m_lastHitEquals)
{
    ClearAll( );
    m_lastHitEquals = false;
}

if (m_decimal)
{
    m_input = "." + numValue;
}
else
{
    m_input = numValue + ".";
}
m_wait = false;
```

이 코드에서는 먼저 m_lastHitEquals 플래그 설정 여부를 체크한다. 플래그가 설정됐다면 모든 클래스 속성을 재설정한 다음 m_lastHitEquals 설정을 해제한다. 다음으로 m_decimal 플래그가 설정된 경우, 숫자 앞에 점을 추가하고 그 외의 경우에는 숫자 뒤에 점을 삽입한다. 그런 다음, m_wait 플래그 설정을 해제한다.

다음은 불필요한 0이 추가되는 것을 방지하기 위한 것이다.

```
if (m_input.IndexOf("0", 0, 1) == 0 &&
    m_input.IndexOf(".") > 1)
{
    //앞에 추가된 0 제거
```

```
    m_input = m_input.Remove(0, 1);
}
```

앞서 살펴본 코드는 음의 부호(−)나 (소수)점 기호를 포함하지 않는 사용자 입력을 처리하기 위한 것이며, 그렇지 않은 경우에는 다음과 같이 이들 부호나 기호를 포함하고 있는지 확인해야 한다.

```
if (m_input.Contains(".") &&
    !(m_input.EndsWith("0") &&
    m_input.IndexOf(".") ==
        m_input.Length - 2))
{
    m_decimal = true;
}

if (m_input.Contains("-"))
{
    m_sign = "-";
}
else
{
    m_sign = "+";
}
```

하지만 이에 앞서 반드시 모든 클래스 속성을 초기화하고 현재 수를 재형식화해야 한다. 이 과정은 다음과 같다.

```
// 마지막으로 누른 버튼이 "="이고
// 연산자를 선택하지 않았다면 다시 시작한다.
if (m_lastHitEquals)
{
    ClearAll();
    m_lastHitEquals = false;
```

```
    }
    m_input = "" + numValue;

    // 재형식화
    m_input = FormatInput(m_input);
    if (!m_input.Contains("."))
    {
        m_input += ".";
    }
```

그런 다음, 마찬가지로 불필요한 0을 제거하고 m_wait 플래그를 해제한다.

```
// 앞에 추가된 불필요한 0 제거
if (m_input.IndexOf("0", 0, 1) == 0 &&
    m_input.IndexOf(".") > 1)
{
    m_input = m_input.Remove(0, 1);
}

if (m_input.EndsWith("0") &&
    m_input.IndexOf(".") == m_input.Length - 2)
{
    m_input.Remove(m_input.Length - 1);
}

m_wait = false;
```

수학 연산 준비

계산기 폼에서 연산자 버튼을 클릭하면 btnOperator_Click() 메서드를 실행한다. 이
메서드는 계산을 준비하기 위해 CalcEngine.PrepareOperation() 메서드를 호출한다.
CalcEngine.PrepareOperation()은 다음과 같다.

```
namespace CalculatorImperative
{
    internal class CalcEngine
    {
        // 연산 함수들을 제어한다.
        public static void PrepareOperation(
            string strOperator)
        {
            switch (strOperator)
            {
                // 나머지 부분은 다운로드 예제 소스 코드 참고
            }
        }
    }
}
```

이 부분은 구조가 간단하므로 직관적인 설명이 가능하다. 그저 +, −, *, / 버튼 가운데 어떤 것이 눌러졌는지 알아내는 것이 먼저다. 다음으로 m_lastNum의 null 여부와 m_wait 플래그 설정 여부를 확인함으로써 사용자가 입력한 첫 번째 수인지 여부를 검사한다. 첫 번째 수라면, m_lastNum이 null이 아니고 m_lastHitEquals 및 m_wait 플래그가 해제돼 있으며 m_operator가 사용자가 방금 누른 것과 다른 경우, 계산을 수행한다. 그런 다음, m_operator를 사용자가 누른 연산자로 대체하고 m_lastNum에는 형식화된 m_input을 할당한다. 여기에 추가로 몇 가지 설정이 적용되며, 이 과정은 다음 코드를 통해 확인할 수 있다.

```
// 사용자가 입력한 첫 번째 수인 경우
if (m_lastNum == null ||
    m_wait)
{
    if (m_lastNum != null &&
        !m_operator.Equals("+") &&
```

```
        !m_lastHitEquals &&
        !m_wait)
        Solve();
    m_operator = "+";
    m_lastNum = "" + FormatInput(m_input);
    m_sign = "+";
    m_decimal = false;
    m_wait = true;
}
```

사용자가 입력한 첫 번째 수가 아니라면 다음 과정을 따른다.

```
else
{
    if (!m_wait)
        Solve();
    m_operator = "+";
    m_sign = "+";
    m_wait = true;
}
```

입력 값 형식화

PrepareOperation()에서 호출되는 Solve() 메서드를 살펴보기에 앞서 FormatInput()
메서드를 살펴보겠다. FormatInput()은 다음과 같다.

```
namespace CalculatorImperative
{
    internal class CalcEngine
    {
        // 입력 값을 유효한 double 형식으로 만든다.
        private static string FormatInput(
```

```
                    string str)
        {
            // Convert.ToDouble을 적용할 수 있게 형식화

            // 문자열이 점(".")으로 시작하면, 앞에 0을 붙인다.
            if (str.IndexOf(".") == 0)
            {
                str = "0" + str;
            }

            // 문자열이 점(".")으로 끝나면 뒤에 0을 붙인다.
            if (str.IndexOf(".") ==
                str.Length - 1)
            {
                str = str + "0";
            }

            // 플래그 값이 음수인데
            // 문자열에 음의 부호가 없으면 부호를 추가한다.
            if (m_sign.Equals("-") &&
                str != "0.0" &&
                str.IndexOf("-") == -1)
            {
                str = "-" + str;
            }

            return str;
        }
    }
}
```

FormatInput() 메서드는 txtScreen 텍스트 박스에 출력할 수를 형식화하는 데 쓰인다.

계산

입력된 기존 내용이 있는 상태에서 연산자 버튼을 누른 경우, 또는 btnEquals 버튼을 누르면 계산을 위해 Solve( ) 메서드를 호출한다. Solve( )의 구현은 다음과 같다.

```
namespace CalculatorImperative
{
    internal class CalcEngine
    {
        // 현재 저장된 식을 계산한다.
        public static bool Solve( )
        {
            bool canSolve = true;
            // 나머지 부분은 다운로드 예제 소스 코드 참고
            return canSolve;
        }
    }
}
```

부가 연산 작업

앞서 설명한 것처럼 계산기 프로그램에는 btnSqrt, btnPercent, btnInverse, btnDelete, btnSwitchSign, btnDecimal과 같은 몇 가지 기능 버튼이 있다. 이들 가운데 어느 것이라도 클릭하면 다음 메서드가 호출된다.

```
namespace CalculatorImperative
{
    internal class CalcEngine
    {
        // 제곱근, 소수점, 백분율, 역수, 삭제, 부호 변경 처리
        public static bool FunctionButton(
            string str)
        {
```

```
            bool success = false;
            switch (str)
            {
                // 나머지 부분은 다운로드 예제 소스 코드 참고
            }
            return success;
        }
    }
}
```

함수형 접근 방식의 계산 엔진 구현

지금까지 명령형 접근 방식으로 계산기 응용 프로그램을 구현했다. 이제부터 이것을 명령형 코드로 리팩토링해보겠다. 먼저 계산 엔진을 리팩토링한 다음, 폼의 이면 코드도 수정하겠다.

신규 속성 추가

엔진 클래스의 속성은 기존에 더해 세 개를 추가한다.

```
namespace CalculatorFunctional
{
    public class Calc
    {
        public string m_input { get; set; }
        public string m_sign { get; set; }
        public string m_operator { get; set; }
        public string m_lastNum { get; set; }
        public string m_lastInput { get; set; }
        public bool m_wait { get; set; }
        public bool m_decimal { get; set; }
        public bool m_lastHitEquals { get; set; }
```

```
        public bool m_solve { get; set; }
        public string m_answer { get; set; }
        public bool m_funcSuccess { get; set; }
    }
}
```

새로 추가된 m_solve, m_answer, m_funcSuccess 속성은 이후에 Solve( )에서 이용할 것
이다.

패턴 매칭 단순화

9장, '패턴 이용하기'에서 살펴본 SimplicityLib.cs의 Simplicity 클래스를 이용해 다
음과 같이 구현한다.

```
namespace CalculatorFunctional
{
    public static class CalcMethodsExtension
    {
        public static Calc AppendNum(
            this Calc calc,
            double numValue)
        {
            // 나머지 부분은 다운로드 예제 소스 코드 참고
        }

        public static Calc AppendNumWhenRound(
            this Calc calc,
            double numValue)
        {
            // 나머지 부분은 다운로드 예제 소스 코드 참고
        }
        // 나머지 부분은 다운로드 예제 소스 코드 참고
    }
}
```

속성 할당

속성 할당은 속성을 위한 확장 메서드를 이용하게 해야 한다. 다음 코드를 통해 확인해 보자.

```
namespace CalculatorFunctional
{
    public static class CalcPropertiesExtension
    {
        public static Calc Input(
            this Calc calc,
            string input)
        {
            calc.m_input =
                input;
            return calc;
        }

        public static Calc LastNum(
            this Calc calc,
            string lastNum)
        {
            calc.m_lastNum =
                lastNum;
            return calc;
        }

        // 다운로드 예제 소스 코드 참고

        public static Calc ModifyCalcFuncSuccess(
            this Calc calc,
            bool val)
        {
            calc.m_funcSuccess = val;
            return calc;
        }
```

```
            public static Calc ModifyCalcFuncSuccessBasedOn(
                this Calc calc,
                Func<bool> predicate)
        {
            return predicate() ?
                calc.ModifyCalcFuncSuccess(true) :
                calc.ModifyCalcFuncSuccess(false);
        }
    }
}
```

이들 확장 메서드를 호출하면 대상 속성이 변경된 Calc 클래스를 반환한다.

클래스 초기화

함수형 접근 방식에서는 클래스를 생성하지 않고, 속성을 초기화함으로써 계산 작업을
준비할 것이다. 초기화 메서드는 Clear()와 ClearAll() 두 가지가 있으며, 다음과 같이
구현한다.

```
namespace CalculatorFunctional
{
    public static class CalcMethodsExtension
    {
        public static Calc Clear(
            this Calc calc)
        {
            return calc
                .ModifyCalcSign("+")
                .ModifyCalcInput(".")
                .ModifyCalcDecimal(false);
        }

        public static Calc ClearAll(
            this Calc calc)
```

410

```
        {
            return calc
                .Clear()
                .ModifyCalcLastNum(null)
                .ModifyCalcLastInput(null)
                .ModifyCalcOperator(null)
                .ModifyCalcWait(false)
                .ModifyCalcLastHitEquals(false);
        }
    }
}
```

명령형 접근 방식과 마찬가지로 Clear( ) 메서드는 btnClearEntry 버튼의 클릭 이벤트에서 호출하며, ClearAll( )은 btnClearAll 버튼 클릭 시 호출한다.

텍스트 박스에 입력 값 추가하기

입력한 숫자에 대한 처리는 명령형 방식의 AppendNum( )을 함수형으로 리팩토링해서 이용한다.

```
namespace CalculatorFunctional
{
    public static class CalcMethodsExtension
    {
        public static Calc AppendNum(
            this Calc calc,
            double numValue)
        {
            // 다운로드 예제 소스 코드 참고
        }

        public static Calc AppendNumWhenRound(
            this Calc calc,
            double numValue)
```

```
        {
            // 다운로드 예제 소스 코드 참고
        }
        // 다운로드 예제 소스 코드 참고
    }
}
```

계산 준비

연산자 버튼을 누른 직후 계산을 준비하는 과정은 역시 명령형 코드로 작성된 Prepare
Operation( ) 메서드를 리팩토링한다.

```
namespace CalculatorFunctional
{
    public static class CalcMethodsExtension
    {
        public static Calc PrepareOperation(
            this Calc calc,
            string strOperator)
        {
            // 다운로드 예제 소스 코드 참고
        }

        public static Calc PrepareOperationAdd(
            this Calc calc)
        {
            // 다운로드 예제 소스 코드 참고
        }

        public static Calc
            PrepareOperationAddLastNumNull(
                this Calc calc)
        {
            // 다운로드 예제 소스 코드 참고
```

```
        }

        // 다운로드 예제 소스 코드 참고
    }
}
```

입력 값 형식화

txtScreen에 출력되는 입력 값의 형식화는 다음과 같이 구현할 수 있다.

```
namespace CalculatorFunctional
{
    public static class CalcMethodsExtension
    {
        public static String FormatInput(
            this Calc calc,
            String n)
        {
            return n
                .ModifyStringWhen(
                    () => n.IndexOf(".") == 0,
                    () => n = "0" + n)
                .ModifyStringWhen(
                    () => n.IndexOf(".") == n.Length - 1,
                    () => n = n + "0")
                .ModifyStringWhen(
                    () => calc.m_sign.Equals("-") &&
                        n != "0.0" &&
                        n.IndexOf("-") == -1,
                    () => n = "-" + n);
        }
    }
}
```

여기서 호출하는 ModifyStringWhen( ) 확장 메서드는 다음과 같다.

```
namespace CalculatorFunctional
{
    public static class StringMethodsExtension
    {
        public static string ModifyStringWhen(
            this string @this,
            Func<bool> predicate,
            Func<string> modifier)
        {
            return predicate()
                ? modifier()
                : @this;
        }
    }
}
```

계산

입력한 식을 계산하는 과정은 명령형으로 작성했던 Solve( ) 메서드를 다음과 같이 리팩
토링한다.

```
namespace CalculatorFunctional
{
    public static class CalcMethodsExtension
    {
        public static Calc Solve(
            this Calc calc)
        {
            return calc.CleanUp()
                .Answer()
                .UpdateAnswerToCalc();
```

```
            }
        }
    }
}
```

여기서 호출하는 CleanUp( ), Answer( ), UpdateAnswerToCalc( ) 메서드는 다음과 같이
구현할 수 있다.

```
namespace CalculatorFunctional
{
    public static class CalcSolveMethodsExtension
    {
        public static Calc Answer(
            this Calc calc)
        {
            calc.m_answer = calc.m_operator.Match( )
                .With(o => o == "+",
                    calc.m_lastNum.SolveAdd(
                        calc.m_lastInput))
                .With(o => o == "-",
                    calc.m_lastNum.SolveSubtract(
                        calc.m_lastInput))
                .With(o => o == "*",
                    calc.m_lastNum.SolveMultiply(
                        calc.m_lastInput))
                .With(o => o == "/",
                    !calc.FormatInput(
                        calc.m_lastInput).Equals(
                            "0.0") ?
                        calc.m_lastNum.SolveDivide(
                            calc.m_lastInput) :
                        "")
                .Else("")
                .Do( );

            calc.m_solve = calc.m_answer.Match( )
```

```csharp
                .With(o => o.Equals(""), false)
                .Else(true)
                .Do();

        return calc;
    }

    public static Calc CleanUp(
        this Calc calc)
    {
        return calc
            .ModifyCalcInputWhen(
                () => calc.m_input.Equals(""),
                "0")
            .ModifyCalcLastNumWhen(
                () => calc.m_lastNum == null ||
                    calc.m_lastNum.Equals(""),
                "0,0")
            .ModifyCalcLastInputWhen(
                () => !calc.m_wait,
                "" + calc.FormatInput(
                    calc.m_input));
    }

    public static Calc UpdateAnswerToCalc(
        this Calc calc)
    {
        calc.m_lastNum = calc.m_answer;
        calc.m_input = calc.m_answer;
        calc.m_sign = "+";
        calc.m_decimal = false;
        calc.m_lastHitEquals = true;
        calc.m_wait = true;

        calc.m_solve = true;
        return calc;
```

```
        }
    }
}
```

보다시피 앞 코드에서는 사칙연산에 대응하기 위해 string 형식에 다음과 같은 확장 메
서드를 요구한다.

```
namespace CalculatorFunctional
{
    public static class StringMethodsExtension
    {
        public static string SolveAdd(
            this string @string,
            string str)
        {
            return Convert.ToString(
                Convert.ToDouble(@string) +
                Convert.ToDouble(str));
        }

        public static string SolveSubtract(
            this string @string,
            string str)
        {
            return Convert.ToString(
                Convert.ToDouble(@string) -
                Convert.ToDouble(str));
        }

        public static string SolveMultiply(
            this string @string,
            string str)
        {
            return Convert.ToString(
```

```
                Convert.ToDouble(@string) *
                Convert.ToDouble(str));
        }

        public static string SolveDivide(
            this string @string,
            string str)
        {
            return Convert.ToString(
                Convert.ToDouble(@string) /
                Convert.ToDouble(str));
        }
    }
}
```

부가 연산 작업

FunctionButton( ) 메서드를 호출하는 부가 기능 버튼의 클릭 이벤트 처리는 다음과 같이 리팩토링된 FunctionButton( ) 메서드에서 이뤄진다.

```
namespace CalculatorFunctional
{
    public static class CalcMethodsExtension
    {
        public static Calc FunctionButton(
            this Calc calc,
            string str)
        {
            return PatternMatch.Match()
                .With(() => str == "sqrt",
                    () => calc.FunctionButtonSqrt())
                .With(() => str == "percent",
                    () => calc.FunctionButtonPercent())
                .With(() => str == "inverse",
```

```
                          () => calc.FunctionButtonInverse())
                    .With(() => str == "delete",
                        () => calc.FunctionButtonDelete())
                    .With(() => str == "switchSign",
                        () => calc.FunctionButtonSwitchSign())
                    .With(() => str == "decimal",
                        () => calc.FunctionButtonDecimal())
                    .Do();
        }

        public static Calc FunctionButtonSqrt(
            this Calc calc)
        {
            // 다운로드 예제 소스 코드 참고
        }

        // 다운로드 예제 소스 코드 참고
    }
}
```

▌ 요약

지금까지 윈도우 폼을 이용한 계산기 응용 프로그램을 명령형 코드로 개발하고 함수형 코드로 리팩토링해봤다. 이 과정에서 다양한 확장 메서드를 이용해 함수형에 충실한 리팩토링을 시도했다.

11장에서는 함수형 접근 방식의 모범 사례를 살펴보고 이번 장에서 만든 응용 프로그램의 단위 테스트를 진행해보겠다.

11

코딩 모범 사례와
함수형 코드 테스팅

10장에서는 함수형 응용 프로그램을 만들었다. 보다 나은 함수형 코드를 개발하려면, 모범 사례를 통해 알 수 있는 규칙들을 따르는 것이 좋다. 11장에서는 함수형 접근 방식의 개념인 순수 함수에 대해 알아보고, 또 함수를 수학 함수와 비슷하게 만드는 방법도 살펴볼 것이다. 다음은 11장의 주제다.

- 모호한 시그니처 방지
- 변경 불가능한 클래스 만들기
- 일시적인 결합 방지
- 부작용에 대응하기
- 도메인 논리와 가변 셀로 코드 분할하기
- 함수형 코드 테스트

▌ 함수형 C#으로 살펴보는 코딩 모범 사례

함수형 접근 방식에서는 순수 함수라는 개념을 이용한다. 순수 함수란 같은 입력 값에 대해서는 항상 일정한 결과를 도출하는 함수를 뜻한다. 지금부터는 관련 코딩 모범 사례에 따라 더 나은 함수형 코드를 작성하는 방법을 살펴보겠다.

모호한 시그니처 방지

1장, 'C#으로 함수형 스타일 맛보기'에서 언급했듯이, 함수형 프로그래밍에서는 코드를 작성할 때 수학적인 접근 방법을 쓴다. 즉, 함수형 프로그래밍이란 수학적 함수를 이용한 프로그래밍이라고 표현할 수 있다. 여기서 수학적 함수는 다음 두 가지 요건을 반드시 충족해야 한다.

- 수학적 함수는 동일 입력에 대해 항상 같은 결과를 반환해야 한다.
- 수학적 함수는 시그니처에서 가능한 입력 값 및 결과 값에 대한 모든 정보를 알 수 있어야 한다.

HonestSignature 프로젝트의 다음 코드를 살펴보자.

```
public partial class Program
{
    public static int SumUp(
        int a, int b)
    {
        return a + b;
    }
}
```

SumUp() 함수는 같은 입력에 대해 항상 같은 값을 반환할 것이라는 것을 짐작할 수 있다. 그렇다면 같은 프로젝트에 있는 GenerateRandom() 함수는 어떨까?

```
public partial class Program
{
    public static int GenerateRandom(
        int max)
    {
        Random rnd = new Random(
            Guid.NewGuid()
                .GetHashCode());
        return rnd.Next(max);
    }
}
```

짐작할 수 있겠지만, 이 코드는 같은 입력 값에 대해 다른 결과를 반환할 것이다. 이 함수를 다음과 같이 호출한다고 생각해보자.

```
public partial class Program
{
    public static void RunGenerateRandom()
    {
        for (int i = 0; i < 10; i++)
        {
            Console.WriteLine(
                String.Format(
                    "Number {0} = {1}",
                    i,
                    GenerateRandom(100)));
        }
    }
}
```

이 코드를 실행한 결과는 다음과 같다.

RunGenerateRandom( )은 GenerateRandom( ) 함수를 열 번 호출한다. 이때 전달하는 인수는 모두 100으로 같은데, 결과 화면에서 보듯이 반환된 결과 값은 제각각이다. 순수 함수를 만들려면 이 예제의 GenerateRandom( )처럼 비 수학적 함수를 피해야 한다.

이제 첫 번째 인수를 두 번째 인수로 나눈 결과를 반환하는 Divide( ) 함수를 보자.

```
public partial class Program
{
    public static int Divide(
        int a, int b)
    {
      return a / b;
    }
}
```

Divide( ) 함수의 시그니처를 보면, 두 개의 정수를 전달받아 또 다른 정수를 반환한다는 점에서 SumUp( )과 비슷하다. 따라서 같은 인수를 전달하면 항상 일정한 결과를 반환할 것이다. 그런데 1과 0을 전달하면 어떨까? 계산 결과를 반환하는 대신 Divide( ) 함수에서는 DivideByZeroException 예외가 발생할 것이다. 이것은 함수의 시그니처가 연산 결과에 대한 충분한 정보를 제공하지 않기 때문에 벌어지는 현상이다. 시그니처만 보면 이 함수는 정수라면 어떤 값이라도 처리할 수 있을 것 같지만, 실제로 그렇지 못하다. 그렇다면 이 문제점을 해결한 Divide( ) 함수를 보자.

```
public partial class Program
{
    public static int? Divide(
        int a, int b)
    {
        if (b == 0)
            return null;
        return a / b;
    }
}
```

이 Divide( ) 함수는 int 뒤에 물음표를 붙여 null 값을 허용함으로써 null을 반환할 수 있다. 또 if 문을 이용해서 DivideByZeroException 발생을 막고 있다.

변경 가능한 클래스를 변경 불가능하게 리팩토링하기

가변적인 연산은 소스 코드에 모호함을 남기기 때문에 함수형 프로그래밍에서 불변성은 매우 중요하다. 앞서 살펴본 것처럼 순수 함수를 만들려면 모호한 연산을 피해야 한다. 데이터 구조에 불변성이 적용됐다는 것은 클래스를 예로 들면, 해당 클래스로 만든 개체는 수정할 수 없다는 의미다. 즉, 클래스 인스턴스를 어떻게든 변경할 수 있다면 변경 가능한 클래스다. 반면에 한번 만들어진 클래스 인스턴스를 절대 수정할 수 없다면 변경 불가능한 클래스라고 할 수 있다.

Immutability 프로젝트의 다음 코드를 보자.

```
namespace Immutability
{
    public class UserMembership
    {
        private User _user;
        private DateTime _memberSince;
```

```
        public void UpdateUser(
            int userId, string name)
        {
          _user = new User(
                userId,
                name);
        }
    }
    public class User
    {
        public int Id { get; }
        public string Name { get; }
        public User(
            int id,
            string name)
        {
            Id = id;
            Name = name;
        }
    }
}
```

이 코드는 간단한 조합으로 구성된다. UserMembership 클래스는 _user와 _memberSince 속성으로 구성된다. 또한 속성들을 읽기 전용으로 정의한 User 클래스는 변경 불가하다. 이와 같은 불변성으로 인해 UserMembership에서 _user 필드를 업데이트하려면 새로운 User 인스턴스로 기존 값을 대체하는 방법밖에 없다. 여기서 알아둘 것은 User 클래스 자체는 상태를 가지지 않지만 UserMembership은 갖는다는 점이다. 즉 UpdateUser() 메서드는 개체의 상태를 변경하는 부작용을 남긴다고 볼 수 있다.

다음은 UpdateUser() 메서드를 변경이 불가능하게 리팩토링한 모습이다.

```
namespace Immutability
{
```

```
public class UserMembership
{
    private readonly User _user;
    private readonly DateTime _memberSince;

    public UserMembership(
        User user,
        DateTime memberSince)
    {
        _user = user;
        _memberSince = memberSince;
    }
    public UserMembership UpdateUser(int userId, string name)
    {
        var newUser = new User(userId, name);
        return new UserMembership(newUser, _memberSince);
    }
}

public class User
{
    public int Id { get; }
    public string Name { get; }
    public User(
        int id,
        string name)
    {
        Id = id;
        Name = name;
    }
}
```

보다시피 UpdateUser( ) 메서드는 더 이상 UserMembership 클래스를 수정하지 않으며, 대신 새로운 UserMembership 인스턴스를 결과로 반환한다. 지금까지 UpdateUser( ) 메서드를 리팩토링해서 부작용을 제거했으며, 이제 작업의 실질적인 결과가 명확해졌다. 이처럼 변경 불가능한 데이터를 사용하면 코드 가독성을 높여 보다 쉽게 코드를 이해할 수 있다.

변경 가능성 및 일시적인 결합의 방지

앞서 살펴본 것처럼 부작용을 동반한 메서드로 인해 가독성이 떨어지는 경우를 종종 마주칠 수 있다. 다음은 TemporalCoupling 프로젝트의 예제 코드로 메서드 호출이 또 다른 메서드 호출과 결합된 경우다.

```
public class MembershipDatabase
{
    private Address _address;
    private Member _member;
    public void Process(
        string memberName,
        string addressString)
    {
        CreateAddress(
            addressString);
        CreateMember(
            memberName);
        SaveMember();
    }

    private void CreateAddress(
        string addressString)
    {
        _address = new Address(
            addressString);
    }

    private void CreateMember(
```

```
        string name)
    {

        _member = new Member(
            name,
            _address);
    }

    private void SaveMember()
    {
        var repository = new Repository();
        repository.Save(_member);
    }
}


public class Address
{
    public string _addressString { get; }
    public Address(
        string addressString)
    {
        _addressString = addressString;
    }
}


public class Member
{
    public string _name { get; }
    public Address _address { get; }

    public Member(
        string name,
        Address address)
    {
        _name = name;
        _address = address;
    }
```

```
}

public class Repository
{
    public static List<Member> customers { get; }

    public void Save(
        Member customer)
    {
        customers.Add(customer);
    }
}
```

여기서 MembershipDatabase 클래스는 새로운 멤버를 처리하기 위한 것으로, memberName 과 addressString 매개 변수를 이용해서 새로운 멤버를 데이터베이스에 추가한다. MembershipDatabase 클래스의 Process() 메서드는 먼저 CreateAddress()를 호출 해서 주소(Address 개체)를 생성하고 이것을 전용 필드에 저장한다. 그런 다음, Create Member() 메서드를 호출하면 저장된 주소 정보를 이용해서 생성한 새로운 Member 인스 턴스를 역시 별도의 전용 필드인 _member에 저장한다. Process()에서 호출하는 마지막 메서드인 SaveMember()는 전용 필드에 저장된 멤버 개체를 데이터베이스(예제에서는 List 이용)에 저장한다. 여기에 문제가 있다. Process() 메서드에서 임시 결합이 사용되고 있 기 때문인데, Process()에서 호출하는 세 개의 메서드는 반드시 정확한 순서로 호출되어 야 정상적인 동작을 보장한다.

예를 들어, CreateAddreaa() 호출에 앞서 CreateMember()를 호출하면 Member가 필요로 하는 주소 값을 추출할 수 없기 때문에 정상적으로 Member 인스턴스를 얻을 수 없다. 다 른 예로, 다른 메서드를 호출하지 않은 상태에서 SaveMember()를 호출하려 하면, null 값을 데이터베이스에 저장하려 NullReferenceException 예외가 발생할 것이다.

임시 결합은 메서드의 시그니처 모호성에서 기인한다. CreateAddress() 메서드는 분명 히 Address 형식의 인스턴스라는 출력물을 생성하지만 이것은 MembershipDatabase 클래스에 정의된 _address 필드를 변경하는 식으로 구현된 부작용 뒤에 감춰져서 드러나지 않는다. CreateMember() 메서드 역시 처리 결과를 _member 전용 필드에 저장하므로 작업 결과가 숨겨져 있다. 이 메서드는 여기에 더해 입력 값의 일부도 숨기고 있다. CreateMember()는 실제로 글로벌 상태 값이라 할 수 있는 _address 필드를 참조하고 있지만, 시그니처만 본다면 name 매개 변수만으로 새로운 멤버를 만들 것이라고 오해할 수 있다.

SaveMember() 메서드도 마찬가지 문제점을 안고 있다. 임시 결합을 제거하려면, 모든 입력과 출력을 메서드 시그니처에 명시함으로써 모든 부작용과 의존성을 시그니처 수준으로 끌어올려 외부에 드러내야 한다. 이제 부작용을 제거한 코드를 살펴보자.

```
public class MembershipDatabase
{
    public void Process(
        string memberName,
        string addressString)
    {
        Address address = CreateAddress(
            addressString);
        Member member = CreateMember(
            memberName,
            address);
        SaveMember(member);
    }

    private Address CreateAddress(
        string addressString)
    {
        return new Address(
            addressString);
    }

    private Member CreateMember(
```

```csharp
            string name,
            Address address)
    {
        return new Member(
            name,
            address);
    }

    private void SaveMember(
        Member member)
    {
        var repository = new Repository();
        repository.Save(
            member);
    }
}

public class Address
{
    public string _addressString { get; }
    public Address(
        string addressString)
    {
        _addressString = addressString;
    }
}

public class Member
{
    public string _name { get; }
    public Address _address { get; }
    public Member(
        string name,
        Address address)
    {
        _name = name;
```

```
        _address = address;
    }
}

public class Repository
{
    public static List<Member> customers { get; }
    public void Save(
        Member customer)
    {
        customers.Add(customer);
    }
}
```

기존 코드에서 바뀐 부분은 CreateAddress( ), CreateMember( ), SaveMember( ), Process( ) 메서드다.

CreateAddress( ) 메서드는 더 이상 전용 필드에 값을 저장하지 않고 Address 형식의 값을 반환한다. CreateMember( )의 경우, address라는 새로운 매개 변수를 추가하고 반환 형식도 변경했다. SaveMember( )는 _member라는 전용 필드를 참조하던 방법 대신, 이 의존성을 시그니처 수준에 명시했다. Process( )에서는 더 이상 필요 없는 전용 필드 참조를 제거함으로써 임시 결합을 제거할 수 있다.

이제 CreateAddress( )를 CreateMember( ) 뒤로 옮기면 컴파일 오류가 발생하므로 자연히 순서가 지켜진다.

부작용에 대한 대응책

기본적으로 함수형 프로그래밍에서는 순수 함수를 사용해야 하지만, 앞서 소개한 것과 같은 부작용을 완전히 피해갈 수는 없다. MembershipDatabase 클래스로 다시 돌아가보자. SaveMember( ) 메서드는 다음과 같이 새로운 멤버를 데이터베이스에 저장한다.

```
private void SaveMember(
    Member member)
{
    var repository = new Repository();
    repository.Save(
        member);
}
```

이와 같은 부작용에 대한 대응으로 CQS(명령–질의 분리) 원칙을 적용해서 부작용이 따르는 메서드와 그렇지 않은 메서드를 분리하는 방법을 쓸 수 있다. 여기서 명령이란 부작용을 내포하는 메서드를 가리키며, 질의는 부작용이 없는 메서드를 의미한다. 메서드가 어떤 것이든 상태를 변경한다면 반드시 void 반환 형식이어야 하며, 그렇지 않은 경우에는 무언가를 반환해야 한다. CQS 원칙을 사용하면 메서드 시그니처를 확인하는 것만으로 메서드의 용도를 짐작할 수 있다. 즉, 값을 반환하는 메서드는 질의로 어떤 상태도 변경하지 않는다. 반면, 값을 반환하지 않는 메서드는 명령이며, 시스템에 어떤 형태든 변경을 남길 것이다.

MembershipDatabase 클래스를 예로 들면, Process()와 SaveMember()는 명령 유형으로 반환값 없이 부작용을 내포하고 있다. 반대로 CreateAddress()나 CreateMember()와 같은 질의 유형은 어떠한 변경도 남기지 않고 작업 결과로 무언가를 반환한다.

■ 도메인 논리와 가변 셸로 코드 분리하기

비즈니스 트랜잭션을 처리하다 보면, 코드에서 수차례 데이터 변경이 필요하다. 객체 지향 프로그래밍에서 이런 패턴은 꽤 빈번하게 발생한다. 이때, 도메인 논리와 가변 셸로 코드를 분리해 볼 수 있다. 도메인 논리에서는 수학적 함수들을 사용한 함수형 방식으로 비즈니스 논리를 구현하고 코드를 단순화한다. 이로써 도메인 논리는 테스트하기 쉬운 형태가 된다. 가변 셀에는 변경 가능한 식을 배치하는데, 이에 대해서는 비즈니스 논리를 마무리한 다음에 살펴볼 것이다.

부작용이 있는 코드 확인

다음은 DomainLogicAndMutatingState 프로젝트의 예제 코드로 많은 부작용을 포함하고 있다. 지금부터 이 코드를 리팩토링해보겠다.

```
public class Librarianship
{
    private readonly int _maxEntriesPerFile;

    public Librarianship(
        int maxEntriesPerFile)
    {
        _maxEntriesPerFile =
            maxEntriesPerFile;
    }

    public void AddRecord(
        string currentFile,
        string visitorName,
        string bookTitle,
        DateTime returnDate)
    {
        // 다운로드 예제 소스 코드 참고
    }

    private string GetNewFileName(
        string existingFileName)
    {
        // 다운로드 예제 소스 코드 참고
    }
```

```
public void RemoveRecord(
    string visitorName,
    string directoryName)
{
    foreach (string fileName in Directory.GetFiles(
        directoryName))
    {
        // 다운로드 예제 소스 코드 참고
    }
}
}
```

이 코드는 꽤 직설적으로 작성됐다. 지금부터 이것을 두 개의 기능 영역으로 나눠보겠다. 불변성 핵심 영역에는 모든 도메인 논리를 담고, 가변 셸 영역에는 모든 변경 가능한 식을 포함시킨다.

Librarianship 클래스는 도서관의 모든 대출자와 반환 일자를 관리한다. 이 클래스는 대출자의 이름과 빌려간 책의 제목, 반환 일자를 로그 파일에 저장한다. 로그 파일의 내용은 순서, 세미콜론, 대출자 이름, 세미콜론, 책 제목, 세미콜론, 반환 일자의 패턴으로 구성한다. 다음은 로그 파일 내용의 예다.

```
1;Arthur Jackson;Responsive Web Design;9/26/2016
2;Maddox Webb;AngularJS by Example;9/27/2016
3;Mel Fry;Python Machine Learning;9/28/2016
4;Haiden Brown;Practical Data Science Cookbook;9/29/2016
5;Sofia Hamilton;DevOps Automation Cookbook;9/30/2016
```

이 클래스는 AddRecord() 메서드를 이용해서 로그 파일에 새로운 라인을 추가할 수 있다. 하지만 이 메서드를 호출하기에 앞서 클래스 생성 시에 _maxEntriesPerFile 필드를 명시해야 한다.

AddRecord() 메서드는 _maxEntriesPerFile 필드를 참조해서 현재 로그 파일의 전체 라인 수가 _maxEntriesPerFile보다 작은 경우, 대출자 정보를 로그 파일에 다음과 같이 저장한다.

```
if (lines.Length < _maxEntriesPerFile)
{
    int lastIndex = int.Parse(
        lines.Last()
            .Split(';')[0]);

    string newLine =
        String.Format(
            "{0};{1};{2};{3}",
            (lastIndex + 1),
            visitorName,
            bookTitle,
            returnDate
                .ToString("d")
            );

    File.AppendAllLines(
        currentFile,
        new[] {
        newLine });
}
```

로그 파일의 전체 라인 수가 _maxEntriesPerFile에 도달한 경우에는 다음과 같이 새 파일을 만든다.

```
else
{
    string newLine =
        String.Format(
```

```
            "1;{0};{1};{2}",
            visitorName,
            bookTitle,
            returnDate
                .ToString("d")
            );
    string newFileName =
        GetNewFileName(
            currentFile);
    File.WriteAllLines(
        newFileName,
        new[] {
        newLine });
    currentFile = newFileName;
}
```

이 코드를 보면, 현재 사용 중인 로그 파일의 이름을 토대로 GetNewFileName() 메서드에서 새로운 로그 파일 이름을 만들어내는데, GetNewFileName()은 다음과 같다.

```
private string GetNewFileName(
    string existingFileName)
{
    string fileName =
        Path.GetFileNameWithoutExtension(
            existingFileName);
    int index = int.Parse(
        fileName
            .Split('_')[1]);

    return String.Format(
        "LibraryLog_{0:D4}.txt",
        index + 1);
}
```

GetNewFileName( ) 구현으로부터 알 수 있는 로그 파일 이름의 패턴은 LibraryLog_0001 .txt, LibraryLog_0002.txt 등이다.

AddRecord( )는 지정된 로그 파일을 찾을 수 없을 때도 로그 파일을 새로 만든다. 코드는 다음과 같다.

```
if (!File.Exists(currentFile))
{
    string newLine =
        String.Format(
            "1;{0};{1};{2}",
            visitorName,
            bookTitle,
            returnDate
                .ToString("d")
            );

    File.WriteAllLines(
        currentFile,
        new[] {
            newLine });
}
```

Librarianship 클래스는 로그 파일에서 대출자 정보를 삭제하기 위한 RemoveRecord( ) 메서드도 제공한다.

```
public void RemoveRecord(
    string visitorName,
    string directoryName)
{
    foreach (string fileName in Directory.GetFiles(
        directoryName))
    {
```

```
        string tempFile = Path.GetTempFileName();
        List<string> linesToKeep = File
            .ReadLines(fileName)
            .Where(line => !line.Contains(visitorName))
            .ToList();

        if (linesToKeep.Count == 0)
        {
            File.Delete(
                fileName);
        }
        else
        {
            File.WriteAllLines(
                tempFile,
                linesToKeep);

            File.Delete(
                fileName);

            File.Move(
                tempFile,
                fileName);
        }
    }
}
```

RemoveRecord( )는 다음과 같이 지정된 디렉터리 내의 로그 파일에서 선택된 대출자 관련 정보를 삭제한다.

```
List<string> linesToKeep = File
    .ReadLines(fileName)
    .Where(line => !line.Contains(visitorName))
    .ToList();
```

linesToKeep에 추출된 데이터가 없는 경우 다음과 같이 해당 파일을 삭제한다.

```
if (linesToKeep.Count == 0)
{
    File.Delete(
        fileName);
}
```

그 외의 경우에는 다음처럼 해당 로그 파일에서 대출자 정보를 삭제한다.

```
else
{
    File.WriteAllLines(
        tempFile,
        linesToKeep);

    File.Delete(
        fileName);

    File.Move(
        tempFile,
        fileName);
}
```

그럼 Librarianship 클래스를 이용해보겠다. 우선, 저자와 책 제목으로 구성된 책 정보 목록을 준비할 필요가 있다.

```
public partial class Program
{
    public static List<Book> bookList =
        new List<Book>()
        {
            .
```

```
        new Book(
            "Arthur Jackson",
            "Responsive Web Design"),
        new Book(
            "Maddox Webb",
            "AngularJS by Example"),
        new Book(
            "Mel Fry",
            "Python Machine Learning"),
        new Book(
            "Haiden Brown",
            "Practical Data Science Cookbook"),
        new Book(
            "Sofia Hamilton",
            "DevOps Automation Cookbook")
    };
}
```

사용된 Book 구조체는 다음과 같다.

```
public struct Book
{
    public string Borrower { get; }
    public string Title { get; }

    public Book(
        string borrower,
        string title)
    {
        Borrower = borrower;
        Title = title;
    }
}
```

다음은 Librarianship 클래스를 직접 사용하는 LibrarianshipInvocation( ) 메서드다.

```
public partial class Program
{
    public static void LibrarianshipInvocation()
    {
        Librarianship librarian =
            new Librarianship(5);

        for (int i = 0; i < bookList.Count; i++)
        {
            librarian.AddRecord(
                GetLastLogFile(
                    Directory.GetCurrentDirectory()),
                bookList[i].Borrower,
                bookList[i].Title,
                DateTime.Now.AddDays(i));
        }
    }
}
```

코드에서 사용 가능한 최근 로그 파일을 찾기 위해 GetLastLogFile( ) 메서드를 이용한다. 이 메서드 구현은 다음과 같다.

```
public partial class Program
{
    public static string GetLastLogFile(
        string LogDirectory)
    {
        string[] logFiles = Directory.GetFiles(
            LogDirectory,
            "LibraryLog_????.txt");

        if (logFiles.Length > 0)
```

```
        {
            return logFiles[logFiles.Length - 1];
        }
        else
        {
            return "LibraryLog_0001.txt";
        }
    }
}
```

GetLastLogFile()을 호출하면 전달한 디렉터리에서 LibraryLog_????.txt 형식을 따르는 모든 파일을 찾고, 검색 결과 문자열 배열의 마지막 요소를 반환한다. 검색 결과가 없는 경우에는 기본 값인 LibraryLog_0001.txt를 반환한다.

LibrarianshipInvocation() 메서드를 실행하면 콘솔에는 아무것도 출력되지 않지만, LibraryLog_0001.txt 파일에는 다음과 같은 내용이 저장된다.

이와 같은 결과를 얻는다면 Librarianship 클래스가 정상적으로 동작한다는 것이다.

AddRecord() 메서드 리팩토링

이제 Librarianship 클래스를 변경 불가능한 클래스로 리팩토링할 차례다. 먼저 Add

Record( ) 메서드를 수학적 함수로 만들어보겠다. 이를 위해서는 AddRecord( )가 직접 디스크를 액세스해서는 안 된다. 디스크 액세스는 File.Exists( ), File.ReadAllLines( ), File.AppendAllLines( ), File.WriteAllLines( )와 같은 메서드를 호출할 때 일어난다. 다음은 리팩토링 후 AddRecord( )의 모습이다.

```csharp
public FileAction AddRecord(
    FileContent currentFile,
    string visitorName,
    string bookTitle,
    DateTime returningDate)
{
    List<DataEntry> entries = Parse(currentFile.Content);

    if (entries.Count < _maxEntriesPerFile)
    {
        entries.Add(
            new DataEntry(
                entries.Count + 1,
                visitorName,
                bookTitle,
                returningDate));

        string[] newContent =
            Serialize(
                entries);

        return new FileAction(
            currentFile.FileName,
            ActionType.Update,
            newContent);
    }
    else
    {
        var entry = new DataEntry(
```

```
                1,
                visitorName,
                bookTitle,
                returningDate);

        string[] newContent =
            Serialize(
                new List<DataEntry> { entry });

        string newFileName =
            GetNewFileName(
                currentFile.FileName);

        return new FileAction(
            newFileName,
            ActionType.Create,
            newContent);
    }
}
```

변경된 AddRecord() 메서드는 파일 이름을 이용하지 않고 FileContent라는 형식의 데이터를 이용한다. 이 구조체는 다음과 같다.

```
public struct FileContent
{
    public readonly string FileName;
    public readonly string[] Content;

    public FileContent(
        string fileName,
        string[] content)
    {
        FileName = fileName;
        Content = content;
```

```
    }
}
```

이제 FileContent 구조체가 파일 이름과 파일 내용을 담당한다. AddRecord()는 또한 FileAction 형식을 반환한다.

```
public struct FileAction
{

    public readonly string FileName;
    public readonly string[] Content;
    public readonly ActionType Type;

    public FileAction(
        string fileName,
        ActionType type,
        string[] content)
    {
        FileName = fileName;
        Type = type;
        Content = content;
    }
}
```

여기서 쓰이는 ActionType은 다음과 같은 열거형이다.

```
public enum ActionType
{
    Create,
    Update,
    Delete
}
```

DataEntry 구조체 역시 수정된 AddRecord( )에서 사용하는 새로운 데이터 형식으로 구현은 다음과 같다.

```
public struct DataEntry
{
    public readonly int Number;
    public readonly string Visitor;
    public readonly string BookTitle;
    public readonly DateTime ReturningDate;

    public DataEntry(
        int number,
        string visitor,
        string bookTitle,
        DateTime returningDate)
    {
        Number = number;
        Visitor = visitor;
        BookTitle = bookTitle;
        ReturningDate = returningDate;
    }
}
```

DataEntry는 로그 파일에 저장하려는 모든 데이터를 처리한다. 또, AddRecord( )를 다시한 번 보면, 별도의 프로세스로 분리된 로그 파일 존재 여부 확인 과정이 사라진 것을 알수 있다.

AddRecord( )는 Parse( )와 Serialize( ) 메서드를 새로이 호출하고 있다. Parse( )는 로그 파일 내용 전체를 분석하고 로그 파일 내용으로 DataEntry 형식의 리스트를 만든다. Parse( )는 다음과 같이 구현된다.

```
private List<DataEntry> Parse(
```

```
    string[] content)
{
    var result = new List<DataEntry>();

    foreach (string line in content)
    {
        string[] data = line.Split(';');
        result.Add(
            new DataEntry(
                int.Parse(data[0]),
                data[1],
                data[2],
                DateTime.Parse(data[3])));
    }

    return result;
}
```

한편, Serialize()는 다음과 같이 DataEntry 리스트를 문자열 배열로 직렬화한다.

```
private string[] Serialize(
    List<DataEntry> entries)
{
    return entries
        .Select(entry =>
            String.Format(
                "{0};{1};{2};{3}",
                entry.Number,
                entry.Visitor,
                entry.BookTitle,
                entry.ReturningDate
                    .ToString("d")))
        .ToArray();
}
```

RemoveRecord( ) 메서드 리팩토링

Librarianship 클래스로 돌아가보자. RemoveRecord( )는 다음과 같이 리팩토링할 수 있다.

```
public IReadOnlyList<FileAction> RemoveRecord(
    string visitorName,
    FileContent[] directoryFiles)
{
    return directoryFiles
        .Select(file =>
            RemoveRecordIn(
                file,
                visitorName))
        .Where(action =>
            action != null)
        .Select(action =>
            action.Value)
        .ToList();
}
```

RemoveRecord( ) 메서드 역시 새로운 시그니처로 바뀌었다. 디렉터리 이름만 전달하던 것에서 FileContent 배열을 전달 받는 것으로 변경됐으며, 읽기 전용의 FileAction 리스트를 반환한다. 또, RemoveRecord( ) 본문에서는 새로운 메서드인 RemoveRecordIn( )을 호출하는데, 이 메서드는 삭제할 레코드를 지정하기 위한 파일 정보와 대출자 이름을 전달받아 삭제할 내용을 찾아 삭제한다.

```
private FileAction? RemoveRecordIn(
    FileContent file,
    string visitorName)
{
    List<DataEntry> entries = Parse(
```

```
        file.Content);
    List<DataEntry> newContent = entries
        .Where(x =>
            x.Visitor != visitorName)
        .Select((entry, index) =>
            new DataEntry(
                index + 1,
                entry.Visitor,
                entry.BookTitle,
                entry.ReturningDate))
        .ToList();
    if (newContent.Count == entries.Count)
        return null;
    if (newContent.Count == 0)
    {
        return new FileAction(
            file.FileName,
            ActionType.Delete,
            new string[0]);
    }
    else
    {
        return new FileAction(
            file.FileName,
            ActionType.Update,
            Serialize(
                newContent));
    }
}
```

이제 완전히 변경 불가능한 도메인 논리 코드가 준비됐다. 단위 테스팅 환경에서 도메인 논리를 실행해볼 수 있다.

단위 테스트에서 도메인 논리 실행하기

도메인 논리는 변경 불가능한 소스 코드로 순수 함수다. 따라서 테스팅 규칙 변경 없이 단위 테스트를 수없이 실행할 수 있다. 테스트 대상은 LibrarianshipImmutable 클래스의 AddRecord()와 RemoveRecord() 메서드이고, 다섯 가지 테스트를 이들 메서드에 대해 진행할 것이다. AddRecord() 메서드에 대해서는 파일이 오버플로되는지 확인한다. RemoveRecord()의 경우에는 삭제하고자 하는 레코드가 삭제되는지, 삭제 결과 남는 레코드가 없는 경우에 파일이 삭제되는지, 또 삭제하고자 하는 레코드가 없는 경우에 정상 동작하는지 등을 확인한다.

AddRecord() 메서드 테스트

다음 AddRecord_LinesIsLowerThanMaxEntriesPerFileTest() 테스트 메서드는 로그 파일에 레코드를 하나 추가한다.

```
[TestMethod]
// 기존 로그 파일에 레코드 추가
// 라인 수는 maxEntriesPerFile에 도달하지 않음
public void AddRecord_LinesIsLowerThanMaxEntriesPerFileTest()
{
    LibrarianshipImmutable librarian =
        new LibrarianshipImmutable(5);

    FileContent file = new FileContent(
        "LibraryLog_0001.txt",
        new[]{
            "1;Arthur Jackson;Responsive Web Design;9/26/2016"
        });

    FileAction action = librarian.AddRecord(
        file,
        "Maddox Webb",
        "AngularJS by Example",
```

```
        new DateTime(
            2016, 9, 27, 0, 0, 0));

    Assert.AreEqual(
        ActionType.Update,
        action.Type);
    Assert.AreEqual(
        "LibraryLog_0001.txt",
        action.FileName);
    CollectionAssert.AreEqual(
        new[]{
            "1;Arthur Jackson;Responsive Web Design;9/26/2016",
            "2;Maddox Webb;AngularJS by Example;9/27/2016"
        },
        action.Content);
}
```

AddRecord_LinesIsLowerThanMaxEntriesPerFileTest()는 먼저 "1;Arthur Jackson;Responsive Web Design;9/26/2016"을 담고 있는 LibraryLog_0001.txt 파일 정보를 만들고, 여기에 다음과 같이 새로운 레코드를 추가한다.

```
FileAction action = librarian.AddRecord(
    file,
    "Maddox Webb",
    "AngularJS by Example",
    new DateTime(
        2016, 9, 27, 0, 0, 0));
```

이후부터 action을 검사하는 코드가 뒤따른다. Type의 경우, ActionType.Update여야 하며, action.FileName은 LibraryLog_0001.txt, action.Content는 두 개의 라인 ("1;Arthur Jackson;Responsive Web Design;9/26/2016"과 "2;Maddox Webb;AngularJS by Example;9/27/2016")으로 구성돼 있어야 한다.

AddRecord( )에 대한 두 번째 단위 테스트 메서드는 AddRecord_LinesHasReachMaxEntriesPerFileTest( )다.

```
[TestMethod]
// 현재 로그 파일의 라인 수가 maxEntriesPerFile 값에 도달하면
// 새로운 로그 파일에 레코드를 추가한다.
public void AddRecord_LinesHasReachMaxEntriesPerFileTest()
{
    LibrarianshipImmutable librarian =
        new LibrarianshipImmutable(3);

    FileContent file = new FileContent(
        "LibraryLog_0001.txt",
        new[]{
            "1;Arthur Jackson;Responsive Web Design;9/26/2016",
            "2;Maddox Webb;AngularJS by Example;9/27/2016",
            "3;Mel Fry;Python Machine Learning;9/28/2016"
        });

    FileAction action = librarian.AddRecord(
        file,
        "Haiden Brown",
        "Practical Data Science",
        new DateTime(2016, 9, 29, 0, 0, 0));

    Assert.AreEqual(
        ActionType.Create,
        action.Type);
    Assert.AreEqual(
```

```
            "LibraryLog_0002.txt",
            action.FileName);
    CollectionAssert.AreEqual(
        new[]{
            "1;Haiden Brown;Practical Data Science;9/29/2016"
        },
        action.Content);
}
```

이 메서드는 현재 사용 중인 로그 파일의 라인 수가 maxEntriesPerFile에서 지정한 값에 도달하면 새로운 로그 파일이 생성되는지를 확인한다. 코드를 보면, 먼저 Librarianship Immutable 클래스 인스턴스를 만들고 maxEntriesPerFile 필드를 3으로 설정한 후, 로그 파일에 다음과 같이 세 명의 대출자 정보를 채운다.

```
LibrarianshipImmutable librarian =
    new LibrarianshipImmutable(3);
FileContent file = new FileContent(
    "LibraryLog_0001.txt",
    new[]{
        "1;Arthur Jackson;Responsive Web Design;9/26/2016",
        "2;Maddox Webb;AngularJS by Example;9/27/2016",
        "3;Mel Fry;Python Machine Learning;9/28/2016"
    });
```

그런 다음, 새 레코드를 추가한다.

```
FileAction action = librarian.AddRecord(
    file,
    "Haiden Brown",
    "Practical Data Science",
    new DateTime(2016, 9, 29, 0, 0, 0));
```

레코드 추가가 끝나면 결과를 확인하는 과정이 뒤따른다. action.Type은 ActionType.Update, action.FileName은 LibraryLog_0002.txt여야 하며, 이 로그 파일은 하나의 레코드("1;Haiden Brown;Practical Data Science;9/29/2016")를 담고 있어야 한다.

RemoveRecord() 메서드 테스트

RemoveRecord() 메서드에 대한 단위 테스트는 세 가지다. 첫 번째는 하나의 레코드를 삭제하는 경우를 확인하는 것으로 코드는 다음과 같다.

```
[TestMethod]
// 디렉터리 내의 파일에서 지정한 레코드를 삭제한다.
public void RemoveRecord_FilesIsAvailableInDirectoryTest()
{
    LibrarianshipImmutable librarian =
        new LibrarianshipImmutable(10);

    FileContent file = new FileContent(
        "LibraryLog_0001.txt",
        new[]
        {
            "1;Arthur Jackson;Responsive Web Design;9/26/2016",
            "2;Maddox Webb;AngularJS by Example;9/27/2016",
            "3;Mel Fry;Python Machine Learning;9/28/2016"
        });

    IReadOnlyList<FileAction> actions =
        librarian.RemoveRecord(
            "Arthur Jackson",
            new[] {
                file });

    Assert.AreEqual(
        1,
```

```
        actions.Count);

    Assert.AreEqual(
        "LibraryLog_0001.txt",
        actions[0].FileName);

    Assert.AreEqual(
        ActionType.Update,
        actions[0].Type);

    CollectionAssert.AreEqual(
        new[]{
            "1;Maddox Webb;AngularJS by Example;9/27/2016",
            "2;Mel Fry;Python Machine Learning;9/28/2016"
        },
        actions[0].Content);
}
```

RemoveRecord_FilesIsAvailableInDirectoryTest( ) 메서드는 먼저 세 개의 레코드를 포함하는 LibraryLog_0001.txt 파일 정보를 만들고, 첫 번째 레코드를 지운 후, 남아 있는 로그가 예상과 같은지 확인한다.

다음 테스트는 RemoveRecord_FileBecomeEmptyTest( )이며, 다음과 같다.

```
[TestMethod]
// 레코드를 삭제한 결과,
// 남아 있는 레코드가 없다면 파일을 삭제한다.
public void RemoveRecord_FileBecomeEmptyTest()
{
    LibrarianshipImmutable librarian =
        new LibrarianshipImmutable(10);

    FileContent file = new FileContent(
        "LibraryLog_0001.txt",
```

```
        new[]
        {
            "1;Arthur Jackson;Responsive Web Design;9/26/2016"
        });

    IReadOnlyList<FileAction> actions =
        librarian.RemoveRecord(
            "Arthur Jackson",
            new[] {
                file });

    Assert.AreEqual(
        1,
        actions.Count);

    Assert.AreEqual(
        "LibraryLog_0001.txt",
        actions[0].FileName);

    Assert.AreEqual(
        ActionType.Delete,
        actions[0].Type);
}
```

RemoveRecord_FileBecomeEmptyTest( )는 레코드 삭제 후, 해당 로그 파일에 레코드가 남아 있지 않은 경우에 파일을 삭제하는지 확인한다. 하나의 레코드만 갖는 로그 파일을 만든 다음 RemoveRecord( ) 메서드를 이용해서 이 레코드를 삭제하는 방법으로 진행된다.

RemoveRecord( ) 메서드에 대한 마지막 단위 테스트는 RemoveRecord_SelectedRecordIs UnavailableTest( )다. 이 메서드는 지정한 레코드를 찾지 못한 경우에 어떠한 레코드도 삭제하지 않는지 확인하며, 다음과 같이 구현된다.

```
[TestMethod]
// 대상 레코드가 없으면 아무것도 삭제하지 않는다.
public void RemoveRecord_SelectedRecordIsUnavailableTest()
{
    LibrarianshipImmutable librarian =
        new LibrarianshipImmutable(10);

    FileContent file = new FileContent(
        "LibraryLog_0001.txt",
        new[]
        {
            "1;Sofia Hamilton;DevOps Automation;9/30/2016"
        });

    IReadOnlyList<FileAction> actions =
        librarian.RemoveRecord(
            "Arthur Jackson",
            new[] {
                file });

    Assert.AreEqual(
        0,
        actions.Count);
}
```

보다시피 로그 파일에는 Sofia Hamilton이라는 대출자 정보만 포함돼 있는데, Arthur Jackson 관련 정보를 삭제하려고 시도하고 있다. 이 경우, RemoveRecord()는 아무것도 삭제하지 않는다.

테스트 실행

이제 앞에서 살펴본 다섯 가지 단위 테스트를 실행할 차례로, 테스트 실행 결과는 다음과 같이 확인할 수 있다.[1]

코드에 가변 셀 추가하기

지금까지 변경 불가능한 형태의 핵심부를 만들고 단위 테스트까지 진행했다. 이제 디스크 액세스가 발생하는 나머지 코드를 담는 가변 셀을 구현해보겠다. 이를 위해

---

1   예제의 단위 테스트 프로젝트에서는 CollectionAssert를 이용해서 전체 파일 내용을 비교하는데, 레코드의 마지막 필드인 날짜 형식은 문화권에 따라 출력 형태상의 차이가 있기 때문에 한국어 문화권에서는 "2016-09-26" 형태로 코드를 수정하지 않으면 테스트 실패 처리된다. – 옮긴이

FileProcessor와 AppService라는 두 개의 클래스를 만들 것이다. FileProcessor 클래스는 디스크 액세스를 담당하고, AppService 클래스는 LibrarianshipImmutable 클래스와 FileProcessor 클래스 간의 연계를 맡는다.

FileProcessor 클래스는 다음과 같다(FileProcessor.cs 참고).

```csharp
namespace DomainLogicAndMutatingState
{
    public class FileProcessor
    {
        public FileContent ReadFile(
            string fileName)
        {
            return new FileContent(
                fileName,
                File.ReadAllLines(
                    fileName));
        }

        public FileContent[] ReadDirectory(
            string directoryName)
        {
            return Directory
                .GetFiles(
                    directoryName)
                .Select(x =>
                    ReadFile(x))
                .ToArray();
        }

        public void ApplyChanges(
            IReadOnlyList<FileAction> actions)
        {
            foreach (FileAction action in actions)
            {
```

```
                switch (action.Type)
                {
                    case ActionType.Create:
                    case ActionType.Update:
                        File.WriteAllLines(
                            action.FileName,
                            action.Content);
                        continue;

                    case ActionType.Delete:
                        File.Delete(
                            action.FileName);
                        continue;

                    default:
                        throw new InvalidOperationException();
                }
            }
        }

        public void ApplyChange(
            FileAction action)
        {
            ApplyChanges(
                new List<FileAction> {
                    action });
        }
    }
}
```

FileProcessor 클래스에는 네 개의 메서드가 있다. 바로 ReadFile( ), ReadDirectory( ), ApplyChanges( ), ApplyChange( ) 메서드다. ReadFile( ) 메서드는 지정된 파일을 읽고 파일 내용을 FileContent 형식에 담는 용도며, ReadDirectory( )는 지정한 디렉터리 내의 모든 파일을 읽어 FileContent 배열화한다. ApplyChanges( ), ApplyChange( ) 메서드

는 선택한 파일에 필요한 작업을 실행한다. 필요한 동작^{action}이 Create나 Update면 File. WriteAllLines( )를 호출하고, Delete면 File.Delete( ) 메서드를 호출한다. 그 외의 경우에는 InvalidOperationException 예외가 발생한다.

다음으로 살펴볼 클래스는 AppService로, 이 클래스는 다음과 같다(AppService.cs 참고).

```
namespace DomainLogicAndMutatingState
{
    public class AppService
    {
        private readonly string _directoryName;
        private readonly LibrarianshipImmutable _librarian;
        private readonly FileProcessor _fileProcessor;

        public AppService(
            string directoryName)
        {
            _directoryName = directoryName;
            _librarian = new LibrarianshipImmutable(10);
            _fileProcessor = new FileProcessor();
        }

        public void AddRecord(
            string visitorName,
            string bookTitle,
            DateTime returningDate)
        {
            FileInfo fileInfo = new DirectoryInfo(
                _directoryName)
                    .GetFiles()
                    .OrderByDescending(x =>
                        x.LastWriteTime)
                    .First();

            FileContent file =
```

```
                _fileProcessor.ReadFile(
                    fileInfo.Name);

            FileAction action =
                _librarian.AddRecord(
                    file,
                    visitorName,
                    bookTitle,
                    returningDate);

            _fileProcessor.ApplyChange(
                action);
        }

        public void RemoveRecord(
            string visitorName)
        {
            FileContent[] files =
                _fileProcessor.ReadDirectory(
                    _directoryName);

            IReadOnlyList<FileAction> actions =
                _librarian.RemoveRecord(
                    visitorName, files);

            _fileProcessor.ApplyChanges(
                actions);
        }
    }
}
```

앞에서 언급했듯이 AppService 클래스는 LibrarianshipImmutable 클래스와 File Processor 클래스 간의 연계를 위해 사용한다. AppService 클래스에는 Librarianship Immutable 클래스의 AddRecord( ), RemoveRecord( )와 똑 같은 시그니처를 갖는 메서드

들이 있다. 생성자에서는 연계를 위해 `LibrarianshipImmutable`과 `FileProcessor` 클래스의 생성자를 호출해 인스턴스를 만들고 있다. `AppService`의 `AddRecord()`를 호출하면, 실제로 `LibrarianshipImmutable` 클래스의 `AddRecord()`를 호출한 다음 `FileProcessor` 클래스의 `ApplyChanges()`를 호출한다. `AppService`의 `RemoveRecord()`도 이와 비슷하게 `LibrarianshipImmutable`의 `RemoveRecord()`를 호출한 후, `FileProcessor`에서 제공하는 `ApplyChanges()`를 호출한다.

▌ 요약

명확한 시그니처는 가능한 모든 입력 및 출력 값을 전달해야 한다는 측면에서 함수형 접근 방식에서뿐만 아니라 항상 중요시 해야 한다. 이처럼 명확한 시그니처를 사용하면 메서드 매개 변수에 전달하는 값을 잘 이해할 수 있다. 또, 함수형 접근 방식에 충실하려면 클래스 또한 변경 불가능해야 하는데, 가변적인 동작들은 코드의 신뢰성을 떨어트린다.

부작용 없는 순수 함수를 이용하는 것이 좋지만, 부작용을 모두 회피하기란 거의 불가능하다. 여기에 대응하기 위한 방법으로 명령–질의 분리(CQS) 원칙을 적용해 부작용을 내포하는 메서드와 그렇지 않은 것을 분리할 수 있다. 이 때, 값을 반환하는 메서드는 질의 유형으로 어떤 것도 변경하지 않는 한편, 반환값이 없는 메서드는 명령 유형으로 시스템에 일정한 부작용을 남긴다.

부작용에 효과적으로 대처하는 또 다른 방법으로 도메인 논리와 가변 셀로 코드를 구분하는 것이 가능하다. 도메인 논리는 핵심 프로그램으로 변경 불가능해야 한다. 모든 변경 가능한 처리는 가변 셀에 위치한다. 이와 같이 도메인 논리를 구분함으로써 손쉬운 단위 테스팅이 가능하다. 도메인 논리는 순수 함수로 구성되므로 테스트 시나리오를 다양하게 수정하거나 모의 테스트를 할 필요가 없다.

| 찾아보기 |

에이콘출판의 기틀을 마련하신 故 정완재 선생님 (1935-2004)

Functional C#

C#으로 배우는 함수형 프로그래밍

발 행 | 2019년 2월 28일

지은이 | 위스누 앤거로
옮긴이 | 안 철 진

펴낸이 | 권 성 준
편집장 | 황 영 주
편 집 | 배 혜 진
디자인 | 박 주 란

에이콘출판주식회사
서울특별시 양천구 국회대로 287 (목동)
전화 02-2653-7600, 팩스 02-2653-0433
www.acornpub.co.kr / editor@acornpub.co.kr

한국어판 ⓒ 에이콘출판주식회사, 2019, Printed in Korea.
ISBN 979-11-6175-275-4
ISBN 978-89-6077-210-6 (세트)
http://www.acornpub.co.kr/book/functional-csharp

이 도서의 국립중앙도서관 출판시도서목록(CIP)은 서지정보유통지원시스템 홈페이지(http://seoji.nl.go.kr)와
국가자료공동목록시스템(http://www.nl.go.kr/kolisnet)에서 이용하실 수 있습니다.(CIP제어번호: CIP2019005897)

책값은 뒤표지에 있습니다.